国家社科基金
GUOJIA SHEKE JIJIN HOUQI ZIZHU XIANGMU
后期资助项目

网络社会情感及其治理

王德新　著

社会科学文献出版社
SOCIAL SCIENCES ACADEMIC PRESS (CHINA)

图书在版编目（CIP）数据

网络社会情感及其治理 / 王德新著 . --北京：社
会科学文献出版社，2024.10. --ISBN 978-7-5228
-4401-5

Ⅰ. C913；TP393.4

中国国家版本馆 CIP 数据核字第 2024HV3727 号

国家社科基金后期资助项目

网络社会情感及其治理

著　　者／王德新

出　版　人／冀祥德
责任编辑／庄士龙
责任印制／王京美

出　　　版／社会科学文献出版社·群学分社（010）59367002
　　　　　　地址：北京市北三环中路甲 29 号院华龙大厦　邮编：100029
　　　　　　网址：www.ssap.com.cn
发　　　行／社会科学文献出版社（010）59367028
印　　　装／三河市龙林印务有限公司

规　　　格／开本：787mm×1092mm　1/16
　　　　　　印张：17　字数：269 千字
版　　　次／2024 年 10 月第 1 版　2024 年 10 月第 1 次印刷
书　　　号／ISBN 978-7-5228-4401-5
定　　　价／98.00 元

读者服务电话：4008918866

国家社科基金后期资助项目
出版说明

　　后期资助项目是国家社科基金设立的一类重要项目，旨在鼓励广大社科研究者潜心治学，支持基础研究多出优秀成果。它是经过严格评审，从接近完成的科研成果中遴选立项的。为扩大后期资助项目的影响，更好地推动学术发展，促进成果转化，全国哲学社会科学工作办公室按照"统一设计、统一标识、统一版式、形成系列"的总体要求，组织出版国家社科基金后期资助项目成果。

全国哲学社会科学工作办公室

序

光阴荏苒，自 2016 年的秋天初识德新算起，八个春秋匆匆而过。此时的他，已成为一名人文社科领域的学术新秀，主持并完成了国家社科基金后期资助项目。这是青年文科学者学术进步和腾飞的一个重要标志，也是对他多年来攻读博士学位、在网络社会学领域辛勤耕耘给予的社会承认、激励和报偿。正是因为他的不懈努力，才有了专著《网络社会情感及其治理》的问世。

王德新博士是在信息网络时代迅猛发展的当口步入学术界的。他在哈尔滨工业大学这所素以"规格严格、功夫到家"校风著称的大学里受到了"炼狱"般的科学训练，一步一个脚印地成长起来。他博览群书、认真思索，形成了自己的写作风格，学术能力不能提升。现在这部二十余万字的国家社科基金后期资助成果，乃是他这些年反复琢磨、持续精进的学术文本。

本书的内容，主要包括网络社会情感的特质及动员、网络社会情感的生成过程、网络社会情感的主要类型及社会功能和网络社会情感的治理四大部分，具体涉及网络社会情感的基本概念、网络社会与网络社会情感的关系、网络社会情感动员的演化历程、网络社会情感动员的机理、网络个体性情感的生成、网络群体性情感的生成、网络技术性情感的生成、网络社会情感的分类及识别、网络喜悦情感、网络愤怒情感、网络悲伤情感、网络恐惧情感、情感治理的意蕴、个体层面的网络社会情感治理、媒介层面的网络社会情感治理、社会层面的网络社会情感治理和政府层面的网络社会情感治理等诸多内容。这使得我们对网络社会情感及其治理有了较为全面的认识，因此，这无疑是一部极具前沿性、创新性和引领性的学术著作。

值得一提的是，作者提出"网络社会情感治理"概念是比较早的，相关内容还被《新华文摘》重点摘编，发表于 2019 年第 18 期上，在学界产生了极大的影响。另外，本书以情感社会学、情感现象学为理论基础，运用了情感分析等新方法，提出了网络社会情感策略，为构建清新的网络社会空间、实现网络美好生活以及推动数字社会的发展提供了依据和价值引领原则。

总之，王德新博士的《网络社会情感及其治理》内容非常丰富、问题意识清晰、结构严谨、创见迭出，不是我在这里能够全面介绍和精准评鉴的。作为他之前的导师和合作者，我十分欣喜地祝愿他以此为起点，继续努力，做出更多、更具创新意义的智力性工作，不负昔日师友和亲人的美好期待。最后，抄录一句奥地利诗人里尔克的诗作结："我在梦里知道了，梦是对的。"

唐魁玉

2024 年 10 月 25 日

于哈尔滨工业大学

目　录

第二部分　网络社会情感的生成过程

第三部分　网络社会情感的主要类型及社会功能

第四部分　网络社会情感的治理

前　言

　　随着网络社会的崛起，建立于平等性和开放性之上的网络互动，以多样化、符号化、匿名化、缺场化的特征塑造了互动者的多重身份，这种技术性的后果不仅构建了一种新的时空场域，将私人领域与公共领域高度融合，而且使社会情感出现了媒介化的特征，并有了全新的形态——网络社会情感。

　　网络社会情感不仅增强了个体的情感能量，实现了情感氛围的公共性，还使其自身成了一种新型的公共参与行为，使当代社会出现了"后真相""后情感"的特质，情感与社会的交互性作用更加凸显。同时，由于网络社会情感的形成速度快、传播范围广、功能作用大、动员能力强，在一定程度上深刻影响着当代社会变迁。

　　本研究基于情感社会学、情感现象学、社交媒体互动理论等，运用情感分析法、虚拟人类学等定量与定性相结合的混合性研究方法，探究了网络社会情感的特质与影响、动员机理、生成过程、社会功能等内容，提出了网络社会情感治理策略，为构建清朗网络空间，实现网络美好生活，营造社会良好情感氛围，推进科学治网、文明用网，加快构建数字文明社会提供了依据。

　　本研究分为四大部分，共十七章。

　　第一部分网络社会情感的特质及动员，包括第一章到第四章的内容。辨析与网络社会情感相关的概念，如情感与理性、情绪与情感、情感生理属性与情感社会属性等，同时阐释网络社会情感的特质、影响及演化进程，并进一步探究网络社会情感动员的机理。

　　第二部分网络社会情感的生成过程，包括第五章到第七章的内容。基于情感现象学与社交媒体互动理论，对网络社会情感展开多层次的分析，从网络个体性情感、网络群体性情感、网络技术性情感三个方面揭示网络社会情感的生成过程。

　　第三部分网络社会情感的主要类型及社会功能，包括第八章到第十二章的内容。以社交媒体平台上的推文、评论、留言为数据源,利用双向长短期记忆网络识别出蕴含网络社会情感的文本,并对其中涉及的情感类别与情感极性进行分类和识别,梳理出网络喜悦情感、网络愤怒情感、网络悲伤情感与网络恐惧情感四种主要情感类型。同时,运用虚拟人类学的研究方法,分析网络社会情感所引发的社会现象,探究各类网络社会情感的功能。

第四部分网络社会情感的治理,包括第十三章到第十七章的内容。网络社会情感的治理,既要治理网络社会情感这个社会现象,又要通过治理情感来治理社会问题。在个体层面,要加强个体情感管理、情感释放与情感自律;在媒介层面,要加强网络空间的思想引领、培育并监督网络社会意见领袖、优化主流媒体的情感引导功能、规范情感分析技术;在社会层面,要培养公民的情感思辨能力、规范网络社群互动、营造和谐的网络社会情感环境;在政府层面,要加速完善网络社会的法治工作、实现对网络社会情感的监测、实现网络社会情感的源头治理、促进政府与群众的情感联系。

本研究的主要观点如下。

第一,网络社会情感是公众以社会热点事件为核心,以社交媒体为工具,经过多层次的网络互动所表达出的复杂情感,它既涵盖了微观层面的个体情感,也囊括了中观层面的群体情感,还反映了宏观层面的社会情感。网络社会情感与社会情感之间既存在延续性,又有根本性的区别。前者表现为网络社会情感是社会情感在数字化和网络化时代的延续,人们在社交媒体和网络平台上表达和共享情感。后者则体现为它们在发生的场域空间、表达方式、传递速度以及作用结果等方面的差异。

第二,媒介化生存的场景创造了共时与异时交错、身体缺场与意识在场的互动方式,实现了情感、语言、知识的数据化与信息化,改变了情感唤醒、交换、传染、共情、分享的方式,使个体更多地呈现在“他者”或“社群”的技术影像之中,从而使“镜中我”真正得到了在公共领域之中呈现的机会,由此产生隐蔽而强大的网络社会情感,深刻地影响了当代社会的变迁。

第三,不能将网络社会情感视为一种简单化、个体化、孤立化的现象,而要把网络社会情感置于公共领域的背景中,把网络社会情感动员当作一种潜在的政治行为来解读。网络社会情感动员使社会动员效果改善、动员结构升级以及动员内容多元化，而受此影响，社会动员越来越侧重于话语中的情感因素。情感不仅成为媒介话语的核心资源，而且以网络社会为依托构建出了政治象征。网络社会的情感动员由于参与成本低、传播范围广、动员能力强等特点，很大程度上承载了社会动员中最核心的过程：①它允许行动发起者利用网络媒体或自媒体打破信息封锁，输出大量信息，形成意见轰炸；②为大量具有类似目标的潜在参与者提供了合作与行动的条件；③通过实时报告事件的进展和动态，加深公众对事件的感知，进一步扩大社会运动的影响力；④通过对某些行为的片面性描述来进行社会动员，如削弱自身暴力行为的影响、篡改或重组信息，以混淆事件的因果关系。网络社会情感作为一种动员资源，在抢夺受众注意力，动员潜在参与者、支持者以及旁观者的过程中，发挥了重要作用。

第四，网络社会情感的生成是个体、群体、社会层次之间相互作用的结果。事件情境的情感唤醒与互动情境的情感交换，促进了个体层面网络社会情感的生成。共情的情感体验与扩散的情感传染，促进了群体层面网络社会情感的生成。生成式人工智能的情感分析技术可以用来捕捉、量化、控制网络个体性情感和网络群体性情感促进了社会，层面网络社会情感的生成。这三种情感在网络社会中相互交织和影响，共同构成了复杂的网络社会情感生态系统。

第五，能够被精准识别且具有重要社会功能的网络社会情感主要包括网络喜悦情感、网络愤怒情感、网络悲伤情感和网络恐惧情感。各类网络社会情感既包括已有的社会情感在社交媒体中传播的内容，也有自身的新特质。

网络喜悦情感有促进亲社会行为产生的社会功能，可以给人们带来快乐、满足、荣誉、安慰。但是，过度的网络喜悦情感会使喜悦情感发生异化，出现如网络攀比、娱乐至死和消费狂欢等不良的社会行为。

在某些情境中，网络愤怒情感源于社会不公和程序失当，源于公众对社会、道德和公平原则的关切。因此，它可以被视为一种正义化的情感、政治化的情感。网络愤怒情感有利于实现抗争目标、争取社会公平正义，从而促进社会变革。而需要警惕的是，一方面，网络愤怒情感可以被作为政治手段加以利用；另一方面，它也会促使网络暴力和群体极化的现象发生。

网络悲伤情感是公众在荒诞世界中面临诸多不确定性、孤独和死亡的痛苦的集合。网络悲伤情感的共享，可以释放共享者自身的情感压力，使共享者之间实现情感共鸣与社会支持，有助于增强公众抗逆力，促进心理健康恢复。

网络恐惧情感容易被内化为未直面危机群体的"假想中的恐惧"，这种基于想象的体验将恐惧不断放大化、恐慌化的状态需要被谨慎对待，防止其过度传播和被利用。同时，网络恐惧情感可以强化风险规避行为，用于实现高强度的社会控制以及应对各类危机情况。

第六，网络社会情感治理的目标是实现网络社会的平衡：既要保障个体情感表达的多样性和包容性，又要预防情感表达的极端化和暴力化；既要维护网络平台的开放性和多元性，又要加强对虚假信息和极化情感的监管；既要促进网络社会情感的积极作用的发挥，又要防止情感强度过大可能导致的社会冲突和不稳定。

本研究的特色与创新性如下。

过去关于网络社会情感的研究，大多基于个别学科视角对网络社会情感进行单一化的分析，或对特殊事件中单一的网络社会情感进行描述和分析。本研究独辟蹊径，采取跨学科研究的思路，抓住网络社会情感的媒介化特质，对网络社会情感的动员机理、生成过程以及多种网络社会情感的功能开展综合性研究，使得研究具有整体性和创新性。具体而言，第一，运用情感社会学相关理论，探究作为新社会现象的网络社会情感及其诱发的社会问题，以及网络社会情感的动员机制、生成过程、社会功能，并提出了网络社会情感的治理策略；通过新的理论视角，分析新的社会现象，并提出新的治理策略，为网络社会学研究注入新的内容，既有学理价值，又具现实关怀。

第二，综合运用虚拟人类学、情感分析、情感现象学、案例研究法等方法，以定性与定量相结合的混合性研究设计对网络社会情感进行了多层次、多角度的科学性探究，丰富了网络社会现象的研究方法。

第三，拓展了网络社会学、情感社会学的研究视野。本研究从治理过程的动态视野挖掘了情感生成与情感治理之间的逻辑关系。情感生成影响着社会互动和情感传播的方式，而社会互动和情感传播也反作用于情感生成的过程。这种互动关系使得情感治理不是一种单向的干预，而是一个动态的过程。

本研究的价值如下。

第一，丰富了网络社会的理论研究。以情感社会学的理论角度为切入点，把情感当作研究的核心问题并将其融入网络社会学的领域中，这种对社会情感现象进行的研究，基于实体社会与网络空间、在场经验与缺场互动的联系，突破了相关研究的传统范式。

第二，为实现清朗网络空间提供智力支持。通过对个体、媒介、社会层面的情感调控，来升华积极健康的网络社会情感，抑制消极危险的网络社会情感，这有助于实现清朗网络空间，减少网络社会情感造成的各类社会风险。

第三，强化情感治理，优化社会治理手段。互联网发展日新月异，不仅创造了生产生活的新空间，也拓展了国家治理的新领域。网络社会的情感治理，既是治理目的，也是治理手段，更是一种与硬治理相对应的软治理方式，有助于加强社会情感团结与社会凝聚。利用好网络社会情感的正功能，可以有效引导网络舆情，化解社会冲突，提升政府动员能力，有助于实现国家治理体系和治理能力现代化。

本研究的不足之处如下。

在网络社会情感的研究中，一方面由于一些群体行动典型事件的敏感性超出了笔者的把握范围，另一方面由于相关事件的数据具有一定的隐蔽性，在数据采集和分析方面都存在较大困难，无法保证数据的恰当性、真实性与有效性。因此，本研究只是在学理性方面抽象地阐释了网络社会情感动员的机理，并以案例分析辅助论证。关于网络社会情感动员所产生的群体行动，希望未来笔者可以作为事件的亲历者，或进行参与式观察或进行非参与式观察，及时收集相关数据，从而对这方面的研究进行补充。

此外，由于笔者能力有限，本书尚有诸多不足之处，希望读者批评指正，以待进一步完善相关研究。

第一部分

网络社会情感的特质及动员

网络社会情感不是简单地通过静态文字来表达，而是成为一种蕴含于话语实践中的力量，通过网络媒介在社会空间中广泛传播和共享。这种情感表达方式深受多种宏观因素的影响，包括经济、政治、意识形态和社会结构等。

与此同时，网络社会情感的话语实践具备构建和解构社会现实的能力，它能够通过集体行动、意见传递等方式影响人们对社会议题的关注程度和讨论热度。这种情感表达方式可能引发公众广泛的讨论，影响政策制定和社会变革的方向。然而，网络社会情感的话语实践可能受到操纵，社交媒体算法、政府、商业利益群体、媒体、组织甚至某些个人都可能是虚假信息的制造者与传播者，从而对社会现实产生误导性或扭曲性的影响。

网络社会情感作为一种通过媒介传播的情感形式，不仅赋予个体更强的情感表达能力，还赋予情感以公共性，使之转变为一种新型的公共参与行为。网络社会情感不仅仅是社会情感状态的反映，更是社会动员的工具。它既是塑造社会舆论和行动的有力工具，也可能是制造分歧与极化的"秘密武器"。因此，如何理解网络社会情感，在道德与价值的指引下有效动员网络社会情感，是重要的社会问题。

第一章　基本概念

情感与理性有什么样的关系？情感与理性是不是对立的？情感与理性如何相互影响？情感中是否有理性的成分？关于情感研究的历史脉络是什么？情感与情绪是相同的吗？情感与情绪的概念和内涵有什么区别？情感的生理属性与社会属性有什么联系和区别？社会情感产生的根源是什么？厘清这些问题，有助于我们更好地理解网络社会情感。

第一节　情感与理性

"情感与理性是对立的""理性优于情感""情感应受到理性的节制"……这些观点曾长期占据人类的思维。正如柏拉图所比喻的那样，情感是人类灵魂中一匹冲动的"黑马"。他将灵魂比作一辆由两匹飞马拉着的战车，其中一匹"白马"代表理性和道德，另一匹"黑马"代表情感和欲望。"白马"代表了人的理性层面，它是有秩序的、稳定的和高尚的，可以引导灵魂朝向真理和道德；而"黑马"则代表了人的情感和欲望，它是不稳定的、易受冲动驱使的，容易迷失在感性的欲望中[①]。柏拉图主张人应该通过理性来驾驭情感，情感和欲望如果不受到理性的制约，容易导致人陷入无法控制的冲动和错误的行为之中，从而损害灵魂的纯净和升华。

情感通常被认为是感受性的、心理性的、非理性的，可能会导致过度的、扭曲的、极端的、不合理的行为产生。在倡导理性、逻辑至上的历史阶段与文化中，将情感视为理性的对立，轻视甚至漠视人类的情感，是一种必然的结果。然而，随着人类社会历史文化的进步发展，如同哲学不再是神学的婢女一样，情感也不再是理性的奴仆。情感的作用日益凸显，而对情感的研究逐渐成为一种显学。

---

① 柏拉图：《柏拉图全集》（第2卷），王晓朝译，人民出版社，2003，第160~168页。

　　近代以来，西方学界开始重新反思理性与情感的关系。一是肯定了情感的积极作用。斯宾诺莎认为，情感是人类心灵的一部分，是由思维和身体之间的相互作用产生的，是人类对外部事物和内部体验的反应①。二是辩证看待情感与理性的关系。休谟认为在情感之中是存在逻辑的，人们的行为和判断是基于情感而产生的，理性应该是情感的奴隶，理性为情感所用②。但他并不否认理性的重要作用，只是更强调情感在人类决策和行为中的重要性。卢梭则认为，是人类的理性导致了社会不平等的加剧，他主张回归自然状态，强调个体的情感和直觉，认为人们在自然状态下更加平等和纯真③。三是探究了情感与人类认知和行为的关系。康德认为人类思维的某些基本结构是与生俱来的，这些结构影响着我们对世界的看法。他把情感看作人类形成判断的先验能力和条件，影响着我们的主观认识和理解④。胡塞尔的现象学开辟了情感的意向性分析路径，说明了表达、意义、对象之间的关系⑤。舍勒则从情感意识和情感经验出发，探讨情感对于人类认知和行为的影响，不同情感在人类生活中扮演着不同角色，具有各种不同的价值和功能⑥。

　　19世纪末20世纪初，随着哲学心理学的发展，关于情感的研究进一步深入。著名哲学心理学家詹姆斯曾悲叹，"心灵的审美领域，它的渴望，它的快乐和痛苦，以及它的情感，都被忽视了"。詹姆斯致力于探究人类情感的心理机制，认为情感并不仅是身体的生理反应，还是一种主观体验，是个体对于特定刺激或事件的心理反应。他开辟了一个关于情感研究的新视域，对后来的心理学和哲学领域产生了重要影响⑦。他的观点强调情感的主观性和个体差异，促进了对情感内在机制的更深入

① 转引自安东尼奥·R. 达马西奥《寻找斯宾诺莎——快乐、悲伤和感受着的脑》，孙延军译，教育科学出版社，2009，第95页。
② 休谟：《人性论》（全两册），关文运译，郑之骧校，商务印书馆，1980，第453页。
③ 卢梭：《社会契约论》，何兆武译，商务印书馆，2003，第28~73页。
④ 康德：《纯粹理性批判》，蓝公武译，商务印书馆，1960，第33~81页。
⑤ 埃德蒙德·胡塞尔：《现象学的观念》，倪梁康译，商务印书馆，2017，第76~124页。
⑥ 马克斯·舍勒：《伦理学中的形式主义与质料的价值伦理学》，倪梁康译，商务印书馆，2011，第57~102页。
⑦ 威廉·詹姆斯：《心理学原理》（全3册），方双虎等译，北京师范大学出版社，2019，第66~150页。

探索。

　　情感蕴含着人的体验、观察、认识的感性直观与推理、反思、批判的理性逻辑。情感与理性的共同作用，使人摆脱了生存本能活动的束缚，而成为自觉自为的存在，开展了创造性的社会文化生产。情感与理性的统一，体现了人类决策和行为的多面性。人们在决策时可能会受到逻辑规则和情感规则的双重影响①。逻辑规则代表着理性思考和推理，而情感规则代表着情感体验和情感驱动。这两者共同影响了人类的决策、行为和社会秩序②。

　　特别是在现实情境中，人们的行动目标往往是追求满意结果，而不是寻找最优方案。而在这种有限理性（bounded rationality）中，情感发挥着难以替代的关键作用。此时情感比理性更能影响人们的价值观、偏好和期望，从而在决策中产生影响。

　　当然，情感本身具有理性与非理性两个部分。所谓情感理性，"既可以界定为一种推理能力，即通过情感反应从某些事实前提推出规范性判断或价值判断的能力，也可以界定为规范性或应当性的来源之一"③。通俗地说，情感理性是指对经过社会实践检验、大众认可、符合人类根本利益的道德评判标准的自觉遵循④，它是对人的心灵世界与客观现实世界之间的因果问题的经验解读⑤。情感非理性则是指盲目的、缺少充分证据的、片面的、带有一定偏见的认知⑥。从情感实践角度来看，情感非理性占据主导地位的人往往缺少理解、解释事物的能力，容易被纯粹的情感所左右而采取偏激行为。

　　情感理性是认知事物的标准与能力。理性的思考与情感的体验是相互交融的⑦。情感会引导社会关注人们最关心的事宜，如维护人身安全、改善经济状况、美化居住环境等，这使得选择出现了优先级排序。而为

①　亚里士多德：《灵魂论及其他》，吴寿彭译，商务印书馆，1999，第 142、243～244 页。
②　Greene et al. "An fMRI Investigation of Emotional Engagement in Moral Judgment." *Science*, 2001, 293 (14): 2105-2108.
③　陈真：《何为情感理性》，《道德与文明》2018 年第 2 期，第 5～14 页。
④　贾谋：《情感主义者为什么要谈理性——简析亚当·斯密伦理学之中的理性概念》，《天津大学学报》（社会科学版）2019 年第 6 期，第 513～520 页。
⑤　Grim, P. *Interview for Mind and Consciousness: 5 Questions*. Automatic Press, 2009: 20-88.
⑥　Borchert, D. *Encyclopedia of Philosophy*. Farmington Hills, MI: Thomson Gale, 2006: 279-280.
⑦　斯宾诺莎：《伦理学》，贺麟译，商务印书馆，1983，第 165～170 页。

了维护人类的生存与发展，人们往往趋向于用理性的情感观察与分析问题。情感影响了人们对事物的判断，而判断的结果会修正负向情感的影响，推动基本共识的达成①。例如，在面对风险时，受时间限制、生命威胁、信息不完备等因素的影响，人们的行动会易于被非理性的情感所支配②。人们在既没有足够的时间来仔细思考和评估风险，也缺乏足够的信息来进行理性判断时，情感就会自然而然地填补空缺。

偏正向的情感会使人们过于乐观，而偏负向的情感则会使人们过于悲观③。情感无论是偏积极还是偏消极，一旦超过阈值都会对个体的选择产生超出预期的影响。例如，Facebook 被指控侵犯用户隐私，一些用户删除了他们的社交媒体账户，不再使用该平台，或者通过参与抵制运动来表达他们的愤怒情绪；但也有相当一部分用户认为社交媒体为他们提供了有价值的服务，这些用户对指控持怀疑态度，认为负向情感是过度夸大的结果。在这种情况下，过度偏向的情感影响了用户的行为，使他们难以就隐私问题进行客观和理性的讨论。因此，过于偏离事实的情感（无论是正向的还是负向的）会影响人们与政府的决策行为④。

因此，非理性情感、理性情感和理性之间可以被理解为一种交互作用的关系。在这种交互作用的关系中，非理性情感在一定程度上驱使个体做出决策或者采取行为，但理性情感和理性则可以通过认知加工与理性思考来调节和影响情感的表达和行为。理性情感可以帮助个体更加理性地处理情感问题，避免过度情绪化或者盲目；而理性则可以帮助个体进行客观的分析和判断，从而做出合理和明智的决策。它们不是简单地相互排斥或者按照某种层次、顺序排列，而是相互影响、相互作用，并在个体的行为和决策中共同发挥作用。

---

① 达尔文：《人类和动物的表情》，周邦立译，北京大学出版社，2019，第 210~214 页。

② Berg, L. S. "Risk Perception, Emotion, and Policy: The Case of Nuclear Technology." *European Review*, 2003, 11 (1): 109-128.

③ Slovic, P., Fischhoff, B., and Lichtenstein, S. "Why Study Risk Perception?" *Risk Analysis*, 1982, 2 (2): 83-93.

④ Goel, V., and Vartanian, O. "Negative Emotions Can Attenuate the Influence of Beliefs on Logical Reasoning." *Cognition and Emotion*, 2011, 25 (1): 121-131; 孟博、刘茂、李清水、王丽：《风险感知理论模型及影响因子分析》，《中国安全科学学报》2010 年第 10 期，第 59~66 页。

第二节 情绪与情感

一般情况下，在不同的语境中，情感与情绪不做区分。但从学理性角度而言，情感与情绪又存在概念差异。为了帮助读者增进对本书内容的理解，有必要讨论一下情感和情绪之间的区别。

一些学者认为，情感与情绪密不可分，二者有极大的不同。情绪，短暂而强烈；情感，稳定而深沉。

情绪通常被认为是对某种刺激或情境的即时反应。情绪往往伴随着生理变化，如心率加快、面部表情变化等，这些变化可能是身体对于外界刺激的迅速反应。情绪可能是瞬时的、强烈的，与特定情境紧密相关。

情感则被认为是一种复杂的主观感受，它更加持久、深刻、深沉，它与个体自身的感受、认知、体验、经验、性情、价值信念和文化背景联系密切。

可见，情绪具有较强的情境性与暂时性，多与人的生理性需要相联系。而情感具有较强的持久性和稳定性，多与人的社会性需要相联系。举个例子，假设一个人在一家餐厅里等待了很长时间，但服务员一直没有上来为他点菜。这个人可能会感到愤怒和不耐烦，这是一种情绪。这种情绪是短暂的，它在等待时间过后可能会迅速消失，而且它与当前的情境（等待时间过长）密切相关。现在，想象这个人是一个餐饮评论家。他多年来一直在尝试品尝各种餐厅的食物，并且已经形成了对不同食物的喜好和厌恶。例如，他可能喜欢海鲜，因为小时候他与家人常去海边度假，那时他总是享受美味的海鲜大餐。这种喜好是一种情感，它是相对持久和稳定的，不会因为单次的等待时间而改变。

因此，情绪应被理解为一个人的身体感觉，一种以强度和能量为特征的刺激反应。相比之下，情感比情绪更加深刻，处于情绪的层次水平之上，稳定的情感是在情绪的基础上形成的，又通过情绪而表达出来。情绪也离不开情感，情绪的变化反映了情感的层次。

表 1-1 情感与情绪的差异

方面	情感	情绪
定义	情感通常是指更持久、更深刻的情感状态，通常涉及复杂的主观体验	情绪是短期的、生理性的生理和情感反应，通常是瞬时的
持续时间	情感通常持续较长时间，可能几个月、几年或更长时间	情绪通常是短暂的，可能只持续几分钟或几小时
强度	情感的强度可以变化，通常不如情绪那么剧烈	情绪的强度通常较高，可能会导致生理反应，如心跳加速
主观体验	情感的主观体验通常更深入和个人化，包括与个体价值观和经验有关的感受	情绪通常是一种更具生物学性质的主观体验，如愤怒、快乐或害怕
表现	情感通常表现为内心状态，不一定表现在面部表情或肢体语言中	情绪通常会通过面部表情、声音和身体语言表现出来
触发因素	情感的触发因素通常与复杂的认知、思考和经验有关	情绪通常是由具体的生理和环境因素触发的，如威胁或惊喜

然而，在绝大多数语境中二者被视为等同的概念。虽然以上观点论证了情绪与情感的不同之处，然而在实际情况中，情感和情绪常常在个体的意识和无意识层面相互作用，很难对它们进行明确的划分。身体的感觉和无意识的感受在情感和情绪的产生与表达中扮演着重要角色。这些感觉和感受包括生理变化、神经激活、激素分泌等身体机能的微变，它们对于情感和情绪的体验与表达至关重要。情感和情绪会在大脑的不同区域产生生理反应，但这些生理反应在实际体验中常常难以明确区分。因此，对于情绪与情感的理解，需要明确以下几点。

第一，对情感和情绪的理解往往受到文化与语境的影响。不同文化中，情感和情绪的定义与边界可能不同。这种文化因素可能使得情感和情绪的界限变得模糊，支持将它们视为等同概念的观点。在某些文化中，情感和情绪可能更为紧密地交织在一起，难以进行严格的分割。

第二，情感和情绪都涉及个体的主观体验。个体在感受情感和情绪时，往往难以明确它们的界限。因为情感和情绪都涉及情感的体验、生理反应和心理反应，这种复杂性使得将它们严格区分变得困难。

第三，情感和情绪之间的界限可能并不总是那么清晰。情感可以引发情绪，而情绪可能在情感体验中表现出来。这种相互影响强调了情感和情绪的紧密关系，使得在某些情况下将它们视为等同概念的观点更有道理。例如，当某个事件与当事人的经历相同或相似时，这时引发的情绪与情感是相互交织的。

第四，在日常语言和交流中，人们往往将情感和情绪用作互换的术语，而不进行严格区分。这种交叉应用反映了情感和情绪之间的相似性，以及它们在实际生活中难以准确被划分的现实情况。在进行情感分析时，往往需要结合语境与文化背景才能更精准地分析人们的情感体验。

综上所述，将情感和情绪视为等同的概念在某些情况下是合理的，但实际上它们之间还是有极大区别的。

第三节　情感的生理属性

情感的第一重属性是生理属性。情感会与生理产生交互作用。例如，紧张的情感可能导致心跳加快，愉快的情感可能引起激素的分泌，而害怕的情感可能导致身体进入"战斗或逃跑"的应激状态。又如，身体舒适会使人出现愉悦的情感，身体不适会使人出现痛苦的情感。同时，情感的生理属性提供了一个客观的、可测量的角度，用来研究和理解情感。

随着现代科学的兴起，情感理论迈向了跨学科融合。情感理论与心理学的融合引发了人们对情感认知和生理过程之间关系的探讨①。20 世纪中叶以后，随着认知神经科学的发展，我们得以更好地理解情感是如何在大脑中产生、加工、调节的，从而开始探究情感与人类行为的深层次联系，这是技术性情感研究的开端。

早期情感问题的研究者认为，情感是身体变化的结果②。当人们感觉到环境的改变，立刻就会产生身体的内在变化，比如神经系统或激活或抑制身体某些部位的活动，这些生理变化使得个体把感受与情感

---

① Schweiger-Gallo, I., Keil, A., Blanco Abarca, A., de Miguel, J., Alvaro, J. L., and Garrido, A. "Prospects and Dilemmas in Emotion Psychology." *Psychologia*, 2010, 53 (3): 139–150.

② Zhou, Pin, Critchley, H., Garfinkel, S., et al. "The Conceptualization of Emotions across Cultures: A Model Based on Interoceptive Neuroscience." *Neuroscience and Biobehavioral Reviews*, 2021 (125): 314–327.

联系起来。情感在很大程度上被理解为个体经验的特征和个体的身体反应。

而情感的加工是一个复杂的神经网络过程，涉及多个脑区的协同作用。认知神经科学利用脑成像技术，如功能性磁共振成像（fMRI）和脑电图（EEG），研究情感与特定脑区活动之间的关系。不同的情感状态可能使大脑产生不同的活动，研究人员试图识别与特定情感相关的脑区，以揭示情感是如何在大脑中产生、加工和调节的，从而促进我们对情感的科学理解。这是现代医学更精准地进行情感干预和情感治疗的基础。

情感心理学认为，情感是动机的一种表现形式。情感和动机密切相关，它们共同构成了个体行为和经验的动态系统。同时，情感可以通过生理指标和行为表现来测量，这为情感测量奠定了客观、可靠的基础[①]。生理指标包括心率、皮肤电反应、脑电波等，这些指标能够反映出人体对不同情感刺激的生理反应。行为表现包括面部表情、身体姿态、语音语调等，这些表现能够反映出人体对不同情感刺激的心理反应[②]。通过测量这些指标和表现，可以客观地评估个体在特定情境中的情感状态。

认知神经科学的发展，尤其是对神经影像技术的研究，进一步揭示了情感的生理根源和大脑机制[③]。这为情感测量和情感分析奠定了基础[④]。通过神经影像技术，可以观察到不同情感状态下大脑中的神经活动模式。例如，研究人员通过脑磁图技术观察到，愉悦状态下大脑皮层的活动呈现特定的电信号模式，而负面情绪状态下则呈现不同的模式。此外，脑成像技术可以用来探究情感与不同脑区的相关性。研究表明，情感与大脑中的多个区域密切相关，如扣带回、前额叶皮质等区域。这

---

① Resseguier, A., and Rodrigues, R. "AI Ethics Should not Remain Toothless! A Call to Bring back the Teeth of Ethics." *Big Data & Society*, 2020, 7 (2).

② Bidet-Ildei, C., Decatoire, A., and Gil, S. "Recognition of Emotions from Facial Point-Light Displays." *Frontiers in Psychology*, 2020, 11: 1062.

③ Ochsner, K. N., and Gross, J. J. "Cog-nitive Emotion Regulation: Insights from Social Cognitive and Affective Neuroscience." *Current Directions in Psychological Science*, 2008, 17 (2): 153-158.

④ Butler, M. J. R., and Senior, C. "Research Possibilities for Organizational Cognitive Neuroscience." *Social Cognitive Neuroscience of Organizations*, 2007, 1118: 206-210.

些区域在情感的产生、表达和调节中都发挥着重要作用。这一发现强化了情感与认知之间的密切关系①。

同时，认知神经科学还探讨了情感的调节机制。情感调节指的是个体通过调整认知、行为和注意力等方式来影响与管理自身的情感体验。一些常见的情感调节策略包括认知重评（改变对事件的解释）、注意力转移（将注意力从负面刺激转移到其他事物上）以及情感表达（通过言语或行为来释放情感）等。个体通过认知过程来调控情感体验②。对情感的评价涉及对刺激的情感价值判断，这个评价过程可能是有意识的，也可能是潜意识的。情感是在主体对情境中的客体或事件给予评价后才产生的③。而后，它触发了一系列反应倾向，这些反应倾向表现在松散耦合的组成系统中，如主观经验、面部表情、认知加工和生理变化等。情感体验和调节可以引起大脑结构与功能的可塑性变化，这揭示了情感障碍的生物学基础，并提供了可能的治疗方法。

此外，有研究发现情感与记忆之间存在密切关系。情感加强了记忆的编码和存储，同时记忆影响着情感的体验和再现。当一个事件或信息与强烈的情感体验相关联时，大脑往往更容易将这些事件或信息存储在长期记忆中。这解释了为什么我们通常更容易记住与情感相关的事件，而忘记那些没有触发情感的信息。与情感相关的事件更容易被记忆，而且情感体验可以影响记忆的存储和提取过程。当我们试图提取记忆时，情感体验也会发挥作用。认知神经科学的研究加深了人们对情感在个体心理和生理层面运作的理解，却缺少社会文化层面的解读。

第四节 情感的社会属性

情感的第二重属性是社会属性。情感不仅是生物进化的结果，还与

---

① Brosch, T., and Sander, D. "Comment: The Appraising Brain: Towards a Neuro-Cognitive Model of Appraisal Processes in Emotion." *Emotion Review*, 2013, 5 (2): 163-168.

② 费多益：《认知视野中的情感依赖与理性、推理》，《中国社会科学》2012 年第 8 期，第 31~47 页。

③ Wentura, D. "Cognition and Emotion: On Paradigms and Metaphors." *Cognition & Emotion*, 2019, 33 (1): 85-93.

文化、社会和历史等因素密切相关①。人类社会中的情感表达和体验被认为是社会化过程的一部分，与个体的身份、角色、文化背景等有关②。

　　对于情感的研究最早可以追溯到古希腊时期。亚里士多德在他的著作《尼各马可伦理学》中探讨了有关情感的概念，并将其视为人类行为和道德品质的重要组成部分。亚里士多德提出，"幸福就是灵魂合乎德性的活动"，而追求幸福就是把人特有的功能发挥好。亚里士多德主张情感的正确运用是通过中庸之道来实现的。他认为，理性和道德行为不应受到情感的过度影响。这些论述体现了情感、道德、行为之间的关系，为后世进一步剖析情感的实质与作用奠定了基础。同时，被誉为"人类文化史上的艺术瑰宝"的古希腊戏剧常通过喜剧和悲剧来呈现人类内心的矛盾与挣扎、道德的困境与情感的冲突。

　　14 世纪中叶以后的文艺复兴时期，是欧洲历史上对情感研究产生深远影响的时期之一。在这个时期，人们重新审视了古典文化，强调个体的情感和体验，并将情感纳入艺术、文学、哲学等领域的探讨之中。马基雅维利在《君主论》《战争艺术》《佛罗伦萨史》等著作中对人性和权力游戏中的情感反应等内容进行了深入探讨，包括人性中的野心、欲望与谋略的关系、政治领袖必须了解人性的普遍规律、领袖需要善于利用情感来影响和控制士兵与民众等。因此，以文艺复兴时期为分水岭，对情感的定位经历了从边缘化到重回中心的过程。

　　20 世纪初期，社会学家埃米尔·涂尔干（又译迪尔凯姆）和马克斯·韦伯等人对社会与文化的影响开始显现，社会结构和文化背景对个体行为与情感的塑造作用成为情感研究的重点。比如，涂尔干在《自杀论》中通过对自杀现象的观察与分析，明确了社会因素对个体情感的影响。他认为社会的集体生活方式和社会整合程度与自杀率之间存在密切关系。韦伯在《新教伦理与资本主义精神》中指出，宗教和伦理观念对个体行为与情感存在影响。通过履行"天职"，个体在工作中体现出对上帝的顺从和奉献，这种信仰和责任感常常激发出个体的情感投入和自我价值

---

① 施瑞婷：《情感社会化：现有范式及其变革》，《江淮论坛》2020 年第 5 期，第 107 ~ 115 页。

② 赵涵：《当代西方情感史学的由来与理论建构》，《史学理论研究》2020 年第 3 期，第 133 ~ 148 页。

感，这在一定程度上塑造了现代资本主义社会中的工作伦理和情感文化。

自 20 世纪中期起，情感的社会建构受到了社会学、人类学、文化研究等理论的影响①。如文化理论学派认为，社会化是个体与社会之间相互作用的结果，是个体在社会中成为合格成员的过程②。在这个过程中，个体通过学习社会规范和价值观念来适应社会，并将这些社会规范和价值观念融入自己的情感体验中。人类学则认为，情感是一种文化现象，不同的文化对情感有着不同的定义、表达方式和价值评判③。文化研究则探讨了情感与文化之间的关系，认为情感与文化相互影响、相互建构④。

情感是由社会结构所导致的条件化的结果⑤，社会文化以意识形态、规范和一般化的符号媒介指导着人们如何感受情境、如何体验情感和表达情感⑥。因此，个体的情感体验和表达是在社会互动与文化背景中建构出来的⑦，对情感的分析和研究需要考虑文化差异与社会背景等因素。

到 20 世纪 70 年代，"情感转向"成为时代的主题词，产生了情感社会学这个跨学科研究流派，并涌现出拟剧与文化情感理论、情感仪式理论、情感交换理论、情感社会结构理论、情感进化论等多种情感社会学理论⑧。这些理论解释了情感的社会性建构，以及不同的个体为什么会在同样情境下拥有类似的情感⑨。至此，主流学派对情感有了一个更加多元的认识。情感是生物属性、认知结构、社会文化共同建构的产物，

① Pober, J. "What Emotions Really Are (In the Theory of Constructed Emotions)." *Philosophy of Science*, 2018, 85 (4): 640-659.

② Walle, E. A., Reschke, P. J., and Knothe, J. M. "Social Referencing: Defining and Delineating a Basic Process of Emotion." *Emotion Review*, 2017, 9 (3): 245-252.

③ 王文锋、姜宗德:《情感、技术与文化: 情动劳动视域下虚拟直播用户体验真实的建构》,《科技传播》2023 年第 5 期, 第 1~8 页。

④ 潘震:《情感表量构式的认知研究》,《现代外语》2015 年第 6 期, 第 762~769 页。

⑤ 乔纳森·特纳、简·斯戴兹:《情感社会学》, 孙俊才、文军译, 上海人民出版社, 2007, 第 2~18 页。

⑥ Peters, K., and Kashima, Y. "From Social Talk to Social Action: Shaping the Social Triad with Emotion Sharing." *Journal of Personality & Social Psychology*, 2007, 93 (5): 780.

⑦ 孙金燕、金星:《数字亚文化的建构及其价值——对虚拟偶像景观的考察》,《武汉大学学报》(哲学社会科学版) 2022 年第 5 期, 第 155~164 页。

⑧ Russell, J. A. "Is There Universal Recognition of Emotion from Facial Expression? A Review of the Cross-Cultural Studies." *Psychological Bulletin*, 1994, 115 (1): 102-141.

⑨ Elfenbein, H. A., and Ambady, N. "On the Universality and Cultural Specificity of Emotion Recognition: A Meta-Analysis." *Psychological Bulletin*, 2002, 128 (2): 203-235.

同时情感并不是非理性的，它的生成、体验、表达都是具有逻辑的。

情感不再被视为独立于认知过程，而是认知过程的结果。这一认识对情感分析的算法和模型设计具有重要的启示意义，情感分析不再是简单的情感分类和情感强度评估，而需要考虑情感与认知的交互作用和复杂性，从而更好地模拟人类情感的产生和表达过程[①]。

总之，现代情感理论的发展反映了人们对情感认识的不断加深，从基本情感到复杂情感、从个体经验到行为动机、从内在属性到社会建构，各种情感理论从不同的角度对情感进行了深入研究和探讨。

第五节　社会情感的内涵

情感在人类的生活中扮演着极其重要的角色。作为一种赋予世界意义的方式，情感是人类经验世界的必要成分。每一个表达情感的个体都是具体的、历史的、时间的存在，同时也是与身心相关的存在。这些个体带有不同的情感意识与情感经验，从而塑造出多样的情感主体。

社会情感则将个体的情感体验拓展到了集体层面。每一个表达情感的个体都是独特的存在，具有个人的历史和经验。然而，尽管个体之间的情感意识和经验有所不同，却能通过共享的文化、语言和符号形成相似的情感表达，这强调情感在社会交往和共鸣中的集体性。

在社会情感中，特殊性与同一性相互交织。个体的情感寓于集体的情感之中，而同一性情感又通过特殊性情感表达得以体现。社会情感是一种个体的特殊性情感，即个体在特定情境下的独特情感体验。这种情感可以通过个体的言辞、行为和艺术表达等方式表达出来，丰富了社会情感的多样性。同时，社会情感又是一种同一性情感，即由一群人分享的共同情感体验。这种情感可以通过象征性的符号、仪式、共同体验等方式来表达。这种相互作用最终构成了社会情感，展现出个体与集体之间错综复杂的情感关系。

社会情感是在特定的社会历史环境中，特定群体或整个社会多数人

---

① Todd, R. M., Miskovic, V., Chikazoe, J., and Anderson, A. K. "Emotional Objectivity: Neural Representations of Emotions and Their Interaction with Cognition." *Annual Review of Psychology*, 2020, 71: 25-48.

所共享的情感体验。这与情感氛围的概念相似，强调在特定情境中多数人共同的情感感受。社会情感不仅涉及个体特殊性的情感体验，还包括群体同一性的情感意识和经验。这种共享的情感体验在社会交往中起到关键作用，促使个体之间达成情感共识。

社会情感不仅是一种表面的情感，它还反映着个体与社会环境之间的情感性关系。通过社会情感的传递、分享和共鸣，个体的情感体验得以丰富和拓展，从而形成一种共同的情感态度。社会情感不仅关乎个体的情感体验，更关系到社会环境、文化和他人的情感，从而营造集体情感氛围[①]。

社会情感和情感氛围的概念有相似之处。情感氛围强调的是在特定情境中，多数人共同的情感感受。它往往是环境、事件、人际关系的综合反映。社会情感则更加侧重于在特定历史环境中，某一群体或整个社会中的多数人所共享的情感体验。社会情感强调情感在特定社会群体中的聚集和集体性，即群体的情感特征与行为逻辑。

社会情感是一种关系性现象，它涉及人与人之间的情感性关系。情感不仅是个体内部的体验，也是人际交往的桥梁。社会情感的形成与表达常常依赖人们的交往、沟通和共鸣。情感在社会中被传递、被分享，从而形成一种情感共识，使个体的情感得以拓展和丰富。社会情感反映了个体对社会事件、文化现象和集体命运的情感回应。个体不仅关注自身情感，还将自己的情感融入社会的情感氛围中，从而形成了一种共同的情感态度（emotional attitude）。

社会情感的形成受多种因素影响。其中，马克思主义文化批评家雷蒙德·威廉斯于 20 世纪 50 年代提出的情感结构概念揭示了社会情感是一系列因素共同作用的结果。在《漫长的革命》中，威廉斯对这一概念界定如下："正如'结构'这个词所暗示的，它稳固而明确，但它是在我们活动中最细微也最难触摸到的部分发挥作用的。在某种意义上，这种感觉结构就是一个时代的文化：它是一般组织中所有因素带来的特殊的、活的结果。"[②] 社会情感具有一定的结构性（structure of feelings）[③]，

---

① 王俊秀：《社会心态的结构和指标体系》，《社会科学战线》2013 年第 2 期，第 167~173 页。
② 雷蒙德·威廉斯：《漫长的革命》，倪伟译，上海人民出版社，2013，第 57 页。
③ 赵国新：《情感结构》，《外国文学》2002 年第 5 期，第 79~84 页。

即社会情感是客观存在、可以具象化的分析对象，而不是碎片化和主观化的状态，它包含这一时代的文化、价值与社会心理①。因此，情感结构反映了一个国家或地区长期以来的传统的价值观念、伦理与信仰，以及域外思想、生活方式的影响及其在当下社会实践中的矛盾与变化②。

社会情感在结构上受宏观因素、中观因素与微观因素的影响。宏观因素包括长期以来的文化传承和人们的价值观念，它们在社会中形成情感的基础框架。不同的文化具有不同的情感表达方式、情感价值观和情感规范。一些文化可能更加注重个体自由表达情感，而另一些文化可能更注重情感的节制和群体共识。此外，外部因素，尤其是域外思想的传入，可以改变社会的情感结构。当不同文化和思想进行交流时，新的情感观念和表达方式可能被引入，从而影响社会中情感的认知和表达。

中观因素涉及社会实践和社会关系的变化，这些变化会直接影响个体和集体的情感体验。社会中的事件、问题和趋势可以引发特定的情感反应。例如，社会不平等、政治动荡、环境问题等都可以影响人们的情感体验和情感表达。同时，社会心理因素，如社交媒体的情感传播和社交群体的情感共鸣，也可以塑造和放大特定情感。

微观因素则包括个体的情感意识、经验和社交互动，它们在个体层面塑造了情感的细节和多样性。每个人的情感结构都受到其个人经历、性格特点和情感智力的影响。人际关系和社交互动也在微观层面塑造情感。例如，与亲密朋友分享情感体验可能会产生不同的情感反应，而情感管理技能可以影响个体对情感的处理。

这意味着社会情感是客观存在的，可以被具体地分析和理解，而不仅仅是碎片化的主观体验。社会情感的情感结构体现了一个时代的文化、价值观和社会心理，是一个时代的精神和情感的集合体。

综上所述，社会情感涉及个体和集体之间的关系，以及情感在社会结构中的作用。它既表现为个体情感的多样性，也彰显了情感的共同性。而社会情感的形成是受多种因素影响的。雷蒙德·威廉斯的情感结构概

① 周刊：《雷蒙德·威廉斯的"情感结构"与几个相关概念的比较研究》，《社会科学论坛》2010 年第 4 期，第 48~51 页。

② 雷蒙德·威廉斯：《马克思主义与文学》，王尔勃、周莉译，河南大学出版社，2008，第 141 页。

念揭示了情感是一个由多个因素交织而成的整体。这种情感结构反映了一个时代的文化、价值观和社会心理，同时受到外部和内部因素的影响。情感结构的存在意味着社会情感具有一定的结构性，不是主观感受的堆砌，而是客观存在的表现。通过社会情感，我们可以更好地理解人类情感体验的多维性，以及情感在社会交往中的深远影响。

第二章　网络社会与网络社会情感

网络社会不断演进，为人类构建了媒介化生存的新图景。尤其是随着社交媒体的出现，便于公共讨论的论坛、空间、博客、微博塑造了全新的公共领域。它允许用户自己生产内容，也更注重用户的交互作用。网民不再单方面地浏览内容，开始生产与创造内容。社交媒体是一种新型的大众传媒方式，它在时效性和空间的覆盖方面，超越了所有的传统媒体。它使互动的时效性得以增强，互动成本得以降低，这在一定程度上实现了纯粹的交互自由和前所未有的开放性。但是，社交媒体作为网络社会的重要组成部分，在其演进过程中经历了从早期虚拟公共空间的"开放"结构到现今逐渐趋向"封闭"模式的变化。在网络社会中，社交媒体不仅改变了情感的表达方式，还赋予了情感新的维度和形态。这一变革不仅对情感呈现产生了重要影响，还在一定程度上赋予了社会情感新的意义。网络社会情感是社会现实与网络空间相互交织作用的产物，它的产生与演化对网络公众参与的性质和结构产生了深远影响。

第一节　网络社会的演进

在互联网走入千家万户的早期，人们主要使用个人电脑来上网，这些电脑通常连接到家庭或工作场所的固定宽带互联网上。这些电脑是人们获取信息、进行互动和分享内容的主要工具。

互联网为各种观点和信息提供了平台，人们可以访问全球各地的信息。这使得信息的来源变得多元化，人们可以选择不同的新闻网站、博客、论坛等来获取信息，而不再依赖传统媒体。

首先，信息有了多元化的来源。互联网为人们提供了迅速、便捷地获取各种信息的途径。通过搜索引擎和在线数据库，人们可以轻松地找到他们感兴趣的信息，不再需要翻阅大量纸质文献或等待新闻广播的特定时间。

其次,信息传播更具多样性。互联网的兴起带来了信息传播的多样性。人们可以通过电子邮件、社交媒体、在线论坛等多种渠道来分享信息和观点,这扩大了信息的传播范围,使更多的人能够参与其中。

再次,知识变得更具开放性和公开性。互联网使知识更加开放和公开。人们可以在在线平台上共享自己的知识和经验,而不受地理位置或社会地位的限制。这也为开源项目、在线教育和合作研究提供了机会。

最后,互联网改变了人际交往模式。传统的人际交往模式通常受社会阶层和地理区域的限制,但互联网使人们能够跨越地理边界,与世界各地的人建立联系和产生互动。这种全球性的社交互动促进了跨文化交流和理解。

互联网是一个虚拟世界,它不受地理限制,能够联结世界各地的人。这被视为一种革命性的创举,可以打破传统社会和政治结构的界限。因此,在互联网兴起的初期,人们对这个新媒介的潜力感到兴奋,并相信它可以实现一种新形式的民主和公众参与。

互联网好比一个电子集市,人们可以在其中自由地交换思想和观点。互联网允许人们根据共同的兴趣、目标、特点或身份创建虚拟社区。这些社区有各种形式,如社交媒体群组、博客、在线论坛、虚拟世界等。每个社区通常都有其特定的主题或焦点,吸引对该主题感兴趣的人。虚拟社区提供了一个平台,让人们可以自由地分享信息、观点和经验,使用户能够与其他社区成员互动并交流信息。虚拟社区也是思想交流和辩论的重要场所。人们可以在这些社区中提出问题、分享观点、就争议性议题展开辩论,并与其他成员进行深入的讨论。这种虚拟社区被认为有助于公众参与的民主化,并改变传统的政治和社会结构。人们可以更轻松地表达自己的意见,参与社会问题的讨论,而不受传统媒体的限制。社交媒体和在线活动使公民更容易倡导社会变革,并监督政府行为。

移动互联网的发展,标志着网络社会演变到了另一个形态,进入即时性的社交媒体时代。移动互联网和智能手机的普及使人们能够随时随地访问互联网和社交媒体平台。移动互联网使新闻传播更加即时。用户可以通过社交媒体平台迅速获取最新的新闻、事件报道和趋势,这加速了信息的传播速度。

社交媒体平台如 Facebook、Twitter、Instagram、微信、微博、小红书等成了人们日常生活的一部分。它们为用户提供了分享生活、观点和新闻的渠道，成了社交互动和信息传播的主要工具。用户可以实时发布消息、分享照片和视频，以及与朋友、家人和关注的人互动。同时，社交媒体时代催生了许多网络名人。个人可以通过社交媒体建立自己的声誉并拥有粉丝群体，分享专业知识、生活故事或娱乐内容，从而具有在线影响力。

网络媒介作为一种现代交流工具，由其所生成的网络文化已显示出较强的日常生活哲学意涵，并参与到个体成员价值体系和行为模式的转变之中。网络文化可自觉或不自觉地产生各种文化后果，以不同的形式如网络共创文化、网络消费文化、网络后真相文化、网络数据文化，影响着网络社会情感。

媒介化生存已扎根于现代人的生活方式之中，人们生活的各个方面都被各种社交应用所重塑[①]，人们的衣、食、住、行、学习、消费、娱乐等诸多方面都依赖互联网中的信息。同时，关于人们交往互动、消费行为、价值取向、生活态度等的信息也被记录着，呈现媒介化生存的时代图景。

在社交媒体中，公众不再是沉默的大多数，一些公众也不再选择沉默，而是表达出自己的意见与态度，这大大削弱了传统传播格局下的"沉默的螺旋"效应。在这种社交媒体的传播环境下，网络互动的交互性使公众对信息的选择有更强的自主性。社交媒体的内容具有碎片化、片面化、主观化的特点[②]，它在信息完整性、真实性与逻辑性方面具有显著的劣势，容易对网民产生一定的情感刺激。除此之外，社交媒体的快捷性、便利性、即时性和独特的设置议程更容易博人眼球，引发大量网民的关注和事件相关信息的快速传播。社交媒体传播的特性使网民不能一下子了解事实，并且大部分网民也并不关注真相，而是被信息的情

[①] 王迪、王汉生：《移动互联网的崛起与社会变迁》，《中国社会科学》2016 年第 7 期，第 104~112 页。

[②] 余红、王庆：《社会怨恨与媒介建构》，《华中科技大学学报》（社会科学版）2015 年第 3 期，第 125~130 页。

感刺激所吸引。

在移动互联网时代，人们更愿意分享生活、呈现自我、表达情感。线上的情感，既可以被线下的人即刻感知，也可以对线下的人施加影响。人们可以随时随地分享生活中的点点滴滴，不断变换表演者和观众的角色，创建自己的话题、抒发自身的情感。线下的情感可以即刻转化成线上的情感，线上的情感也可以即刻转化成线下的情感，影响着终端的人们。

而在未来的智能物联时代，网络社会情感将更加紧密地与我们的数字生活相互交织。随着物联网技术的快速发展，各种智能设备和传感器将成为我们日常生活的一部分。这些设备可以收集和传输大量的数据，涵盖了我们的行为、习惯、喜好以及情感状态。例如，智能家居设备可以了解我们的生活方式，根据我们的情感需求自动调整环境，提供更加舒适的生活体验。医疗设备可以监测患者的情感状态，帮助医生更好地理解病情和治疗需求。穿戴式智能设备可以在检测到与恐惧有关的情绪时，自动识别暴力情况，并在必要时采取保护行动①……这些技术的应用与发展离不开对网络社会情感的研究。

互联网技术的发展与应用改变了人类社会现代化的发展方向，拓展了现代性生活空间，使得社交媒体用户的身份存在无限的可能性与变化性②。在我们所在的生活世界，全球都在共时之中，差异不断消失，结构不断解体，生活方式多元化、生活设计个体化在同步进行。

表 2-1　网络社会演进的主要进程

阶段	年代	主要特征	典型事件
"史前"阶段	20 世纪 60 至 90 年代	①计算机广域网的成熟 ②电子邮件、BBS 和 Usenet 等应用的普及	TCP/IP 的诞生

---

① Miranda, J. A., Rituerto-Gonzalez, E., Luis-Mingueza, C., Canabal, M. F., Barcenas, A. R., Lanza-Gutierrez, J. M., Pelaez-Moreno, C., and Lopez-Ongil, C. "Bindi: Affective Internet of Things to Combat Gender-Based Violence." *IEEE Internet of Things Journal*, 2022, 9 (21): 21174–21193.

② 吕宇翔、纪开元：《流动的身份展演——重访社交媒体演进史》，《现代传播（中国传媒大学学报）》2021 年第 5 期，第 7~13 页。

阶段	年代	主要特征	典型事件
互联网的兴起阶段	20世纪90年代	①互联网的普及和发展 ②电子邮件和基本网站的出现 ③网络社交和在线交流的开始	World Wide Web 亮相
社交媒体的崛起阶段	21世纪00年代	①社交媒体平台的兴起，如 Facebook、Twitter、LinkedIn 等 ②用户生成的内容的激增 ③网络社交和信息传播的广泛化	Facebook 上线
移动互联网的普及阶段	21世纪10年代	①智能手机和移动设备的普及 ②移动应用的快速发展 ③随时随地的在线互动和信息访问	iPhone 发布
大数据和人工智能阶段	21世纪20年代	①大数据技术的发展和应用 ②机器学习和人工智能的崛起 ③个性化推荐和智能算法的广泛应用	AlphaGo 击败围棋冠军
云计算和物联网阶段	21世纪20年代以后	①云计算技术的成熟和应用 ②物联网设备的增加 ③数据的云端存储和处理 ④物理世界与数字世界的融合	SpaceX 的星链（Starlink）项目

第二节　网络社会情感的公共性

　　网络媒介作为一种结合了大众传播和人际交往功能的通信方式，具有很强的空间扩展能力，使私人空间不断介入公共领域之中。这打破了传统的信息固化的生产关系，颠覆了以传统媒介为主导的互动模式，信息的生产者与接收者之间的身份界限不断模糊。每个网民都可以自由地参与公共讨论，发表自己的观点，表达自己的情感，这体现了网络社会作为公共领域的公共性特质。这使得公众的意见在公共领域中发挥了重要作用。网络社会带来了全新的人际关系空间和人际交往模式，也带来了一种共时与异时交错、身体缺场与意识在场的开放性互动方式。

　　在这种公共领域中，人们步入了主体间性的信息生活，展现了个体的内心、自我与社会的联动。随着多样化的社交平台兴起，用户的自我呈现成为一种互动的新模式，评论、转发、点赞成了互动的重要符号。

社交媒体使个体的内心、自我与社会相互联系。用户可以展示自己的兴趣、观点和情感，与他人分享和互动。这种网络社会的公共性在一定程度上打破了传统媒体中信息生产者与接收者之间的划分方式。

因此，网络社会既作为信息的载体，也作为信息的内容，承载着人类情感的共享与交流。人们通过社交媒体在网络社会中进行呈现，使每个个体的生活更多地呈现在"他者"或"社群"的技术影像之中，从而使"镜中之我"真正得到了社会和自主化的生活机会。

网络社会的出现，使媒介化生存变成了一种偏倚于介质性的现代生活方式。媒介化生存既是传统大众传播时代的产物，也是当代以网络信息技术为基础的新媒介技术的产物。媒介化生存兼具公共性与个体性，已经变成一种具有全球化、网络化和人类共同体性质的生存方式，对人类的生活进行着前所未有的媒介化塑造。当下，智能互联设备使用成瘾问题正在越来越深层次地形塑现实社会生活方式①。

此外，在网络中的集成性的社会情感与分散化的个体社会情感之间存在一种分离和生成的关系。这种关系涉及网络社会中集体性和个体性之间的动态平衡，以及社会情感在集成和分散之间的转换与演化。在网络社会中，个体可以表达自己的情感，但这些情感往往是分散的、个体化的，与特定的个体相关联。每个个体在网络中都有自己的社交圈子、兴趣群体，与不同的人交流互动，产生和分享情感。然而，这些分散化的个体社会情感因网络的集成性特点而形成集成性的社会情感。当大量个体在网络上共同关注、分享、讨论某一话题或事件时，他们的个体情感可能会相互影响、交融，形成一种集成性的情感体验，即所谓的网络舆情或网络民意。

第三节　社会情感与网络社会情感的区别

网络社会情感与社会情感之间既存在延续性，又有根本性的区别。前者表现为网络社会情感是社会情感在数字化和网络化时代的延续，人

---

① Zhitomirsky-Geffet, M., and Blau, M. "Cross-Generational Analysis of Predictive Factors of Addictive Behavior in Smartphone Usage." *Computers in Human Behavior*, 2016, 64: 682-693.

们在社交媒体和网络平台上表达和共享情感。后者则体现为它们在存在的场域空间、表达方式、传播速度以及作用结果等方面的差异。

首先，社会情感与网络社会情感的根本区别在于它们存在的场域空间。社会情感是在现实空间中展开的，它源自人们的日常生活、社会交往和面对面的互动。人们通过言语、肢体语言来表达自己的情感和态度。而网络社会情感则是在虚拟的网络空间中展开的，人们通过互联网和社交媒体来进行情感表达和交流。这种虚拟的空间超越了传统的地理界限，使得人们能够随时随地参与情感交流和互动。

麦克卢汉曾提到媒介的共鸣作用，这种共鸣可以被看作一种扩大的隐喻。在这方面，社交媒体发挥了重要作用。社交媒体增强了语境的延展性，使人们更容易共情和理解他人的情感。它提供了更多的表达方式，例如表情符号、图片、视频等，使情感表达更加生动。此外，社交媒体所构建的公共领域，使得公众能够即时地表达对社会焦点问题的情感与态度。这不仅体现了当下整个社会的心理表征，也反映了当下社会出现的主要矛盾问题。

其次，社会情感与网络社会情感在表达方式、传播速度和作用结果方面存在显著的不同。传统的社会情感主要依靠大众媒介或社会运动等方式进行表达和传播。然而，这种方式相对较为单一，传播速度较慢，可能导致社会情感的积聚。长期的积聚可能最终引发严重的社会冲突。与此不同，网络社会情感依靠互联网进行表达与传播，它具有多样性和多层次性。人们可以通过文字、图片、视频等多种方式来表达情感，传递速度更快，且具有强大的传染性。在互联网的环境下，情感可以在短时间内迅速传播，形成情感风暴。这种快速传播的特点使得网络社会情感能够迅速地在网络空间中形成公意和舆论，释放即时情感，有助于矛盾危机的早期暴露和解决，从而降低爆发强烈社会冲突的风险。

在虚拟空间中的社会群体参与的情感表达同样是一种社会实在。虽然虚拟空间是由计算机和网络技术构建的数字环境，但其中的社会群体和个体在情感表达方面的参与与交流仍然是真实存在的，且与现实生活中的情感表达具有相似的社会实在性，对个体的心理和社会生活产生着实际的影响。通过虚拟社交平台传播的情感信息可以引发共鸣和团结，也可能引发争议和情感冲突。因此，虚拟空间中的情感表达具有重要的社会影响力。

最后，网络社会情感较社会情感具有更强的时间动态性。网络沟通的即时性使网络社会情感更容易受到新闻事件、热门话题和社会趋势的影响。同时，较快的传播速度会导致情感的迅速冷却，因为人们的注意力很快被其他新闻或话题吸引。情感在互动中不断得到强化或弱化。

网络社会情感不是简单地通过静态文字来表达，而是成为一种蕴含于话语实践中的力量，通过网络媒介在社会空间中广泛传播和共享。这种情感表达方式深受多种宏观因素的影响，包括经济、政治、意识形态和社会结构等。举例来说，在政治领域，网络社会情感往往会受到政治事件、领导人形象以及政策措施的影响，从而影响公众对政治议题的态度和情感表达。类似地，在经济领域，社会情感可能会受到经济波动、就业形势等因素的影响，这些影响将体现在社交媒体上的情感表达之中。

与此同时，网络社会情感的话语实践具备构建和解构社会现实的能力，它能够通过集体行动、意见传递等方式影响人们对社会议题的关注程度和讨论热度。这种情感表达方式可能引发公众广泛的讨论，影响政策制定和社会变革的方向。然而，网络社会情感的话语实践可能受到操纵，从而对社会现实产生误导性或扭曲性的影响。

网络社会情感的崛起不仅仅是情感表达形式演变的动力，更是社会变迁的重要驱动力之一。它在公共领域中发挥着新的塑造作用，彻底改变了公众参与的方式。作为一种通过媒介传播的情感形式，它不仅赋予个体更强的情感表达能力，还赋予情感以公共性，使之转变为一种新型的公共参与行为。其快速形成、广泛传播、多功能性和强大的动员力，深刻地影响着当代社会的演进。

网络社会情感作为一种媒介情感，以互联网为载体，呈现一种全新的情感形式，在塑造和影响当代社会变迁中具有重要作用。网络社会情感不仅是社会情感状态的缩影，更是社会动员的工具；不仅是情感表达的方式，更是社会现实与网络空间相互交织作用的产物。

第四节　网络社会情感的影响

网络社会的不断演进，为人类塑造了一幅全新的媒介化生存图景。

互联网技术的快速发展以及社交媒体的广泛应用，为社会情感的产生和表达提供了全新的途径和平台。在网络互动的背景下，互动者的身份呈现多样化、符号化、匿名化和缺场化的特征，使私人领域与公共领域高度融合。互联网作为媒介，不仅承载了人类情感的信息，还延伸了人类的情感边界，使情感也出现了媒介化特质。媒介化的情感不仅将情感符号化，还将人类抽象模糊的意识、情感、心理和心态转化为有形的实体，并以社交媒体为媒介进行表达和传递。在这个媒介环境中，公众的情感通过网络社交媒体得以以全新的形态呈现，即网络社会情感，这可以看作是"互联网+情感"的技术后果情感现象。

在网络社会中，社交媒体不仅改变了情感的表达方式，还赋予了情感新的维度和形态。这一变革不仅对情感呈现产生了重要影响，还在一定程度上赋予了社会情感新的意义。

对于个人而言，网络社会情感的影响体现在以下几个方面。

第一，网络社会情感帮助个人获得群体认同感和归属感。通过社交媒体、聊天应用等工具，个人可以与他人分享自己的喜怒哀乐，获得情感支持和理解[①]。人们可以在网络上找到有共同的兴趣、价值观和身份的人，加入相应的社群，并与其他成员建立联系，从而获得群体认同感和归属感。

第二，网络社会情感对个人的精神健康具有影响。积极的网络社会情感可以提供情感支持并维持社交联系，促进心理健康。然而，消极的网络社会情感可能会对个人的精神健康产生负面的影响，引发焦虑、抑郁等问题。

第三，网络社会情感对个人的自我形象和自尊心有影响。社交媒体上的比较和评判可能导致个人感到焦虑、不安或自尊心受损，因为他们会与他人的生活和外貌进行比较。

第四，网络社会情感提供了丰富的信息和观点，可以促使个人进行反思并形成观点。通过参与涉及网络社会情感的讨论和对话，个人可以拓展自己的思维，了解不同的观点和经验，从而促进个人的成长和发展。

---

① Cai, M., Luo, H., Meng, X., and Cui, Y. "Topic-Emotion Propagation Mechanism of Public Emergencies in Social Networks." *Sensors*, 2021, 21 (13): 4516.

总体而言，网络社会情感对个人的影响是复杂的，既有积极的方面，也存在一些潜在的负面影响。个人在面对网络社会情感时，需要保持理性和自律，管理自己的情感与行为。

对于社会而言，网络社会情感的影响亦十分显著。

第一，网络社会情感改变了人们的社交互动方式。社交媒体是与现代人类情感息息相关的媒介，让用户表达情感是其主要功能之一①。通过社交媒体和网络平台，人们可以与朋友、家人和陌生人进行交流。这种社交互动促进了社会成员之间的联系和交流，增强了社会的联结性。

第二，网络社会情感有助于形成并强化群体认同感。频繁的社交互动往往伴随着成员间越来越多的情感表达与交换②。人们可以在网络上找到有共同的兴趣、价值观和身份的人，并与同类人建立联系，形成各种社群。这种群体认同感可以增强社会的凝聚力并强化归属感。

第三，网络社会情感在社会动员和社会运动中发挥着重要作用。通过社交媒体，人们可以快速传播信息、组织行动和互相支持，促进社会变革和集体行动。

第四，网络社会情感对公众舆论产生影响。在网络上，个人可以发表自己的观点和意见，而这些观点和意见可以迅速传播到广大的受众中，从而影响他们的看法和态度。

第五，网络社会情感促进了知识的传播和意识的强化。通过网络，人们可以获得丰富的信息和知识资源，拓宽视野和认知范围，提高社会的整体意识水平。

综上所述，网络社会情感对公共领域起到了新的塑造作用，并使公众参与发生了根本性的变化。网络社会情感作为媒介化的情感，不仅提升了个体的情感能量，实现了情感氛围的公共性，还使其自身成了一种新型的公共参与行为，并由于其形成速度快、传播范围广、功能作用大、动员能力强，在一定程度上深刻地影响了当代的社会变迁。

---

① Kim, H. J., Park, S. B., and Jo, G. S. "Affective Social Network-Happiness Inducing Social Media Platform." *Multimedia Tools and Applications*, 2014, 68 (2): 355-374.

② Wang, X. H., Jia, J., Tang, J., Wu, B. Y., Cai, L. H., and Xie, L. X. "Modeling Emotion Influence in Image Social Networks." *IEEE Transactions on Affective Computing*, 2015, 6 (3): 286-297.

　　网络社会情感既可以被视为社会情感状态的反映，也可以被当作社会动员的资源与工具。它可以被用来巩固社会的团结、加强社会治理，也可以被用来进行对抗或加剧社会的撕裂。网络社会情感对社会产生了广泛的影响，既有积极的方面，如促进社会互动、群体认同和社会动员，又可能带来一些挑战，如信息泛滥、舆论扭曲等。因此，社会需要积极引导网络社会情感，促进社会健康发展。

第三章　网络社会情感动员的演化历程

网络社会情感作为一种公共资源，不能将其视为简单化的、内在的、个体化的、孤立的，而要把网络社会情感置于公共领域的背景中，把这种媒介化的情感当作一种潜在的动员资源来解读。当代文化越来越具有情感化的特征，网络社会情感作为媒介文本、话语实践、公众体验与公共生活的重要组成部分，是我们理解自身、他者及共同体的基础。网络社会情感也在动员者与受众之间的关系中，反映出了当代社会和政治生活的景象。

第一节　社会动员的情感转向

对于社会动员的研究涉及社会学、政治学、经济学、心理学和公共管理学，而不同学科对其定义的共性在于：一是群体性，即有许多个体参与；二是组织性，即存在一定的规则；三是政治性，即以某种政治目的为导向[1]。研究表明，社会动员是否有效取决于其是否使受众感知到不公正、是否存在改变现状的契机以及是否使个体认同群体的目标[2]。

随着西方社会运动发生了"情感主义转向"，诸多学者认为在研究社会运动的文化生产时，必须关注其中的情感因素[3]。因为情感不仅可以形塑受众的认知，也可以导致社会运动，并发挥重要的效能。这意味着，要深刻理解情感的机制，如此才能去理解政治[4]。

---

[1]　Wright, S. C., Taylor, D. M., and Moghaddam, F. M. "Responding to Membership in a Disadvantaged Group: From Acceptance to Collective Protest." *Journal of Personality and Social Psychology*, 1990, 58 (6): 994–1003.

[2]　Klandermans, P. G. "The Social Psychology of Protest." *Current Sociology*, 2013, 61 (5): 886–905.

[3]　Beckett, C., and Deuze, M. "On the Role of Emotion in the Future of Journalism." *Social Media+Society*, 2016 (10): 1–6.

[4]　Ford, B. Q., and Feinberg, M. "Coping with Politics: The Benefits and Costs of Emotion Regulation." *Current Opinion in Behavioral Sciences*, 2020, 34 (SI): 123–128.

　　情感动员是以情感为动员资源的一种社会动员方式，而情感作为一种重要的动员资源，始于社会运动中的情感研究。社会运动是指有组织的一群人改变或重建社会秩序的集体行为，意在促进或抗拒社会变迁。社会运动中的情感研究经历了早期古典社会心理阶段的初现、中期理性主义阶段的隐匿以及后期新社会运动阶段的兴起。

　　社会运动中的情感研究始于古典社会心理学，其将群体的异常心理作为运动的动因来研究[①]。社会运动的代表人物是勒庞，他认为处于社会运动中的人们会形成一种集体或群体心理，并指出不是空间接近而是心理统一才是界定心理集群的标准。集群的心理不同于组成它的个体的心理，集群的心理反映了"种族"所具有的那些基本的、共享的以及无意识的特性，但失去了有意识的个体特征[②]。尽管个体是按照理智有意识地行动的，但集群却是按照本能无意识地行动的。集群在智力上低下，为情结和本能所驱动。在勒庞研究的基础上，芝加哥学派的布鲁姆引入了结构变量。他认为社会运动发生的关键是社会震荡导致人们的不安和怨恨，经过集体磨合、集体兴奋和社会传染三个阶段的循环反应而引发社会运动[③]。格尔从社会心理结构的角度提出相对剥夺感理论，他认为每个人都有价值期望，而社会则有实现价值的能力。当社会提供的价值能力没有达到个体的期望时，就会产生相对剥夺感；而当相对剥夺感激增时，就可能导致社会运动发生[④]。而在斯梅尔塞的价值累加理论中结构因素的作用被放大，他认为所有的社会运动都来自结构性诱因、结构性怨恨、一般化信念、触发性事件、有效的动员、社会控制能力六个要素，一旦六个要素齐全，则社会运动发生[⑤]。

　　无论是群体无意识、集体兴奋、相对剥夺感还是结构性怨恨的研究，都可以从中看出古典社会心理学虽然从社会心理分析情感因素，但是可以看到情感的身影，只是这个时期关注的情感往往是负面情感。

①　何明修：《社会运动概论》，台北：三民书局，2005，第93~98页。
②　古斯塔夫·勒庞：《乌合之众：大众心理研究》，王浩宇译，北京联合出版公司，2016，第50~52页。
③　转引自赵鼎新《社会与政治运动讲义》，社会科学文献出版社，2006，第63页。
④　Gurr, T. R. *Why Men Rebel*. Princeton University Press, 1971：167.
⑤　尼尔·J. 斯梅尔塞：《集群行为的价值累加理论》，载周晓虹主编《现代社会心理学名著菁华》，社会科学文献出版社，2007，第363页。

从 20 世纪 60 年代开始，随着理性主义逐步兴起，古典社会心理学逐步被资源动员理论和政治过程理论所代替。受结构主义影响的资源动员理论主张通过降低动员成本、增强动员效用等对受众行为进行动员[1]。另一些理性主义观点认为宏观的政治结构和政治过程为动员者提供了可供利用的政治机会，致使参与者积极参与[2]。

可以看出，情感被资源动员理论和政治过程理论的研究范式排除在外，在这一阶段，情感不被认为是社会运动研究的重点。

20 世纪 90 年代，随着新社会运动的兴起，与理性主义研究者的观点不同，文化主义者关注个体的微观动员机制，将社会运动理解为一种文化现象或话语活动，致力于研究动员者如何通过建构运动话语来进行动员[3]。与此同时，动员话语中常常可见的情感要素逐渐成了社会运动中的重要研究对象[4]，并且脱胎于社会心理学的研究范式，从单纯的心理学视角转向了其他的情感视角。古德温和贾斯伯分析了爱、恨、忠诚、愤怒、悲伤等情感，提出社会运动的组织者必须了解这些情感才能调动有利于社会运动的因素[5]。曾经作为结构主义代表人物的蒂利在《抗议的动因》中提出，社会运动本质上就是"抗争性谈话"[6]。诸多学者开始研究不同的情感在社会抗争或社会运动动员中的作用，这些情感既有积极的，又有消极的；既有单一的，也有复合的[7]。由于社会情感是不同

[1] McCarthy, John D. "Persistence and Change among Nationally Federated Social Movements." pp. 193-225 in *Social Movements and Organization Theory*. edited by G. F. Davis, D. McAdam, W. R. Scott, and M. N. Zald. Cambridge; New York: Cambridge University Press, 2005.

[2] MAdam, Doug. *Political Process and the Development of Black Insurgency, 1930-1970*. Chicago: University of Chicago Press, 1982.

[3] Benford, Robert D., and David A. Snow. "Framing Processes and Social Movements: An Overview and Assessment." *Annual Review of Sociology*, 2000 (26): 611-639.

[4] 刘能：《社会运动理论：范式变迁及其与中国当代社会研究现场的相关度》，《江苏行政学院学报》2009 年第 4 期，第 76~82 页。

[5] Goodwin, Jeff, and Jasper James, . "Caught in A Winding, Snarling Vine: The Structural Bias of Political Process Theory." *Sociological Fourum*, 1999 (1): 27-54.

[6] Tilly, Charles. "Contentious Conversation." *Social Research*, 1998 (3): 491-510.

[7] Castells, M. *Networks of Outrage and Hope: Social Movements in the Internet Age*. Cambridge: Polity Press, 2012; Goodwin, J., and Jasper, J. M. *Passionate Politics: Emotions and Social Movements*. Chicago: The University of Chicago Press, 2008; Jasper, J. M. "The Emotions of Protest: Affective and Reactive Emotions in and around Social Movements." *Sociological Forum*, 1998, 13 (3): 397-424; Marcus, G. E. *Affective Intelligence and Political Judgment*. Chicago: University of Chicago Press, 2000.

元情感的混合，对不同元情感占据主导地位的社会情感的动员策略是不同的。其中，以愤怒、悲伤为代表的情感往往会成为社会抗争动员的工具①。

文化主义者对情感的研究虽然从社会运动所涉及的话语、意象、价值观等层面出发，但仍可以观察到资源动员理论的痕迹，即将情感视为一种新的资源②。这就给了我们对情感动员的理论研究更多的想象空间，在资源动员和文化分析之中找寻情感动员的理论逻辑。与其他动员资源（组织性资源、人际网络等）一样，情感也可以作为一种可被调动的资源③，蕴含在某些结构中。情感能够被策略化地运作，以达到更加显著的动员效果。

情感不仅是社会运动的重要诱因，也是社会运动的重要工具④。霍克希尔德认为情感与个人的形象塑造密切相关，它是人们在社会互动中使用的符号工具⑤。所谓情感动员，一般指的是针对某一特殊事件，个体或群体通过情感表达与其他群体构成互动关系，而在社会互动的过程中，积聚而成的情感激发或改变了人们对该事件的认知与评价的过程⑥。

因此，情感动员的发生往往需要以下几个要素，即公共事件、情感表达、情感互动、公众态度等⑦。情感有助于集体目标和社会价值的构

① 郭小安：《社会抗争中理性与情感的选择方式及动员效果——基于十年120起事件的统计分析（2007-2016）》，《国际新闻界》2017年第11期，第107~125页；王金红、黄振辉：《中国弱势群体的悲情抗争及其理论解释——以农民集体下跪事件为重点的实证分析》，《中山大学学报》（社会科学版）2012年第1期，第152~164页；杨国斌：《悲情与戏谑：网络事件中的情感动员》，《传播与社会学刊》（香港）2009年第9期，第39~66页；袁光锋：《互联网空间中的"情感"与诠释社群——理解互联网中的"情感"政治》，载巢乃鹏主编《中国网络传播研究》第8辑，南京大学出版社，2015，第89~97页。
② 邱林川、陈韬文主编《新媒体事件研究》，中国人民大学出版社，2011，第48~49页。
③ 罗昊、李薇：《找回情感：国家治理的情感脉络及其当下进路》，《领导科学》2023年第5期，第91~96页。
④ 谢瑜、谢熠：《大数据时代技术治理的情感缺位与回归》，《自然辩证法研究》2022年第1期，第124~128页。
⑤ 阿莉·拉塞尔·霍克希尔德：《心灵的整饰：人类情感的商业化》，成伯清、淡卫军、王佳鹏译，上海三联书店，2020，第17~106页。
⑥ 白淑英、肖本立：《新浪微博中网民的情感动员》，《兰州大学学报》（社会科学版）2011年第5期，第60~68页。
⑦ 李娜、曹茹：《突发公共卫生事件中短视频的情感动员机理研究》，《新闻与传播评论》2021年第6期，第81~91页。

建，比如爱和同情可以推动社会互助行为，久而久之成为互惠性的社会承诺①。情感有助于形塑人类的认知、态度，并促进社会一致性意见的形成。当涉及那些在经济和政治上处于不利地位的群体时，怜悯、同情与愤怒等情感将激发群体的社会运动意图②。

第二节　社会动员的媒介化趋势

社会动员的媒介化指的是在社会动员过程中，信息和通信技术（ICT）的使用频率和影响力不断提高的现象。网络将日益成为行动、告知、招募、组织、占领与反占领的优势工具。社交媒体平台如 Facebook、Twitter、Instagram 和 YouTube 等成了社会动员的关键工具。通过在线筹款平台（如 GoFundMe、Kickstarter）和资源共享平台，社会运动可以获得资金、物资和志愿者支持。换言之，在网络社会中，社会动员的媒介化特质愈加显著。

首先，网络社会动员增强了动员行为的时空有效性。社交媒体使得分散的个体变为分散的群体，再集结为网络群体③。传统的社会动员依托社会组织团体进行面对面互动，成员在场是社会运动发生的必要因素。而社交媒体的出现，使互动成了"脱域"的互动④。这种"脱域"的互动，打破了面对面互动中的时空条件限制，使成员不必在场也可以随时参与。在这种媒介化的虚拟场域中，成员可随时进场、随时出场，增强了社会运动的时空有效性。

---

① Thomas, E. F., McGarty, C., and Mavor, K. I. "Transforming 'Apathy into Movement': The Role of Prosocial Emotions in Motivating Action for Social Change." *Personality and Social Psychology Review*, 2009, 13 (4): 310-333.

② Lantos, N. A., Kende, A., Becker, J. C., et al. "Pity for Economically Disadvantaged Groups Motivates Donation and Ally Collective Action Intentions." *European Journal of Social Psychology*, 2020, 50 (7): 1478-1499.

③ Leong, C., Faik, I., Tan, F. T. C., et al. "Digital Organizing of a Global Social Movement: From Connective to Collective Action." *Information and Organization*, 2020, 30 (4): 100324; Lou, A. "Viewpoint and Image Schemas in Multimodal Political Discourse." *Journal of Pragmatics*, 2017, 122: 77-90.

④ 唐魁玉、王德新：《网络社会的情感治理》，《甘肃社会科学》2019 年第 3 期，第 94~100 页。

其次，网络社会动员构建了多中心的行动网络。社交媒体打破了传统时代的单向度传播机制，形成了"所有人对所有人传播"的格局，这种基于自发性、去中心化的传播方式，改变了社会运动的动员结构以及行动网络。在这种多中心化的网络中，每个人既是接口也是端口，既是信号端也是信号源，这样不仅增强了个体的存在感，也使参与的成员容易发展为行动的组织者。而借由社交媒体账户，组织者可以有效甄别潜在参与者，使行动网络不断扩张。

最后，网络社会动员建构出了新的社会意义。福柯将话语理解为一个通过动态权力关系折射常识和理性的场域，而媒介话语便是这样一种制度化的实践，并产生了诸多的社会意义①。在社交网络时代，网络平台通过支持不受限制的仇恨言论的传播，促进了"有毒文化的崛起"。社交媒体使言论能够自由传播，使受众在互动中不断地进行反思性建构与分享，生产出新的内容，从而为社会运动建构出新的社会意义与动员目标。

例如，针对气候变化的抗议活动在全球范围内迅速蔓延。瑞典年轻的气候活动家格蕾塔·桑伯格通过社交媒体和数字宣传工具发起了气候罢工活动，号召全球行动。其团队也使用数字宣传工具，制作了具有影响力的宣传材料，如视频、演讲片段和图片。社交媒体和数字宣传工具的成功使用使格蕾塔·桑伯格成为气候变化问题的重要发声者。从政治意义来看，格蕾塔·桑伯格的经历表明，媒体技术的崛起已经改变了社会活动的方式，突出了社交媒体和数字宣传工具在社会动员过程中的关键作用，通过媒体传播信息、组织示威和凝聚支持者，为全球范围内的社会动员提供了更多的机会。

同时，社会动员的媒介化增强了网络社群的象征性。网络社群是一个相对松散的自组织，为了吸引更多的成员，必须具有某种呈现自身价值的方式，并通过象征性建构一种特殊的政治认同（包括宣扬组织的优越性、特殊性、神话性等）。这使得社会动员更具一致性、组织性②。在媒介化的影响下，网络社群的象征性构建过程更具传染性、攻击性与政

---

① 朱振明：《权力的消失：被扭曲的福柯——基于〈话语与社会变迁〉的分析》，《国际新闻界》2020年第4期，第117~133页。

② Kertzer, D. I. "Politics and Ritual——Review Article." *Journal of Ritual Studies*, 1990, 4: 349–354.

治性。

第一，象征性构建过程具有传染性。在网络社会中，规则、文件、徽章、仪式、服装等被当作集体的象征，并通过大众媒体把这些象征传播到社会之中。网络社会动员运用的语言与文字成为政治象征的重要载体，既能唤起情感，又能传播非理性因素。受到大量的、带有情感色彩的文本和图片影像的视觉冲击，受众容易仿效组织预设的象征符号，如标语口号、特殊的自称、某种特定的穿戴方式等，从而一步步地促使受众视具有共同象征的人为"自己人"。

第二，象征性构建过程更具攻击性。通过象征性凝聚起来的群体，常将群体内部人员简单地区分为"自己人"与"其他人"，并对其他群体的象征性表现出较为明显的厌恶之情，出现强烈的群际冲突。这种强烈的排他性不仅强化了群体内部的忠诚感，也激化了群体成员与其他群体的矛盾。特别是当两个群体的政治目标存在一定的冲突时，群体成员为了捍卫自身象征性的权威会对敌对的一方实施一系列对抗性行为[1]。

第三，象征性构建过程具有政治性。通过构建自身象征性、打造敌对象征性的形式，群体借由美好的象征性符号将其政治目的转化为更为大众的情感与认知所接纳的其他价值元素，如人权、信仰、民族主义等，以强化群体成员对身份、价值、意识形态、政策等的认同[2]。通过形式化、重复化的方式，社会动员在构建象征性的同时，也谋求将群体的目的神圣化、诉求合理化、地位合法化。

总之，网络社会动员使社会运动的动员效果改善、动员结构升级以及动员内容多元化，而受媒介影响的社会运动在动员中越来越侧重于话语中的情感因素。情感成为媒介话语的核心资源，以情感为依托还构建出了组织的政治象征[3]。这种象征用于激发参与者和观众之间的情感共

---

①　Harrison, S. "4 Types of Symbolic Conflict." *Journal of the Royal Anthropological Institute*, 1995, 1 (2): 255-272.

②　Huddy, L., Mason, L., and Aaroe, L. "Expressive Partisanship: Campaign Involvement, Political Emotion, and Partisan Identity." *American Political Science Review*, 2015, 109 (1): 1-17.

③　Gluck, A. "What Makes a Good Journalist? Empathy as a Central Resource in Journalistic Work Practice." *Journalism Studies*, 2016, 17 (7): 1-11.

鸣，帮助他们感受到共同的情感体验。不难看出，社会运动特质的变化，使得受众在多种信息之间有了连接、关系和顺序。它使碎片性信息组织化，最终使受众在情感上获得认同，并达成共识。

第三节   网络社会情感动员的兴起

2016 年，牛津词典把"后真相"（post-truth）作为年度词予以公布。后真相是指，在社交媒体时代，情感比事实更能影响人的认知，人们对真相往往是后知后觉的。也就是说，在当前以互联网技术为主要传播手段的时代，公众的认知主要以情感的判断为依据，公众往往相信与自己情感相符的信息，即使这些信息是虚假的，但它却比客观事实更能影响民意。虽然，在情感之潮退潮后，真相终会水落石出，但此时真相的影响力却大大减弱，甚至真相究竟是什么并不那么重要了。

这种网络后真相的拟真游戏，使虚拟与现实之间的边界令人难以分辨，虚假的信息会激发网络社会情感。无论是网民之间的情感交换，还是群体情感的分享，都是在社交媒体中，以缺场的互动为前提的。这种缺场的互动，使虚拟与现实的边界不断模糊，真实的可能是虚拟的，而虚拟的可能恰恰是真实的。如鲍德里亚所言，拟真构造了真实，真实却又在形象和符号的迷雾中消逝，真实在拟象之中成了超真实的存在①。这种虚拟游戏，创造出了后真相，也激发了网络社会情感。

网络后真相文化以情感为核心，使社交媒体中的人们强烈地被符号化的情感所吸引，更被情感的符号化所征服。网络社会情感被与事件有关的信息所激发的原因，在于其背后所透露出的情感内涵，这使得人们对情感的反应与回馈超越了对真相的探寻。

如在英国的脱欧公投中，脱欧派与聚合智囊数据公司合作开发了一款软件，来分析和引导民众的情感，最终赢得了公投。脱欧派利用人工智能对社交媒体中的大数据做了深入分析，根据不同人的心理、爱好与行为倾向，以及每个人的数据特点量身定做，推出定制化的宣传方式，

---

① 　让·鲍德里亚：《消费社会》，刘成富、全志钢译，南京大学出版社，2014，第 135～151 页。

来引导大众做出一些选择。他们为了实现与用户的情感共鸣，既放大脱欧派所怀有的激情与梦想，也放大留欧派所持有的疑虑与恐惧。从表面上看，在大数据时代的人们获得了更加专业化的个性服务，但实质上网络社会情感动员在引导人们做出选择。

又如，在突发公共事件的处理进程中，如果无法满足网民的情感期待，公众的负面情感则会愈加高涨，舆论的旋涡也会越变越大。其后果是连锁性的，既会使公共事件连续多日占领头条，也会牵扯出更多、更深层次的社会问题，从而进一步加剧网民的情感宣泄。通过网络社会情感的表象刺激，网民即便没有线下的真实经历，也会感同身受地产生丰富的心理体验，并在情境分离的状态中实现情感共鸣。网民在事件中的讨论角度也已经从客观事实转为情感共鸣，极端化、煽情化的言论更能得到人们的关注并激发公众的情感。一些公众放弃了对于文本中心意义和客观事实的追寻，转而进行情感宣泄。如此，被动员的公众在社交媒体之中把负面情感发泄了出来，导致了"弱信息、强情感"的出现。

在网络社会中的各种话语实践赋予了社会事件以特殊意义，例如以象征或符号的形式将一个平凡的事物与某种政治含义相联系，从而增强事件的隐喻性、传染性、典型性并提高影响力[1]。这些意义往往与网络社会情感密切相关，尤其在抢夺受众注意力，动员潜在参与者、支持者以及旁观者达成共识的过程中，网络社会情感越来越成为社会动员的重要资源与工具[2]。网络社会的情感动员，可能会对网络生态空间环境造成一定破坏，甚至带来严重的现实社会风险。在媒介支持之下，网络社会情感迅速扩散、蔓延、积聚，在其动员之下，最终可能引发现实的群体活动。

网络社会情感动员由于参与成本低、传播范围广的特点，很大程度上承载了社会动员中最核心的过程：①它允许行动发起者利用网络媒体或自媒体打破信息封锁，输出大量信息，形成意见轰炸[3]；②为大量具有类似

① Lou, A. "Viewpoint and Image Schemas in Multimodal Political Discourse." *Journal of Pragmatics*, 2017 (122): 77-90.

② Heffner, J., Vives, M. L., and FeldmanHall, O. "Emotional Responses to Prosocial Messages Increase Willingness to Self-Isolate during the COVID-19 Pandemic." *Personality and Individual Differences*, 2021 (170): 110420.

③ Ferreira, S. "Violence and Its Representations on Twitter: The Case of #ChacinaEmBelem." *Revista Mediacao*, 2016, 18 (22): 153-172.

目标的潜在参与者提供了合作与行动的条件；③通过实时报告事件的进展和动态，加深公众对事件的感知，进一步扩大社会运动的影响力；④通过对某些行为的片面性描述（强调不公正、政府暴力等）来进行社会动员，如削弱自身暴力行为的影响、篡改或重组信息，以混淆事件的因果关系。

网络社会情感在社会动员中发挥着不同的功效。如凯瑟琳·罗杰斯的研究表明，社会运动的组织者们在互联网中的愤怒动员，是社会运动表达行动动机、促进共识达成以及维持社会运动可持续性的核心要素①。阿尔贝里西和米勒斯的研究表明，互联网中关于愤怒和道德感的动员话语，可以显著地预测社会运动的发生②。在诸如美国大选、英国脱欧公投等国家层面的运动中，以及在以非政府组织、志愿者组织或政治活动家为代表的社会层面的运动中，网络社会情感动员都达到了事半功倍的效果。对这些社会运动的众多研究成果都阐明了情感、媒体与政治之间的紧密关系③。在社会动员中，情感作为不可或缺的因素，产生了强烈的情感效能，包括依赖感、信任感、共情感、偏激性等。

网络社会情感动员多依赖于情感化的话语实践，即动员主体会通过建构情感性的话语，鼓动受众，进而达成行动共识④。动员主体在社交媒体上运用各种话语实践，对与社会运动相关的特定事件赋予意义，而这些意义往往与被动员者的情感密切相关⑤。尤其是在抢夺受众注意力，动员潜在参与者、支持者以及旁观者达成共识的过程中，情感越来越成为行动者在话语博弈中的重要权力来源⑥。例如，一些国家会通过一系列的纪念活动或仪式缅怀历史，从而增强国家认同感与社会凝聚力。

---

① Rodgers, K. "'Anger Is Why We're all Here': Mobilizing and Managing Emotions in a Professional Activist Organization." *Social Movement Studies*, 2010, 9 (3): 273-291.

② Alberici, A. I., and Milesi, P. "The Influence of the Internet on the Psychosocial Predictors of Collective Action." *Journal of Community & Applied Social Psychology*, 2013, 23 (5): 373-388.

③ Curnow, J., and Vea, T. "Emotional Configurations of Politicization in Social Justice Movements." *Information and Learning Sciences*, 2020, 121 (9-10): 729-747.

④ Novakova, I. "Emotion Lexicon and the Construction of Meaning: Toward a Functional Model." *Langages*, 2018, 210 (2): 55-70.

⑤ Sointu, E. "Discourse, Affect and Affliction." *Sociological Review*, 2016, 64 (2): 312-328.

⑥ Wahl-Jorgensen, K. *Emotions, Media and Politics*. Cambridge: Policy Press, 2019: 11-56.

　　因此，无论是正向情感还是负向情感，在社会运动中均发挥着重要作用。大多数对社会运动研究中的情感因素进行的研究，以分析负向情感为主要路径①。包括内疚、羞耻、恐惧等在内的负向情感对于预测社会运动的意图、行为和变化趋势起着重要的作用②。同时，也有研究指出，积极情感亦是社会运动进行情感动员的一条有效途径，包括自豪、希望、幸福等③。但多数研究基于心理学理论，弱化了情感动员的政治与社会功能。此外，负向情感往往会对激进群体行为或非规范行为产生更深远的影响④。

　　综上所述，情感在社会动员中的作用在于：一方面，情感以社会心理的形态发挥作用，从而促使社会运动的发生；另一方面，社会运动中的情感源自行动者的社会位置，情感会在社会运动的情境中被激发出来。

①　Van Zomeren, M., Kutlaca, M., and Turner-Zwinkels, F. "Integrating Who 'We' Are with What 'We' (Will not) Stand for: A Further Extension of the Social Identity Model of Collective Action." *European Review of Social Psychology*, 2018, 29 (1): 122-160.

②　Miller, D. A., Cronin, T., Garcia, A. L., et al. "The Relative Impact of Anger and Efficacy on Collective Action is Affected by Feelings of Fear." *Group Processes & Intergroup Relations*, 2009, 12 (4): 445-462.

③　Hasan-Aslih, S., Pliskin, R., van Zomeren, M., et al. "A Darker Side of Hope: Harmony-Focused Hope Decreases Collective Action Intentions among the Disadvantaged." *Personality and Social Psychology Bulletin*, 2019, 45 (2): 209-223.

④　Tausch, N., Becker, J. C., Spears, R., et al. "Explaining Radical Group Behavior: Developing Emotion and Efficacy Routes to Normative and Nonnormative Collective Action." *Journal of Personality and Social Psychology*, 2011, 101 (1): 129-148.

第四章　网络社会情感动员的机理

网络社会情感动员是一种由各类参与者，包括法定权威型、社会团体权威型以及魅力权威型的主体，积极利用特定情感进行网络动员的行为。他们利用情感表征的方式，以文字、图片、音频、视频等形式引起公众的情感共鸣；同时，通过承载特定政治意义与情感能量的符号，如标志、口号、象征物等，增强群体一致性，鼓励广大公众积极参与活动并采取行动。网络社会情感动员在社交媒体和数字平台上被广泛运用，具有较强的传播力和互动性，能够在短时间内影响大规模人群，推动社会变革或实现特定目标。

第一节　网络社会情感动员中的多元主体

本研究将网络社会情感动员主体分为三类：法定权威型主体、社会团体权威型主体、魅力权威型主体。法定权威、社会团体权威、魅力权威是三种拥有不同说服力的权威类型，它们能够从不同的角度对受众产生影响。法定权威决定了信息的可信度，因为它往往会转引相关的政府工作报告；社会团体权威决定了信息的可接近度，在官方话语和民间话语之间起到调和性作用；魅力权威决定了信息的专业性。

网络社会情感动员展现出一种多元主体联合动员的特征，这样的特征能够让动员行为更加行之有效。在多元主体联合动员的过程中，不同的动员主体由于身份不同，可能会占有不同的社会资源，承担不同的动员任务，达到不同的动员效果①。

多元身份的动员主体能够在多个层次、多个方面对网民产生影响。社会动员中不同主体身份的建构，在很大程度上依赖于不同主体身份所

---

① 陈甜甜：《环境传播中的媒介动员——以我国雾霾事件为例（2000~2017年）》，南京师范大学博士学位论文，2018，第90~92页。

蕴含的权威性。因动员主体的权威既关系到社会对动员的参与程度，也关系到社会变迁的形态。动员主体的权威主要来源于法定权威、社会共同体的权威，或者在剧烈变迁过程中产生的魅力型人物，尤其是领袖人物[①]。一方面，多元身份的动员主体能够在多个层次、多个方面对网民产生影响；另一方面，虽然动员主体具有多元身份特征，但多元身份特征却统一在动员网络中。

多个动员主体共同作用，形成了合力，统一在同一个动员网络之中。也就是说，虽然多元主体的身份特征不同，但其动员话语、动员形式、动员目的却是一致的。第一，被赋予法定权威的网络话语，具备整合政府话语框架和民间话语框架的能力，起到搭建政府和公众沟通桥梁的作用。第二，网络话语一直以来被认为是理性和中立的代表，但是被赋予魅力权威的网络话语，增强了在情感上的说服力。第三，法定权威、社会团体权威、魅力权威的话语融合，能够互相提高彼此的可信度，增强受众的信任感。

在情感动员的过程中，多元主体的社会位置，决定了在动员网络中情感资源的原始分配。根据情感的符号互动理论，在微观水平上进行互动的双方，总是受到中观和宏观的社会结构的影响。受不同社会结构（社会地位、身份角色、文化背景等）影响的个体，在互动过程中会形成不同类型的情感资源，如被信任的资源、被期望的资源[②]。所以，可以认为动员主体在参与动员前，就已经拥有一些先赋的情感资源（这与他们的社会地位、身份角色等社会结构密切相关），在他们进行情感动员时，这些特定的情感资源就会发挥作用。

根据特纳对社会结构的分类，法定权威型主体处于宏观的社会结构中，被分配了体制领域的情感资源。这种体制领域的情感资源具备高度稳定性特征，极容易动员起受众的普遍性情感。社会团体权威型主体处于中观社会结构中的社团单元部分，被分配了社团单元的情感资源。魅力权威型主体处于微观的社会结构中，被分配了人际互动的

---

① 蔡志强：《社会动员论：基于治理现代化的视角》，江苏人民出版社，2015，第25～29页。

② 乔纳森·H. 特纳：《人类情感——社会学的理论》，孙俊才、文军译，东方出版社，2009，第59～60页。

情感资源。

受不同社会结构的影响，动员主体在以往社会互动过程中形成了不同类型的情感资源，这些被先分配的情感资源会在主体进行动员时发挥作用，同时也会在动员过程中进行赋权和增值。

布尔迪厄关于社会资本的理论认为，"场域是以各种社会关系连接起来的、表现形式多样的社会场合或社会领域……一个场域可以被定义为在各种位置之间存在的客观关系的一个网络或一个构型。社会成员通过在场域中占有不同位置而获得不同的社会资本，如声望……所谓社会资本就是社会资源的集合体，它具有增值和赋权的功能"①。布尔迪厄这段论述社会资本的文字中蕴含了社会资本和社会资源的密切关系。可以这样理解，社会成员通过在场域中占有不同位置而获得不同的社会资本。社会资本具有增值和赋权的功能，通过积累和维护社会资本，个体可以在社会中获得更多的资源和机会，进而提高其在社会中的地位并扩大影响力。同时，社会资本也可以通过赋权的方式影响社会结构和力量分配，使得某些群体或个体能够在社会中更加自主地行动和发挥影响。因此，社会资本本身可以被视为一种资源的集合体。

这里的社会资源是指社会成员在场域中占有的非经济资源，而情感资源是最为关键的基础性的社会资源。本研究认为，法定权威型主体、社会团体权威型主体、魅力权威型主体三者所拥有的正是这样的资源。情感资源不但在动员主体网络中进行了分配，而且在动员进程中呈现社会资本的特征，即进行了赋权、增值和流动。

其一，动员伊始，动员主体所占有的情感资源就为其行为进行了赋权。体制领域的情感资源为政府主体赋予了道德强制力。社团领域的情感资源被赋予了价值公信力，在信息复杂、真假难辨的社交媒体平台上，各类媒体成了发布信息的重要窗口。人际领域的情感资源为个体意见领袖赋予了公共话语权，打破了知识权威和草根阶级之间既往的壁垒②，塑造了公众的知识理性。

---

① 布尔迪厄：《文化资本与社会炼金术——布尔迪厄访谈录》，包亚明译，上海人民出版社，1997，第189~211页。

② 许燕：《以近年热点事件及其应对为例看中国社会各阶层媒介话语重构（上）》，《新闻大学》2012年第6期，第115~119页。

其二，在动员过程中多元主体的动员行为也得到了正向反馈，动员主体与受众的社会关系得到了强化，情感资源则得到了增值。在以政府为主体的情感动员过程中，"道德强制力"的情感资源得到增值，法定权威型的动员主体与受众的关系得到强化。在以意见领袖为主体的情感动员过程中，"专业公信力"的情感资源得到增值，意见领袖主体与受众的人际关系得到强化，意见领袖好似权威符号，令人信服。

其三，在情感动员中，多元主体都会反复地、规律性地运作情感资源，这样做旨在维持情感资源在受众中的广泛流动，最终获得受众的积极回馈。社会资本在本质上就是一种镶嵌在社会结构之中，并且可以通过有目的的行动来获得或流动的资源，这种资源被放在社会关系中并希望得到回报[①]。在多元主体的情感动员中，运作情感资源正是将情感资源放在主体与受众的动员关系之中，主体希望得到受众积极的回馈，这也就是达到预期的动员目的。

因此，在网络社会情感动员中，法定权威型、社会团体权威型、魅力权威型三种动员主体，形成了多元而同一的动员主体网络。在这种动员主体网络中，多元主体各自发挥自身的特性，同时又相互联合提升了彼此的动员能力，为受众呈现了一个可信的、专业的、权威的、容易理解的信息报道方式。政府主体处于宏观的社会结构中，分配了体制领域的情感资源。各类媒体处于中观的社会结构中的社会单元部分，分配了社团单元的情感资源。意见领袖处于微观的社会结构中，分配了人际互动的情感资源。多主体分配的情感资源在后续的动员进程中，进行赋权、增值和流动，最终达到预期的目的。体制领域的情感资源会在动员进程中赋予政府道德强制力，社团单元的情感资源会赋予各类媒体价值公信力，人际互动的情感资源会赋予意见领袖以专业公信力。当多元主体的权力得到正向反馈后，各自的情感资源会再增值，动员主体的信任感、权威性以及动员效能得以增强。并且，多元主体会反复地、规律性地进行动员，维持情感资源在受众中的流动，最终获得受众的积极回馈。

---

① 林南：《社会资本：关于社会结构与行动的理论》，张磊译，上海人民出版社，2005，第65页。

第二节　网络社会情感动员中的情感表征

表征是指通过象征、符号和对话与他人进行交流的形式，表征的作用是将客体、人物与事件予以规约化，将它们置于一种熟悉的类别脉络中①。表征在交流和沟通中起到重要作用，帮助人们共享信息、观点和情感，促进互相理解和沟通。表征可以激发情感、提出概念和唤醒记忆，对于动员和影响大众具有重要意义。

很多社会学家都做过表征的相关研究，涂尔干基于符号互动提出了集体表征②，列维-布留尔基于社会心理学提出了社会表象③。莫斯科维奇在前人研究的基础上提出了社会表征的概念，他认为每个人都会通过特定的方式理解其所生存的社会环境，为了能够赋予外界环境以特定的意义，我们会以自己独特的方式再现外部世界。所有存在于个体头脑中的人、事、物都是我们对外部世界的再现，即表征。个体的表征会受到其所生存的社会环境的影响，个体在与外部环境的不断互动中，形成了基于特定社会群体的表征，这种某一社会群体所共享的观念、意识以及知识和实践系统即社会表征④。

情感表征是一种特殊的社会表征。以往社会表征的锚定大多基于社会所共享的规范和表象，而情感表征则是运用情感形象塑造群体的社会表征。

在网络社会情感动员过程中，动员主体将各种群体的观念，纳入受众心中已存在的情感表征分类系统中，在受众心中进行群体分化，然后构建各自的群体共识、具体化群体行动。这种将我们感兴趣的，或异质性的，或不熟悉的事物，纳入我们已有的情感表征分类系统，转化为自身所熟悉的模式并使之规范化的过程，被称为锚定⑤。网络社会情感动

---

① Pickering, W. *Durkheim and Representations*. London：Routledge，2000：77~82.
② E. 迪尔凯姆：《社会学方法的准则》，狄玉明译，商务印书馆，1995，第36页。
③ 列维-布留尔：《原始思维》，丁由译，商务印书馆，1981，第121页。
④ 塞尔日·莫斯科维奇：《社会表征》，管健、高文珺、俞容龄译，中国人民大学出版社，2011，第34~46页。
⑤ 管健、乐国安：《社会表征理论及其发展》，《南京师大学报》（社会科学版）2007年第1期，第92~98页。

员可从情感表征呈现的群体分化、可表达群体共识的情感表征、群体行动中的情感表征三个方面展开。

网络社会情感动员的目的具有一些特征：第一，都是动员主体希望受众达成的预期共识，并且都是在向受众传递对待某种事物（指向对象）的观念或者价值观；第二，动员目的都指向具体的群体性特征。所以，关于群体的观念是通过锚定群体表征来塑造的。除了锚定情感表征进行群体分化，动员主体还通过锚定情感表征来建构群体共识及外群体共识。

在网络社会情感动员过程中，首先在动员目的中进行群体分化，包括内群体（支持者或拥有相似观点的人群）、外群体（可能是竞争对手或拥有不同观点的人群）以及共同体（关注共同目标或价值观的人群）；其次锚定三种特定群体在各自的情感表征中关于该群体的共识观念，包括锚定情感表达关于外群体的共识、锚定情感表达关于内群体的共识、锚定情感表达关于共同体的共识；最后，网络社会情感动员的主体在达成群体共识之后，将蕴含情感表征的群体共识具体化为群体行动。

群体行动中的情感表征，是通过具体化的过程实现的。具体化是指在互动和规范化的过程中，将抽象的事物通过具体化的事物进行重构，使抽象和模糊的事物变得具体①。动员主体通过具体化过程能够将蕴含情感表征的群体共识，具体化为群体规范、群体行动，从而增强群体团结感。动员主体将抽象的情感表征具体化为具体的行动，这使受众不仅共享了关于动员对象的情感共识，还共享了关于共识的群体行为。正如柯林斯所提出的情感仪式理论，这种共同在场、共享心境、同步节奏和聚焦的群体行为，最终增强了群体团结感。

从动员目的出发，通过挖掘动员目的中蕴含的情感资源以及与情感资源相关的因果关系，锚定情感表征，从而进行网络社会情感动员。

第一，动员主体首先通过锚定情感表征，将受众分为不同的群体。这些群体包括外群体、内群体和共同体。通过与这些群体建立情感关系，动员主体可以诠释受众对这些群体的印象和观念。

第二，在共识动员阶段，动员主体继续使用情感表征，以表达关于

---

① 管健：《社会表征理论的起源与发展——对莫斯科维奇〈社会表征：社会心理学探索〉的解读》，《社会学研究》2009 年第 4 期，第 228~242 页。

对象群体的共识观念。这包括通过情感表达来传达对外群体、内群体和共同体的共识看法。这可能涉及强调共同目标、价值观或立场，以达成共识并增强受众的认同感。

第三，动员主体在行动动员中，将蕴含情感表征的群体共识具体化为群体行动。在行动动员阶段，动员主体将蕴含情感表征的群体共识具体化为实际行动。这可能包括鼓励受众采取特定的行动，以实现动员的目标。这些行动可以是集体行动，也可以是个体行动，取决于情感动员的具体内容和目的。

第三节　网络社会情感动员中的符号过程

集体主义情感是一种特殊的社会性情感，它不属于既往社会学家划分的复杂情感，但是它又包含很多复杂情感，比如自豪感、正义感、敬畏感等。根据《心理学大辞典》，集体主义情感是指个人的一切言行以符合广大人民群众的集体利益为最高标准的情感体验，它的形成，是对如何正确处理集体利益与个人利益之间关系进行长期教育和培养的结果，集体主义思想感情较强的人往往个体道德发展的水平也较高①。学术界关于情感类型的界定，往往基于情感的单一属性以及多个单一情感混合后形成的新属性，即基本情感和复杂情感②。集体主义情感不是暂时性的情感，它根植于集体主义的文化背景，是经过时间的积淀而形成的稳定情感，它与政治、经济、文化等密切相关。

网络社会情感动员得以形成的关键因素，是集体主义情感的动员，是以集体利益为最高准则的指导结果。所以，本研究中的集体主义情感，是包含多重情感且相互独立存在的、复杂的社会性情感，它在具体的语境中以相应的情感表达出来。

集体主义情感不仅是社会动员主体运作的情感资源，还是一种内源性情感资源。它作为一种符号，不仅出现于受众的内心，还反复出现在微观互动过程的框架话语中。

---

① 林崇德、杨治良、黄希庭主编《心理学大辞典》，上海教育出版社，2004。
② 王俊秀：《社会情绪的结构和动力机制：社会心态的视角》，《云南师范大学学报》（哲学社会科学版）2013年第5期，第55~63页。

语言学家索绪尔在其著作《普通语言学教程》中提出了具有结构主义倾向的一系列原则和方法，其中关于符号的研究为后来揭示意义产生的过程奠定了重要基础。根据索绪尔的观点，每一个符号都是由能指和所指组成的，或者说每一个符号都可以被人为地分为能指部分和所指部分。

能指部分是具有物质性质和物质形式的用以承载符号内容的中介物，是承载符号内容的表达层面，是符号中我们能看到或听到的那部分，即符号的形象或声音。所指部分是符号所阐述的实在事物、所指向的客观世界，但所指不是一个事物，而是该事物的心理表象，索绪尔把它称为概念。简而言之，能指面构成表达面，所指面构成内容面。能指是符号的形式，为符号的可见部分。所指是符号的意义，为符号的不可见部分。关于符号的研究，在一定程度上可以被称为意义建构的研究。

集体主义情感符号化动员，是通过运用特定符号动员集体主义情感，进而导向最终动员目的的过程。正如情感社会学家戈登所说，关于情感的研究，事实上是一种兼顾个体心理（个体内感受和体验）和社会力量（文化等）两者的研究[①]。

因此，微观互动过程中集体主义的符号化过程，是个体的自我动员和主体的外部动员共同作用的过程。

一方面，集体主义情感的符号决定了集体主义情感的唤醒。个体的认知既不是客体中先验存在的，也不是在人这个主体中预先形成的，而是一种心理发生的结果。而心理发生就是从一个较初级的结构过渡到一个较为复杂的结构。从认知心理学的角度来看，某种具体的复杂的情感必然来自一个更为初级的情感认知结构[②]。集体主义情感也是这样的，它作为一种符号，存在于受众内心，处于待唤醒的状态，受到与其密切相关的个体认知的影响。

另一方面，动员话语中的符号可以唤醒受众的集体主义情感。从受众个体的视角来看，集体主义情感动员是一个心理发生过程。而从互动的视角来看，集体主义情感动员是微观互动的过程。在这个微观互动过程中，动员者大量运用隐喻等话语符号动员受众，这些表达方式都有迹

---

① Gordon, Stenen L. *Social Atructural Effects on Emotions*. Albary: State University of New York Press, 1990: 145-179.

② 林聚任等：《西方社会建构论思潮研究》，社会科学文献出版社，2016，第27~30页。

可循地指向集体性或集体主义的符号，与受众内心涉及集体主义情感的认知相契合，旨在唤醒受众的集体主义情感，进而动员受众。

在情感动员的微观过程中可以观察到两条相对重要的动员路径：其一，动员主体经常运作一些共同体符号，如国家共同体、民族共同体等，关于共同体的认知能激发受众的集体主义情感，本研究称其为基于共同体认知的集体主义情感符号化；其二，动员主体经常运作一些文化框架话语符号，如主流道德文化、网络亚文化等，关于文化的认知能够激发受众的集体主义情感。

基于共同体认知的集体主义情感符号化，就是以集体主义情感为目标导向，从共同体认知的视角运作共同体符号。具体包括：其一，情感逻辑的共同体符号化；其二，情感标签的共同体符号化；其三，情感仪式的共同体符号化。共同体的含义关键在于"共同"二字，建构共同体符号化的情感逻辑不只是构建群体情感逻辑。群体情感的逻辑是包含斗争性和同一性的，而共同体的情感逻辑要凸显其同一性特征①。动员主体建构了三种共同体符号化的情感逻辑来体现同一性。

第一，同一性体现为个体之间的平等。这种同一性的背后是每一位共同体成员之所以能够形成一个整体，是因为彼此平等的情感基础②，只有平等、不被忽视才能凝聚每一位共同体成员的力量。第二，同一性体现为个体与共同体之间的依存。集体主义原则遵循个体利益和集体利益的统一，在不损害个体利益的前提下保证集体利益的优先性③。在集体行动中，常常需要人们有限度地牺牲个人利益，来维护集体利益最大化，从而进一步优化个体利益。这种个体利益与集体利益的动态统一体现了共同体的依存关系④，集体安全是个体安全的保障，个体行为是集体稳定的条件。第三，同一性体现为共同体之间的互动。在总目标、总

① 汤景泰、陈秋怡、徐铭亮：《情感共同体与协同行动：香港"修例风波"中虚假信息的动员机制》，《新闻与传播研究》2021年第8期，第58~76、127页。

② 计彤、李傲挺：《科学方法论视野中"生命共同体"的创新性研究》，《自然辩证法研究》2021年第11期，第122~128页。

③ 田建民：《集体主义语境下的个性主义诉求——也论"延安文艺新潮"》，《河北大学学报》（哲学社会科学版）2021年第5期，第12~25页。

④ 卢祥波、邓燕华：《乡村振兴背景下集体与个体的互惠共生关系探讨——基于四川省宝村的个案研究》，《中国农业大学学报》（社会科学版）2021年第3期，第30~42页。

方针既定的前提下，每个单元的共同体都在努力朝同一个目标行进，即便方式不同也相互动员着彼此。

　　动员主体建构的平等、依存以及融合三种共同体符号化的情感逻辑，简而言之就是感受到自身地位的平等、感受到自身与组织的依存以及感受到来自众多同行者的鼓励。这三种情境中的情感符号能够与受众心中已存在的稳定的集体主义情感认知共同作用，唤起受众的集体主义情感。

　　在情感动员的微观互动过程中，常常运作一些共同体符号，为共同体内某些高水平承诺行为贴上情感标签。情感社会学家艾哈玛德认为，情感能够在社会环境中起到重要作用，其重要原因之一就是情感能够提供一种面向对象或其他人的取向，也就是说情感能够为一种对象或其他人进行诠释定义[①]。情感标签就是对一些特定行为进行情感定义，然后通过重复多次的情感定义为该行为或对象贴上情感标签，这样会导致受众看到同质信息就会唤起相应的情感。情感标签的共同体符号化，就是通过共同体符号的表达，进行情感标签的设置。

　　情感标签的共同体符号化可以分为两个阶段：筛选对共同体有着高水平承诺的行为，继而将这种行为进行情感标签化。个体行为的高水平承诺标志着个体身份的显著，越显著的身份越能够引起共同体内部其他成员的情感共鸣[②]。动员主体将这些符合共同体的价值和规范要求的高水平承诺行为进行情感标签化，就是直接或间接传递出对某一类行为或人物的情感判断，并且反复多次进行运作。这样的共同体符号化的情感标签可以让共同体的价值趋于一致，能够促进个体与共同体的情感联结。

　　在情感动员的微观互动过程中，动员主体会通过一些共同体符号建构情感仪式来促进共同体团结。柯林斯在情感仪式的研究中提到情感仪式包括共同在场、共享心境、保持同步的节奏和集中注意力四个要素，而这四个要素会被情境中的共同行动、定式性的礼仪和暂时性情绪三方面激发出来。动员主体通过共同体符号化的情感仪式，激发了情感仪式的这四种要素，让受众体验到了跨越时空的在线情感仪式。情感仪式的

①　邓昕：《被遮蔽的情感之维：兰德尔·柯林斯互动仪式链理论诠释》，《新闻界》2020年第8期，第40~47、95页。

②　崔丽萍：《中西情感与理性的异同——从中西德性的角度进行的诠释》，《社会科学家》2011年第11期，第19~23页。

概念本身就具有群体性特征，在情感仪式中运用共同体符号，可以强化个体对集体主义情感的切身体验。基于文化认知的集体主义情感符号化，是指以集体主义情感为目标导向，从文化认知视角运作文化符号。

长期以来，媒体话语框架与受众话语框架处于二元分离的状态，对于传播内容，媒体和受众往往有不同的解读，尤其是网络动员话语框架经常与受众话语框架区隔开来。在网络社会情感动员中，动员主体试图打破主客体传播壁垒，通过话语符号的转向，达成主客体的融合。基于文化认知的集体主义情感符号化，就是从受众文化的视角，对集体主义情感进行符号化表达。

因此，情感符号的选择、设计、传播和解读都在情感动员的效果和影响力方面发挥着关键作用。只有当受众能够与符号中的情感产生共鸣时，他们才会积极参与社会运动或支持特定的事业。因此，在情感动员过程中，挖掘情感资源、形塑情感符号需要经过深思熟虑，以确保它们能够实现预期的情感共鸣目标并产生影响力。

第二部分

网络社会情感的生成过程

网络社会情感的生成是一个复杂而多层次的过程，涉及个体的情感体验、社交互动、信息传播和群体影响等多个因素。情感的生成与表达在数字时代的社交媒体和在线平台上呈现全新的特点并面临新的挑战。本部分将深入探讨网络社会情感的生成过程，解析个体和社会因素如何相互作用，以及数字技术如何塑造和影响情感的表达与传播。基于情感现象学、虚拟人类学、社交媒体互动理论，本部分从网络个体性情感、网络群体性情感、网络技术性情感三个层面揭示网络社会情感的生成过程。

　　网络个体性情感是构成网络群体性情感的基础，可以通过社交媒体表达和传播，对网络社会情感格局产生影响。网络群体性情感可以在社交媒体上通过情感信息的传播影响其他个体的情感体验，形成情感传染。网络技术性情感分析可以用来捕捉和量化网络个体性情感和网络群体性情感，帮助人们了解情感趋势。这三种情感在网络社会中相互交织和影响，共同构成了复杂的情感生态系统。

第五章　网络个体性情感的生成

　　个体的情感通常是由外部事件或情境唤醒的，而在网络环境中，这些情感变得更为复杂且被广泛表达。网络个体性情感是个体在数字世界中表达的情感，汇聚了个人的独特体验、观点、价值观，以及与他人的社交互动，形成了一种丰富多彩的信息流。这种信息流通过社交媒体、文字、图片、表情符号等多种方式在网络上交互式传播，为人们提供了一个全新的情感表达平台。网络个体性情感是一个多维度、多媒体的情感，它不仅反映了个体内心世界的复杂性，还反映了社交媒体对情感表达和互动方式的影响。情感的开放性和多样性使网络成为一个充满活力和创造力的环境，有助于促进人们更广泛的联系和理解。

第一节　网络个体性情感的情感机理

　　探究网络社会情感中的个体性情感是如何生成的，需要借助情感现象学的理论工具。情感现象学是研究情感意识显现与构成的学科①。它是一种从直接认识的情感角度，描述情感现象的哲学研究方法。情感现象学认为，情感的主体即自我，自我是能够感受、利用和解释自己行动意义的道德存在物。情感的主体存在于社会相互作用的经验世界中②。

　　通过情感现象学，我们可以处理好人类个体性情感与社会情感的关系。情感现象学强调每个人独特的情感体验，同时探讨了情感的共通性和根本性。这种方法有助于揭示多样性情感中的同一性，把情感的多重缺席还原为持久的真实在场。这给予了情感研究者一个全新的视角来观察人类情感。

---

① 马克思·舍勒：《道德意识中的怨恨与羞感》，林克等译，北京师范大学出版社，2014，第16~21页。
② 马克思·舍勒：《同情感与他者》，朱雁冰、林克等译，北京师范大学出版社，2017，第86~103页。

根据情感现象学的理论，情感就是一种意识，即人可以通过情感意识到自身的存在。因此，情感被视为我们感知和体验世界的一种方式，它们是对外界刺激的回应，反映了个体对自身和周围环境的感知与理解。情感是具有意向性的意识活动，并且所有的情感意向性都指向情感经验。对情感现象背后的情感意识和情感经验进行探究，便是还原情感真相的出路①。而其中最为核心的问题是，探究情感的起源、体验、表达以及与其他因素的关系。

情感意识是情感的意向性，是对自我情感体验的内在察觉，是情感经验流中的心理体验，是自我情感经验全部实质的现象学的持续存在。情感意识可以分为两类。其一是反思性的情感意识。在反思性的情感意识中，人再次感受自我的情感，并形成对自我情感的重新解释。因此，在反思性的情感意识中，个体能够意识到自己正在经历某种情感，并且尝试理解这种情感的原因和意义。例如，一个人可能会反思自己为什么在某个事件中感到愤怒，然后试图理解愤怒的根本原因。其二是非反思性的情感意识，它不超出情感意识的范围去创造新的情感对象，是情感主体时间性地体验和存在的情感感受②。这是一种更基本、更直接的情感感受，不一定需要经过深思熟虑。例如，一个人可能在观看一部感人的电影时感到悲伤，而不一定要分析为什么感到悲伤。

情感经验则是情感主体时间性的存在，情感经验可以给予情感主体身体性的、情感性的、道德性的感受，并贯穿于情感主体所处的不同情境之中③。现象学意义上的时间是持续不断和循环往复的，过去、现在、未来构成了一个连续的时间，一切现象都是时间性的存在。一切现象都依赖时间而被体验和感知④，情感也要在时间中存在、生成与被感知。一方面，情感经验是情感体验的基础。主体过去的情感经验是现在情感体验的基础，现在的情感经验决定了未来的情感体验，也就是说每个情感经验都会携带着早些时候经验的要素而参与到之后的情感体验之中。

---

① 马克斯·舍勒：《人在宇宙中的地位》，李伯杰译，刘小枫校，贵州人民出版社，1989，第59~75页。

② 陈志远：《情感内容是概念性的吗？——一种现象学的路径》，《哲学动态》2018年第1期，第70~79页。

③ 柏格森：《时间与自由意志》，吴士栋译，商务印书馆，2009，第19~21页。

④ 诺尔曼·丹森：《情感论》，魏中军、孙安迹译，辽宁人民出版社，1989，第21~35页。

换言之，情感经验能回溯情感主体过去的情感记忆和情感知觉，将其变成一种经验流在意识流中反复涌现，影响情感主体当前情境的情感感受。情感经验为情感主体提供了设计、判断、解释和评价自我的内在感受和外在感受基础。没有真实切身的情感经验，人是无法完全理解任何情感的。只有当情感的主体切身体验之后，形成了自身的情感经验，人们才能进行情感互动，情感才能相互理解。没有情感经验，人无法实现真正的感同身受。

另一方面，不同的情感经验会塑造出不同的情感体验。情感经验使人产生自我作为情感主体的内在感受，每个情感的主体都拥有特殊的、属我的情感经验，情感的主体基于自己的情感经验而将自我塑造成一个独特情感体，并把自我作为独一无二的情感对象来设置和感受。

所以，情感的主体是一个具体的、历史的、时间的事实，是一个确定的与身心相关的实在。不同的情境塑造了不同的人，也塑造了不同的情感经验，使人成了一个个不同的情感主体。那些情境把人所生活的历史时代加以具体化，每个人都以自己的生活概括了人类历史的部分，每个人都用自己的历史片段再生产了人们所存在的时代。

可以说，情感经验是情感主体生命史中的一部分，要理解人、理解人类的情感，就要把他们置于他们所生活过的、具体的历史情境中加以审视①。情感现象学是本书的重要理论视域。情感现象学关注情感的主观性和体验性，强调情感是人类生活中不可或缺的一部分。从情感现象学理论出发，基于情感经验与情感意识两个视角，对网络社会的个体性情感生成进行分析，可以更深入地理解和解释个体在网络环境中经历与表达的情感经验。

一方面，在微观个体层面，情境唤醒了个体的情感，互动使个体之间进行情感交换，进一步增强了个体的情感体验。人际互动会创造出舞台和角色，人们会根据在互动过程中的卷入情境，以唤醒自己的情感。人际互动除了会唤醒情感，也会使人们在互动的过程中进行情感交换，从而进一步增强个体的情感体验。微观层面的人际互动所产生的情感唤醒与

---

① 唐魁玉、王德新：《微信作为一种生活方式——兼论微生活的理念及其媒介社会导向》，《哈尔滨工业大学学报》（社会科学版）2016年第5期，第46~51页。

情感交换，不仅是个体情感感受的表达，也是人际合作关系建构的结果。

另一方面，在社交互动、沟通、合作、冲突解决等情境中，个体通过与他人或环境的互动达到情感交流的目的。事件情境激发了情感意识的产生，同时事件也可以激发相似的情感经验，使人对自我情感体验有了内在察觉，从而产生了个体情感。而在个体与个体微观互动的情境中，互动者会依据互动的情境来感受事物，也会交换各自的情感，并产生新的情感。

因此，事件情境与互动情境共同构成了个体性情感产生的微观情境，促使微观个体性情感的生成。事件情境可以影响个体在互动情境中的情感表达，而互动情境可以改变事件情境中个体的情感体验。通过这种微观情境的交互作用，个体的情感得以生成和表达，同时这受到社交和环境因素的影响。这个过程对于理解情感在个体生活中的起源和发展非常重要。

第二节　事件情境的情感唤醒

一些研究者发现，影响网络社会情感生成的重要因素之一就是事件。网络社会情感因事而起，这不仅指向突发事件或热点事件，还指向政治的或现实的社会问题。并且网民在不断地表达和沟通的过程中，逐渐形成事缘共同体，实现了由"己"到"群"的关系构建和共同体的自我赋权[①]。关于这种事件因素，许多学者从不同侧面进行了讨论。张淑华认为，事件信息质量与隐含的情感张力是决定网络社会情感生成的关键要素[②]；杨峰等将情景要素与突发事件呈现的特征属性进行相似度检验，通过扎根理论、特征词提取、相似度计算等方法，分析出事件中的情景对网络社会情感生成的作用[③]；兰月新等的研究表明网络社会情感是由

[①]　白淑英：《事缘共同体：新媒体事件的组织机制与治理策略》，《浙江社会科学》2020年第1期，第23~30页。

[②]　张淑华：《节点与变量：突发事件网络"扩音效应"产生的过程考察和一般模式——基于对"鲁山大火"和"兰考大火"的比较研究》，《新闻与传播研究》2016年第7期，第60~76页。

[③]　杨峰、张月琴、姚乐野：《基于情景相似度的突发事件情报感知实现方法》，《情报学报》2019年第5期，第83~91页。

网络事件及其衍生的话题所发酵的①；孙俊才、卢家楣则重点阐述了情感性事件是网络社会情感产生的重要因素②。

网络社会情感的产生离不开由事件所构建的情境。事实上，一切情感都根源于某个拥有单一性质的情境。而情境的性质规范着每一个特征和关系的意义及影响，只有当我们从情境的质的统一性中抽离出来时，我们才能对某一经验的情境进行合理性的反思。也就是说，如果忽视了由事件所构建的情境，最终将导致我们对网络社会情感的生成逻辑与意义无法理解。

人类的任何情感都不能脱离情境而存在，更不能发生于真空之中，而是在特定时空的微观、中观、宏观的情境中产生的。情境是一切命题和表述的论域，同时控制着思维的项，思维中的对象之间的关系是依靠情境来控制的。因此，人类的思维、意识，以及情感都根源于情境。每个个体的自我呈现与自我认识是在情境中建构出来的，同时，这种情境也会通过社会成员之间的互动被持续建构和重新定义③。

情境的性质规范着情感的特征以及意义，只有当我们从情境的质的统一性中抽离出来时，我们才能对情感的情境进行合理性的反思。也就是说，脱离情感的情境，最终将导致我们无法理解情感的意义。无论是互动情境、事件情境，还是文化情境，都影响着人们的情感体验、情感唤醒、情感表达等。故而，对网络社会情感进行研究，要以情境为基础。

事件，本质上是一种存在，更是一种情境。事件内部的矛盾关系推动着事物的运动发展。怀特海认为，构成现实的终极单位并不是"实体"，而是事件。事件是一个无限连续的生成过程④，处于不断变化的动态过程之中。事件乃是变动本身，是不可预测的变动。诱发网络社会情感的事件之所以会构建出特殊的情境，是因为这与事件内部包含的矛盾关系密不可分，即事件内部张力的不稳定性。事件内部张力的不稳定性

---

① 兰月新、董希琳、苏国强、赵红培：《公共危机事件网络谣言对网络舆情的影响研究》，《图书情报工作》2014年第9期，第78~90页。

② 孙俊才、卢家楣：《情绪社会分享的研究现状与发展趋势》，《心理科学进展》2007年第5期，第816~821页。

③ 乔治·赫伯特·米德：《心灵、自我和社会》，霍桂桓译，译林出版社，2012，第148页。

④ 严泽胜：《巴迪欧论"存在"与"事件"》，《清华大学学报》（哲学社会科学版）2013年第6期，第124~130页。

是事件存在的动力，也是事件存在不断自我更新和自我超越的动力基础。事件的发生、发展，在于事件本身的内在张力，也就是事件展现出的紧张矛盾关系。网民个体会从自身的认知结构、身份地位、价值取向出发，结合自己获知的信息、自己的情感经验，而进行独特的情感表达。

新闻事件、社会事件或个人生活中的重要事件都可以触发情感。当人们在社交媒体上了解到一个引人关注的事件时，他们的情感可能会在讨论、评论和分享这一事件的情境中迅速产生。例如，在社交媒体上看到关于自然灾害、政治事件或社会运动的消息时，人们可能会感到担忧、愤怒、悲伤或满怀希望。个体网络社会情感的生成代表着事件内部的紧张矛盾和内在张力，承载情感的话语表达能够扩大问题事件的波及范围。这种在事件情境之中所表现出的情感意识与情感经验，就是舍勒所说的"情感迹象"①。

除了直接诱发网络个体性情感，事件也会通过唤醒公众关于以往相似事件的情感经验，从而引发情感的生成。新的事件使网民获得了新的情感经验，新旧情感经验的叠加，为个体性情感的生成供了一种新的事件情境。以往的事件所塑造的情感经验，是公众对事件的情感信息的编码和存储。这些尘封的情感经验，会在一定情境下被再次激活。情感记忆所承载的情感经验，存在一个发展与沿袭的进程，新旧情感经验在情感记忆中存在联结。

情感经验和情感记忆与新的事件相互作用，并随之形成网络社会情感，一般要经过三个环节。第一，情感记忆的唤醒与追溯。当新的事件激发了以往的情感经验时，公众便会回忆和追溯过去的事件与知觉，唤醒对以往问题事件的情感体验与情感认知。这种现象常常发生在人们与新事件有某种相关性或相似性的时候，因为人们会试图用过去的经验来理解和解释当前的情境。当新事件触发了个体对过去某个事件的记忆时，与该事件相关的情感也会被唤醒，从而促使个体回溯事件的细节以增进自身对当前情境的认知。

第二，情感经验的传递与互通。在这个过程中，以往的情感经验充

---

① 马克思·舍勒：《道德意识中的怨恨与羞感》，林克等译，北京师范大学出版社，2014，第58~67页。

当了中介性因素的角色，促使个体的情感在当前事件的情境中与过去的情感经验互通和互相影响。这意味着以往的情感体验不仅在心理中存储着，还可以在新的情感情境中被重新唤醒，影响个体对当前情感的认知和表达。这种情感的互通为个体提供了更加丰富和深刻的情感体验，强化了情感与记忆之间的联系，进一步丰富了情感生成的复杂性。

第三，情感记忆的折射与再生。过去的情感记忆成为新情感的土壤，为其提供了滋养和发展的条件。这种情感的再生意味着网络社会情感不仅是过去情感的复制，更是对当前事件的认知和期望的折射。这种折射有助于公众更好地理解和回应新事件，同时进一步加深了情感与记忆之间的联系。通过情感记忆的折射与再生，个体能够更好地应对和理解面临的新事件，从而影响其情感表达和情感交流。

假设某人在过去的某次大规模自然灾害中经历了严重的失落和无助情感，比如一场大洪水导致了家园的毁坏，多年后，当他听到即将面临台风灾害时，他会不自觉地回忆起过去的经历，比如想起家中被淹没的画面、邻居互相帮助的场景，以及自己在那个困难时刻的情感反应。在这个追溯过程中，情感记忆成为一个引导因素，引导他重新体验那时的情感，例如害怕、无助和困惑。这种追溯并不仅是对过去事件的简单回忆，还是一种情感的重现和对情感认知的再度审视。情感记忆的唤醒与追溯让洪水灾害发生时的情感以一种新的方式再次涌现。这种情感经验的传递与互通表现为，过去的情感经验在当前情境中被重新激发和调动。当他感受到风雨交加、天色渐暗时，这些情感经验成为他应对台风威胁的一种资源。他可能会更加警觉，采取更谨慎的行动，寻找安全的避风场所，而这些行为反映了他从过去经验中汲取的教训。因此，情感记忆的延续和演化有助于个体适应不断变化的环境和事件。

第三节 互动情境的情感交换

网络社交媒体代表了一种新兴的场域，它的情感架构与"旧的"或"传统的"媒体不同。在传统媒体时代，由于时间和空间限制，个体情感传播力较弱，情感互动也较少。而社交媒体的互动情境，使情感成了新的传播对象与传播内容，个体之间的情感实现了点对点、点对线、点对面的传播结构，使得情感的情感能量呈几何级增长①。社交媒体不仅具有传统大众传媒的特性，也具备独特的个人叙事功能，使人人都能发声，并通过不断地转载进行多级传播。它没有传统大众传媒信息发布的严格"把关人"，所以具备随意性、碎片化、情感化特征。情感蔓延至互联网空间，在各个节点之间高速传播。社交媒体使得公众的情感表达与情感互动更加便利，情感交换的内容也更加丰富。

社交媒体所构建出的新的网络社会环境，使符号在表征实践中发挥了关键作用，这塑造了环境中的体验和对意义的解释。信息系统体系结构或信息基础设施，有意或无意地对可能的公共交互和参与的类型产生广泛的影响②。换言之，网络空间的虚拟性一方面使得网络社会情感得以聚集，另一方面形成了对现实社会的延伸。借由网络社交媒体平台，原本缺场的民众可以通过视频、图片、影音信息，阅读其他网民的发言、评论，检索相关资料，通过场景再现或还原使得网民可以随时"在场"③。因此，网络社会公共空间使得特定的社会、政治和文化形态得以实现。

网络个体性情感的生成，包括滋生、蔓延、爆发与消弭的全过程，都离不开公众在网络社交媒体平台上的互动。根据拟剧理论，网络社交媒体平台是用户（公众）进行自我呈现、社会交往和社会化的"剧场"④。在网络空间中，每个网民通过构建一个虚拟化、符号化、数据化的个体角色⑤，通过社交媒体的"信息场景"进行交流⑥。在这一场域下，公众既是"观众"，又是"演员"⑦，这种双重属性使得网民将自我

① 李春雷、姚群：《"情绪背景"下的谣言传播研究》，《广州大学学报》（社会科学版）2018年第10期，第46~50页。

② 简·梵·迪克：《网络社会》（第3版），蔡静译，清华大学出版社，2020，第17~25页。

③ 约书亚·梅罗维茨：《消失的地域：电子媒介对社会行为的影响》，肖志军译，清华大学出版社，2002，第298页。

④ 蒋建国：《网络社交媒体的角色展演、交往报酬与社会规范》，《南京社会科学》2015年第8期，第113~120页。

⑤ 欧文·戈夫曼：《日常生活中的自我呈现》，冯钢译，北京大学出版社，2008，第17页。

⑥ 约书亚·梅罗维茨：《消失的地域：电子媒介对社会行为的影响》，肖志军译，清华大学出版社，2002，第7页。

⑦ 兰德尔·柯林斯：《互动仪式链》，林聚任、王鹏、宋丽君译，商务印书馆，2009，第33~87页。

嵌入网络之中，更容易受到网络社会情感的影响①。

在这一过程中，参与网络社会的渴望会促使公众采取一种特定的情感表达形式，即所谓的"情感人设"。他们可能会故意塑造自己的在线情感形象，以适应或引起特定社交情境中的情感需求或期望。这种"表演性"情感表达形式或"情感人设"的滋生与演化为现代社会越来越"斗争化"的情感社会氛围埋下了隐患。人们可能会竞相表现出更强烈、更激烈的情感，以吸引更多的关注和支持，或者为了在网络社交中脱颖而出。这种情感的过度表达和竞争可能会导致情感的夸张与情感冲突，从而对网络社交氛围产生负面影响。

网络个体性情感的微观生成过程，是人与人之间具体的社会互动的反映。社交媒体作为全新的技术工具，为人与人之间的情感交换提供了新的场域，让互动者之间以"缺场"互动的方式进行情感交换，并生成了新的情感经验与情感的表达。社交媒体的实时性、广域性、匿名性等，对人们的情感交流方式和体验产生了影响。用户可以通过文字、表情符号、图片、视频等多种形式来传达他们的情感状态和情感体验。同时，人们在社交媒体上回应他人的情感表达，包括对他人的喜悦、悲伤、愤怒等情感做出回应。社交媒体的互动功能使得这种情感回应变得更加便捷和广泛，它可以促进情感共享、维系情感支持网络，影响个体的社会认同、情感联结和社会参与度。

社交媒体中的情感互动是个体之间分享、理解彼此感受的过程。缺场情感互动的时空是虚化的，个体之间的边界不断消解和重构，私人化情感与公共化情感不断转化融合，这使人在社交媒体中更容易获得情感信任、情感认同与情感支持。个体间既表达了自我的情感信息，也获得了他者的情感信息，二者把这些新的情感理解吸收到自我感受之中，形成了新的情感经验，并生成了情感。

根据符号互动模型②，借由网络社交媒体平台形成的互动情境可以进行如下转化：第一，通过网络社交媒体平台针对目标事件进行点赞、

---

① 迈克尔·毕利希：《论辩与思考》（新版），李康译，中国人民大学出版社，2011，第14~15页；迈克尔·豪格、多米尼克·阿布拉姆斯：《社会认同过程》，高明华译，中国人民大学出版社，2011，第155~168页。

② Collins, R. *Interaction Ritual Chains*. Princeton：Princeton University Press，2004：68-122.

转发或评论，借由共同的情境与体验实现"异地"互动（原来是基于同一场所的在场互动）；第二，是否知晓或参与事件的讨论成了设定局外人的界限；第三，参与的网民将其注意力集中在共同的对象、事件或活动上，并通过评论来倾诉感受，使得彼此知道了关注的焦点；第四，参与的网民分享共同的情绪或情感体验。

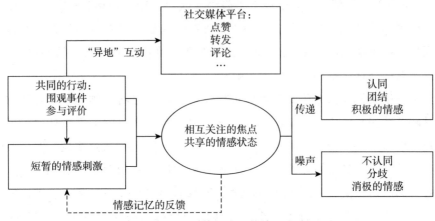

图 5-1 互动情境产生的情感交换

在以网络为纽带构造的互动模型中，目标事件提供了一个联结网民的场景，而网络社交媒体平台的存在则是扩大了该场景的辐射范围：其一是在获取事件信息的过程中产生的情感会促使观众到网络社交媒体平台上面发表评论，从而形成一个交流圈；其二是潜在参与者会通过平台了解事件的发生背景、过程、影响及相关评价，并对犹豫中的参与者的态度倾向与情感共鸣产生一定的影响。

网络社交媒体平台上充斥着情感驱动的评论，这些评论往往反映了个体对事件的情感反应。这种情感驱动的评论不仅让个体能够表达自己的情感，还让他们感受到其他人的情感，从而形成一种情感联系网，扩大了事件场景的辐射范围。因此，网络社交媒体平台与互动情境相互作用，共同塑造了网络社交的格局。情感、信息传播和互动构成了情感联系网的核心元素，使网络社交媒体平台成为一个充满情感和进行看法表达的场所，也成为事件辐射和社交互动的重要驱动力。

第六章　网络群体性情感的生成

网络群体性情感是指网民在特定事件或话题下产生的情感体验。这种情感的生成与集聚存在主客观两方面主导性因素。从主观层面来看，活跃于社交媒体等平台上的群体基于共同的价值观、认知或经验激发了情感能量。群体成员之间的情感共鸣是情感能量传播的关键。这种情感能量的传播可能导致话题的热度上升，引发更多的讨论和参与，进而在网络社交中产生持续的情感波动。从客观层面来看，网络群体性情感的扩散与传播亦被环境所裹挟。平台的算法和功能会影响情感信息的扩散，这些平台通常会根据用户的兴趣和互动行为来决定哪些内容会被显示在用户的时间线上，即引发网民情绪波动的信息更容易被推送。这种几何式扩张的传播方式极大地加快了网络群体性情感的扩散速度。

第一节　网络群体性情感的情感机理

在互动情境中，通过持续的相互关注的焦点与共享的情感状态，参与到事件讨论中的网民会产生一系列基于情感的共同体验。首先，个体的情感会逐步趋同于社会情感。社交媒体中的互动情境创造了情感唤醒与情感交换的便利条件，使网民个体得以进行情感的表达与分享，情感在互动的过程中不断被强化、加工、演绎，进一步促进了网络社会情感的生成。其次，共同的情感会构筑一个新的群体。群体内部会产生一种强烈的身份认同感，并对群体外部的人存在一定的"敌意"。集体中的成员会遵守集体内部形成的规则，维护集体的正义感、道德感。最后，易于促成集体行动。受情感扩大化的影响，处于集体之中的个人更容易将观念、认知付诸实践。

个体之间的共情会使其相互联结而形成群体，情感在群体中不断传递，使群体不断扩大，情感能量不断增强。一方面，网民之间的共情，既源于自我与他者都拥有的共同性情感经验，也源于情感主体自身的反思性情感意识。共情促使了网络社会情感群体的形成，也使情感的分享者获得情感支持，进而激发个体不断分享情感，并进一步增强群体的情感能量。另一方面，情感传递作为一种非反思情感意识的结果，使个体的情感如同病毒一般扩散，它在社交媒体中使网民不断"传染"，使网络社会情感的群体规模不断扩大。

网络群体过程是众多网民以具体的突发公共事件为核心，经过讨论、点赞、转发等网络互动而形成群体的过程。可以说，在每一个网络公共事件中都会催生出新的网络群体，这些网络群体在情感上相似、在心理上相亲、在行为上相近，并随着网络公共事件的发生而形成，随着网络事件的隐匿而消失。虽然网络群体会随着网络事件不再被人讨论而消失，然而群体过程的情感却会持续存在，内隐为社会的历史记忆，并可能成为网络社会情感形成的情感经验。

社交认同理论（social identity theory）指出，在网络社交和在线社区中，个体将自己视为某一社会群体中的成员，并以此为基础来定义自己的身份。社交认同理论解释了为什么个体在网络社交中更容易表达特定的情感。当他们认同特定社群时，他们更倾向于在这个社群内表达与其社交认同相关的情感。同时，身处群体中的个体也会为了支持群体的观点或行为而"发声"，即主动保持情感的一致性（affective consistency）。

同时，群体情感强化理论（group affect intensification theory）进一步强调了社交因素对情感的塑造作用。在网络群体情境中，个体情感会被群体情感强化或弱化。当个体发现自己的情感与群体中其他人的情感相符时，他们的情感可能会被强化。当一个群体成员表达强烈情感时，其他成员可能会受到影响，产生类似的情感体验，从而强化整个群体的情感。

值得注意的是，网络群体性情感的"情感传染"（emotional contamination）效能亦有可能演化为情感的失控。网络社会情感在群体成员之间的传递并不总是积极的。有时，情感传递可能像病毒一样，尤其是负面情感。当一个成员表达负面情感时，其他成员可能被"感染"，并开始传递相似的情感，形成一种情感病毒。同时，大量的情感传递可能导致信息过载，这可能会引发群体成员的疲劳和情感消耗。此外，群体性情感具有权力属性。传统权力论认为，权力者通过意志将权力施加到追随者身上。依此类推，在网络社群中，网络群体性情感处于权力者的位置，它通过社交压力、权威性声音、社会认同与情感操控等情感工具，影响处于群体之中的每一个个体的思想与行动。

因此，网络群体性情感的情感机理是研究和解释网络社交中情感现象的关键要素。了解这一机理有助于深入探讨社交媒体上情感的产生、传递和影响过程。共情是网络情感产生和传播的重要因素之一。当一个群体中的个体表达强烈的情感时，其他成员往往会产生共情体验，即他们会感同身受地体验到相似的情感。情感传染是网络群体性情感传递过程中的关键机制。这种情感传染可以在短时间内引发情感信息的爆发性传播，对话题或事件的热度产生显著影响。综合来看，共情的情感体验和情感传染是网络群体性情感的情感机理的重要组成部分。它们共同推动着网络社交中情感的生成、传递和强化，对网络舆情、社交文化和个体行为都产生了深远影响。

第二节 共情的情感体验

人们的情感在一定情境下发生了某种一致性关系的现象，被称为共情现象。共情指向一切客观实在的情感，并因他者的情感产生相应的自我情感。这种共情，不仅仅是同情感、移情感、怜悯感，它是自我对他者的情感的感知与体会，是一种在共同体之间的共有情感。这些他者则以自我为参照，是不同于自我本身的其他存在，自我通过共情而感受他者的情感经验。通过共情，他者的情感体验被自我所理解，自我便也获得了那些情感体验。

情感反思是网络空间群体间互动的产物。在网络上，人们常常会回顾自己的情感表达过程，思考是否恰当，是否符合自己的价值观，是否对他人产生了积极或负面影响，并由此产生新的情感意识和情感意识的对象。他们对情感进行意识的再加工，通过对情感经验与情感情境不断反思，超越已感知的情感，探寻和创造出新的对象和共有的情感。与他者传递情感、共享情感的本质原因在于人的共情能力。

首先，网民之间的共情，源于自我与他者都拥有普遍性与共同性的情感经验。网络社会情感所呈现的情感现象，是自我与他者呈现出来的情感事实。表达出情感的人，自我都指向他者情感经验的存在，自我也从他者那里获得了情感经验的内容。因此，情感通常不是孤立存在的，而是具有社会性的。情感在社会互动中起到了建立亲密关系、传递信息与协调行为等关键作用，而共情则是构建深层次人际关系或社会关系的基础。

其次，网民之间的共情，源于主体自身的反思性的情感意识。在这种反思性的情感意识中，情感主体是被完全地包含在情感经验内部的，人们成为自我情感意识流的对象。情感主体处于自我具体的、历史的、情境性的情感意识之中，并根据自身感受来反思情感。反思性的情感意识是从内部被体验的，人们跳出了意识，作为自我的观察者把自我置于意识之内，对意识以及作为意识流对象的自身进行反思。人们把注意力转向自我正在思考和感受的思想与感情。网络社会情感的共情是通过人际互动过程中的观点采择实现的，即把自身置于他人的位置，解读彼此的姿态，预测他人的活动。

人们不仅从特定他人的角度来审视自我，还在他者或者一般化他人（generalized others）的关系中视自我为客体。从本质上来讲，一般化他人是情境的文化（价值、信念和规范）为评价自我提供的参照框架或角度。当采择一般化他人的观点时，人们将在广义文化框架的指导下调整行为举止。

如果主体无法将他人的体验带入自己的参照框架，那么他就会产生单方面的、空洞的、虚假的情感。用海德格尔的话来说，情感现象使人在感受自我感受的同时也感受到了自身的存在①。又如同休谟所言，同情是人类的一种心理倾向，是对快乐和痛感的分享②。共情可以协调互动对象的注意、思维和行为，使彼此之间相互理解，也使对方感受到信任、亲密与舒适。在这种互动中，情感能量较强的一方还能使情感能量较弱的一方依附于自己，从而促进情感趋同现象的发生。

再次，网络社会情感的共情还是自我和他者的反应性的同感现象，是主体间性的展现。网络社会情感作为媒介，体现着自我与他者的主体

① 马丁·海德格尔：《现象学之基本问题》（修订译本），丁耘译，商务印书馆，2018，第 31~50 页。
② 休谟：《人性论》（全两册），关文运译，郑之骧校，商务印书馆，1980，第 71~102 页。

间性，这种主体间性反映了人作为一种类的存在和社会的存在①。这一本质决定了每一个生存个体都必然要超越自身的个体性，不断地进行交互性的活动，发生各种各样的主体间关系②。网络社会情感的主体间性是以他者的存在为前提的，是主体之间的互动、关联、作用和影响的关系。

然后，网络社会情感的共情促使了网民心理群体的生成。网络社会情感的群体是心理上的群体，也是情感上的群体。社交媒体为这个群体提供了一个类似巴赫金理念中的"狂欢广场"。

由于群体间的这种非面对面的缺场互动，群体的形成过程反而更加简易，个体与群体之间的关系更为密切。人们彼此之间能够设身处地地了解对方的感受，并拥有一种相同的意向性价值感受，这便是源于共情。这种共情的感受结构，使个体之间的自我、感受和意向性达成了融合，使彼此之间的已感躯体感受、感性感受，以及意向性价值感受均可以被对方理解。

个体之间的意向性价值感受被并入共同的情感经验领域中会产生一种情感联结，人们可以轻而易举地进入彼此的内心情感世界。为了完全理解他人的情感，主体可以预先做出，或共同做出，或重新做出那些使他想要理解的情感体验得以产生的行动。被解释的行动和行为必须被主体赋予一种使他的体验既合乎道理又能为人所理解的常识性。如果主体想要完全理解另一个人的情感，那他就必须把他人的体验当作自己的体验来对待③，把它纳入自己的体验框架之内，依据这个框架进行主体的解释而生成新的情感体验，使之处于一种共享的具体而历史的情境中，并把体验的共享感受融合成一个共同的领域。所以，在这个共同情感的领域中，自我与他者的情感相同，就形成了情感上的群体，群体也就拥有了共同的情感。

最后，网络社会情感的共情会促使群体成员进一步分享情感，并由

①　王晓东：《西方哲学主体间性理论批判：一种形态学视野》，中国社会科学出版社，2004，第 101~109 页。

②　旷剑敏：《语言主体间性及其发展的价值理想》，《求索》2007 年第 4 期，第 155~157 页。

③　刘聪慧、王永梅、俞国良、王拥军：《共情的相关理论评述及动态模型探新》，《心理科学进展》2009 年第 5 期，第 964~972 页。

此获得情感支持，从而进一步扩大群体的规模。情感分享是个体理解自身情感体验的必要途径。分享者要求对方倾听、理解和支持，这个过程会加强群体之间的情感性联结①。情感分享的过程，还能够使群体之间共享新的信息，感受由问题事件所造成的伤痛与悲愤。为了使他人更有效地理解自己的情感，个体在分享情感时，会解释事件的情感因果。解释加工的过程会使分享者重新理解自己的情感。

情感分享使情感外化，通过分享的过程，人们会获得对内在感受的深入理解。网络社会情感的分享，能够使群体产生共同的关注焦点和集体认同，并强化群体成员之间的认同感、亲密感和情感依赖。

网络社会情感的分享，会使群体中的个体获得情感支持，这种作为社会支持的情感支持，会促进自身对事件产生新的感悟。通过情感分享，个体能够表达出自己的情感，并使人清楚地理解自己的感受是什么，以及为什么会产生这种感受。事件中，共情者之间会给予对方倾诉、理解、安慰等支持性行为，从而在共情的过程中获得情感支持。

情感支持是极其重要的，这不仅能够促进良好人际关系的维系，还能减少个体的负面情感。人们特别渴望自身的情感会被赋予一定的意义，如果情感不能在群体之间共享，那么情感便等于发生在真空之中。在共情的过程中，情感的分享者获得了情感支持，这会促使分享者再次分享意愿，从而使愤怒的情感在社交媒体之中传播扩散开来。

在网络社会情感分享的过程中，情感使群体内的成员获得了新的情感经验，从而导致群体共享的情感文化对个体情感进行规范，实现了在社会宏观文化水平上对网络社会情感的意义建构。群体的情感分享过程会使情感超出个体之外，使互动者之间拥有基本一致的价值信念，从而共同建构出共享的意义，并促进社会共享情感的形成。

因此，共情的情感体验促使了网络社会情感的生成，在此基础之上，网民成了情感上相似、心理上相亲、行为上相近的网络群体，群体成员会进行情感的分享，并获得情感支持，使网络社会情感不断得到强化。

---

①　孙俊才、卢家楣：《情绪社会分享的研究现状与发展趋势》，《心理科学进展》2007 年第 5 期，第 98~103 页。

第三节　扩散的情感传染

情感的传播和扩散是人类社会交往中普遍存在的现象。情感扩散指的是情感在社会网络中传播的过程。当一个人在社交网络中表达某种情感时，社交网络中的其他人可能受到影响，进而产生类似的情感反应。情感扩散的范围和速度取决于社交网络的结构、个体之间的关系以及情感表达的强度和真实性。

由于个体的行为往往具有本能化与情绪化的特质，在传播、扩散与互动中，群体情绪会有向极端化转变的趋势。这就形成了情感传染现象。情感传染指的是一个人的情感状态通过非语言和语言的方式影响他人，使他们产生相似的情感反应。情感传染可以是直接的，如观察他人的情绪表达和面部表情；也可以是间接的，如通过文字、图片或音频等。情感传染可以在现实生活中的面对面交流中发生，也可以在虚拟社交媒体平台上的互动中发生。

在网络社会中，情感传染类似于一种在人群中传播的传染病[1]。情感传染是在没有任何先验意向或对他者感受状态预先认识情况下的情感状态传递。情感传染不包括对他者情感经验的参与，其特点是非意向性的、非反思性的，它使情感主体纯粹且直接地表达自我的情感感受，这一过程是情感性的模仿和再生。如在紧急状态下，群体的情绪一般体现为平静、焦虑、恐惧、恐慌和歇斯底里[2]。这一情感变化轴暗示了在面对风险时社会情感的普遍演化方向。在情感的趋势下，人们会哄抢食物、医疗物资、基本生活用品甚至防身工具，而这种社会行为会进一步加剧不安全感与悲观情绪。如舍勒所言，情感传染过程产生了那些超出任何个人计划的情感意向。这种情感传染的发生机制与网络心理群体的形成

---

[1]　Ni, X. Y., Zhou, H. J., and Chen, W. M. "Addition of an Emotionally Stable Node in the SOSa-SPSa Model for Group Emotional Contagion of Panic in Public Health Emergency: Implications for Epidemic Emergency Responses." *International Journal of Environmental Research and Public Health*, 2020, 17 (14).

[2]　Faroqi, H., and Mesgari, S. "Agent-Based Crowd Simulation Considering Emotion Contagion for Emergency Evacuation Problem." ISPRS Int. Arch. Photogramm. Remote Sens. Spat. Inf. Sci. 2015, XL-1-W5, 193-196.

过程息息相关，情感传染既是群体过程的动力，也是其结果①。

在社交媒体中，个体网民的情感基调会吸引同质的个体进行网络互动②，交织在一起的情感会不断传染而形成群体，群体享有同一种意向性价值感受，情感相似的个体情感形成了强烈的情感氛围。他们越加密切地关注彼此的情感与行动，更强烈地体验到他者的情感，如同自己的切身体会一般。强烈的情感氛围，使更多情感状态处于同一个水平的网民不断地加入同质化的群体之中，继而诱发群体之间的多层次传染。正强化效应可以增强无知参与者保持与受感染信息相同情绪的能力。

一般而言，正强化效应可以增强网络参与者保持与被感染信息相同情绪的能力③。当正面信息反复刺激网络受众时，它会积极地增强具有积极心态的人保持积极情绪的能力，这对舆论控制大有裨益。其本质是强化正面信息的信念因子对动态感染率的影响。反之，负面信息亦会强化消极心态。

随着情感传染使群体规模不断扩大，网络社会情感的情感能量也会不断地得到强化。情感传染通过参与者之间循环性的相互作用而得到强化，网络社会情感经过不断的传染会使群体情感波动出现节奏化的同步，这种情感共振会不断增强群体的情感能量，使群体成员体验到不可抗拒的高强度情感，既强化群体团结，扩大了群体规模，也使群体的情感、立场、意见、行为达到极化。

强大的情感能量会导致群体成员被集体主义的情感思维占据自我意识的制高点，个体的个性湮没于集体的共性之中，个体性认知也会被集体性认知所替代，即将集体的需求、价值观和情感放在个人需求之上。对于个体而言，他们可能会更强烈地感到自己是群体的一部分，将群体的目标和情感需求看作自己的一部分，从而产生自我抑制（self-suppression）。

与此同时，个体的责任也会被群体分担，个体的情感与行为倾向都

---

① 张奇勇、卢家楣、闫志英、陈成辉：《情绪感染的发生机制》，《心理学报》2016 年第 11 期，第 1423~1433 页。

② 刘秀秀：《走进人类学的新田野：互联网民族志调查》，《中国社会科学报》2013 年 11 月 15 日，第 A08 版。

③ Qu, Y., Tian, H. M., and Chen, H. "Research on the Emotional Evolution Mechanism of Network Public Opinion Based on an Information Ecosystem." *Discrete Dynamics in Nature and Society*, 2022, doi: 10. 1155/2022/4875099.

会变得更加疯狂。情感传染不断循环叠加，被传染的人再次传染，这些被愤怒情感传染的个体往往会逐渐丧失独立的人格，以集群行为为中心，形成统一的情感和思维，个体行为彻底演变成群体行动，狂热情感支配下的群体行动会冲击社会道德、法律规范，导致严重社会冲突事件的发生[①]。

陷入情感传染的网络空间将面临失控的危机，这是情感污染的前兆。情感污染的攻击性没有"敌我"之分。对群体内部而言，群体情感的强化和传播会自然而然地对个体施加压力，使他们为了避免显得"异端"而强迫自身时刻与群体情感保持一致性，而不是真实地表达自己的情感需求。对群体外部而言，人们会更多地选择关注与自己情感相符的信息，从而过滤掉反对或不同情感的信息，这种基于偏见的选择会进一步加剧情感极化的趋势与程度。

因此，网络社会情感的情感传染作为一种非反思性情感意识的结果，使个体的情感如同病毒的传染一般扩散，它会在社交媒体中使网民不断传染，使群体的规模不断扩大。而网络群体性情感的社会影响会如同滚雪球一样席卷整个网络空间，这种情感传播具有极大的社会影响力。网络群体性情感既是引发广泛情感共鸣、推动社会议题讨论与解决的关键力量，也可能是导致情感极化和社会分裂的罪魁祸首。所以，网络空间需要更加关注网络群体性情感的传播机制，以确保情感传播的积极性和建设性。

---

① 胡明辉、蒋红艳：《构建网络群体极化与约束机制》，《学术交流》2015 年第 6 期，第 209~213 页。

第七章　网络技术性情感的生成

网络技术性情感是一个涉及情感和技术的复杂领域，对其的研究旨在探讨人们在网络和技术环境中的情感表达与体验。它涉及情感心理学、计算机科学、人机交互等多个学科，试图理解情感是如何在网络和技术交互中产生的。网络技术性情感的产生与人们在数字平台上的互动密切相关，而人工智能的情感分析既是辨识复杂网络社会情感的工具，还是崭露头角的参与者，积极塑造着网络社会情感的发展格局。技术赋予了机器和计算机系统识别、理解与生成情感的能力。情感分析技术通过自动化处理大规模的文本、图像和声音数据，能够协助人们洞察社会中的各种情感驱动因素。同时，人工智能的情感分析也积极参与着网络社会情感的塑造，智能聊天机器人、社交媒体平台和在线客户服务等应用程序越来越多地使用情感分析来改善用户体验。这种技术与情感的融合创造出了一种新的情感生成逻辑，网络社会情感不再仅限于人类的互动，还可以通过算法和自动化过程在数字领域中生成与传播。

第一节　网络技术性情感的情感机理

从古希腊开始，"人""机"就被广泛地讨论。亚里士多德认为"人"是自然界的类属，而"机"是人工物，通过技艺可以将"人"与"机"统一起来，即人类可以根据自己的目的创造出不同于自然物的事物。这种统一性建立在人的目的性上，这种技艺就是"人""机"统一的中介。

文艺复兴以来，西方体现出了"祛魅"的哲学倾向，科学技术的发展使机械论哲学思想深入人心。机械论哲学的本体论认为，世界万物可以被理解为物质和物质本身的运动变化。机械论哲学的认识论认为科学知识是客观真理，世界上所有的客观现象都可以由物理学和化学进行解释。机械论哲学的方法论认为实验方法是认识世界的基本方式。霍布斯提出"世界和人都是机器"，但对于"心灵"是如何运转的，却没有跳出"身心二元论"的窠臼。笛卡尔提出通过"普遍数学"可以达到身心合一，即心灵的一切认知活动包括情感在内，无不是通过"普遍数学"的方法进行度量和规律的研究的。至此，通过数字化工具度量人的一切成了后来科学发展的主要方向①。

概言之，数字化是表征与分析世界的最基本方式。先进的计算机科学技术已使我们置身于一切皆为数据、一切皆可分析的数据化、智慧化时代②。随着机器自主学习的不断发展，无论是现代科学研究还是人们的日常生活，很多方面已经依赖于人工智能，并且遵从于人工智能的权威。人工智能在智力、计算与分析层面，能力已经远超人类。人工智能通过不断的训练和自主的深度学习，不仅能够分析人类的语言、认知、行为与情感，甚至还能模拟人类在网络中进行互动，从而引导人们的行为。

网络技术性情感，通常指的是通过网络技术和计算机算法生成、分析或处理的情感。它的出现源于在不同领域和情境中应用情感分析与生成技术，以改进用户体验、提高决策质量、增强交互性和满足情感需求。技术的发展、数据的可用性以及社会需求的演变等因素创造了网络技术性情感。互联网生成了大量的评论、社交媒体帖子、文章和其他形式的数字内容。Web2.0 时代以来，主观信息量的数据呈指数级增长③。这些数据中包含了丰富的情感信息，分析和利用这些数据成为可能，这推动了网络技术性情感的发展。情感分析需求、个性化体验、市场营销等商业化需求的旺盛进一步推动了人机交互的发展，使得虚拟助手、聊天机器人和智能音箱等技术更具人性化，更能够与人类用户建立情感联系。在当今社会，网络技术性情感已无处不在。

网络技术性情感的基础是人工智能的情感分析，这指的是利用人工智能算法对带有情感色彩的主观性文本进行抽取、分类与归纳的过程④。

①　尚智丛、闫奎铭：《"人与机器"的哲学认识及面向大数据技术的思考》，《自然辩证法研究》2016 年第 2 期，第 24~28 页。

②　尤瓦尔·赫拉利：《未来简史》，林俊宏译，中信出版社，2017，第 357~360 页。

③　Canales, L., Daelemans, W., Boldrini, E., and Martinez-Barco, P. "EmoLabel: Semi-Automatic Methodology for Emotion Annotation of Social Media Text." *IEEE Transactions on Affective Computing*, 2022, 13 (2): 579-591.

④　Megill, J. "Emotion, Cognition and Artificial Intelligence." *Minds and Machines*, 2014, 24 (2): 189-199.

情感信息的抽取，是为了将无结构化的情感文本转化为可以识别的数字化、结构化的文本，从而抽取情感评论文本中有意义的信息单元。情感信息的分类，是将情感文本单元分为若干个类别，即情感的强烈程度（轻、中、重）、情感的极性（正、中、负）、情感的类型（喜、怒、悲、恐）。情感信息的归纳，则着重强调对情感信息进行检索与归纳以在实际中应用。通过上述步骤，人工智能实现了基于数据处理的情感"接收-回应"过程①。

那么，依据情感分析的定义，人工智能具备了分析、模拟乃至理解人类情感的能力。首先，作为基于自然语言处理的语言模型，它可以通过分析文本的语气、语境、情感词语等多方面来识别情感。研究人员使用卷积神经网络（CNN）、长短时记忆网络（LSTM）和双向循环神经网络（Bi-RNN）等深度学习模型来训练情感分类器，综合运用情感词典和情感知识图谱来进行辅助，同时结合多模态数据（如文本、语音和面部表情）以增强情感识别的准确性和鲁棒性。例如，当一个人说"我感到很难过"时，人工智能可以通过识别"难过"这个词和上下文，理解这个人的情感，并回以适当的安慰和支持。

其次，人工智能可以模拟人类的情感，并做出适当的回应，在对话中提供情感支持和建议。在对话中，人工智能可以通过使用不同的词语、语调、语法等来表达不同的情感基调，例如积极、消极、中立等。通过生成对抗网络（GAN）、变分自编码器（VAE）、循环神经网络（RNN）等模型，人工智能可以学习情感的分布，并生成符合特定情感的图像或文本。结合深度学习模型和对话策略，人工智能提升了与人类情感对话的交互质量。

最后，人工智能表现出了理解人类情感的潜力。人工智能虽然能够理解和表达情感，但它并不是一个具备情感体验的机器人，只是依靠预先训练好的模型和算法来模拟人类的情感基调②。故而，人工智能的情感理解基于数据的统计分析，而人类的情感理解基于生物和社会的认知与情感体验。人类的情感理解和表达具有高度主观性与文化依赖性，这

---

① 张公让、鲍超、王晓玉、顾东晓、杨雪洁、李康：《基于评论数据的文本语义挖掘与情感分析》，《情报科学》2021 年第 5 期，第 53~61 页。

② Nguyen, T. L., Kavuri, S., and Lee, M. "A Fuzzy Convolutional Neural Network for Text Sentiment Analysis." *Journal of Intelligent & Fuzzy Systems*, 2018, 35（6）：6025-6034.

意味着不同的人在情感理解和表达方面可能存在巨大的差异，而对于人工智能而言，情感理解则趋于统一性和客观性。因此，尽管人工智能可以实现一定程度的情感理解，但这种理解可能是"虚假的或失真的"。

第二节　情感的分类与识别

情感计算理论的起源可以追溯到 20 世纪 50 年代。随着计算机技术的不断进步，研究者开始探索如何将情感计算引入计算机领域。1997年，美国计算机科学家罗莎琳德·皮卡德（Rosalind Picard）在其著作《情感计算》中提出了情感计算的概念。她认为情感计算是一种使用计算机技术来识别、表达和模拟情感的方法。这一概念为后来的情感计算理论奠定了基础，并促进了情感计算在人机交互、社交网络和机器学习等领域的应用与发展。自 20 世纪 90 年代以来，受情感心理学、情感认知神经科学等领域的影响，情感计算理论得到了深度发展，使得计算机能够更好地模拟和理解人类情感，为人机交互和情感计算应用提供了更大的可能性①。

情感计算理论作为一种将人工智能和机器学习技术应用于情感识别与分析的理论②，认为情感是可以被计算机程序识别和分析的，通过对语言数据进行分析，可以识别和分析文本包含的情感信息。情感计算理论的核心包括情感分类、情感识别、情感分析、情感生成四个环节。

当然，情感分析算法的发展离不开对情感理论的深入理解，这推动了有关人工智能和情感分析的研究逐渐从技术层面拓展到情感理论层面。在心理学领域，相关学者开始探讨情感背后的心理学机制和人类情感的本质，旨在深入理解情感是如何产生、表达和影响人类行为的③。在社

① 刘悦笛：《人工智能、情感机器与"情智悖论"》，《探索与争鸣》2019 年第 6 期，第76～88、158 页。
② 罗森林、潘丽敏：《情感计算理论与技术》，《系统工程与电子技术》2003 年第 7 期，第 905～909 页。
③ Ranjan, R., Pandey, D., Rai, A. K., Singh, P., Vidyarthi, A., Gupta, D., Kumar, P. R., and Mohanty, S. N. "A Manifold-Level Hybrid Deep Learning Approach for Sentiment Classification Using an Autoregressive Model." *Applied Sciences-BASEL*, 2023, 13（5）：3091.

会学领域，研究者则关注情感和文化、社会和历史等因素之间的关系①。在哲学与伦理学领域，相关研究旨在探讨人工智能和情感分析如何影响人类社会与个体，以及如何确保人工智能系统的设计和使用符合道德与伦理准则②。在认知科学领域，有一些研究致力于发展情感认知、情感智能等相关理论，旨在更好地理解和模拟人类情感③。总之，这些研究为情感分析领域的发展提供了新的思路和方法。

在网络技术性情感的生成过程中，情感分类理论为情感分析和情感识别的研究提供了重要的理论条件④。美国心理学家 Ekman 和 Friesen 指出，情感是人类生物进化的产物，在不同的文化和社会背景下，人类的情感体验有许多共同点并具有普遍性。通过对不同文化背景下的人进行面部表情的观察和记录，他们认为情感是由 "六种基本情感" 组合而成的，即喜悦（happiness，微笑）、悲伤（sadness，眼角下垂、嘴角下拉）、恐惧（fear，眉毛上挑、嘴巴微张、眼睛睁大）、愤怒（anger，眉毛皱起、嘴巴紧闭、下颌紧张）、厌恶（disgust，鼻子皱起、嘴巴扭曲）和惊讶（surprise，眉毛上挑、嘴巴微张、眼睛睁大）。同时，情感具有不同的极性与强度，情感极性指的是情感的正、中、负倾向性，情感强度指的是情感表达的强烈程度。情感的类别、极性与强度，具有普遍性和文化共通性，可以在不同的文化和社会背景下得到确认。

因此，情感由基本的离散类别构成，是在连续维度上的分布，这成为人工智能情感分类和度量的基本原则。人工智能通过识别文本中的基本情感，进而推断出个体的情感状态和情感体验。通常情感分析技术将情感分为积极情感和消极情感两种，对应的情感极性为正极性和负极性。例如，"开心" "喜欢" 等词语属于积极情感，其情感极性为正极性；

① Susanto, Y., Livingstone, A. G., Ng, B. C., and Cambria, E. "The Hourglass Model Revisited." *IEEE Intelligent Systems*, 2020, 35（5）：96~102.

② Savela, N., Garcia, D., Pellert, M., and Oksanen, A. "Emotional Talk about Robotic Technologies on Reddit: Sentiment Analysis of Life Domains, Motives, and Temporal Themes." *New Media & Society*, 2022, doi：10.1177/14614448211067259.

③ 胡盛澜：《人工情感智能体的道德赋能问题探析》，《自然辩证法研究》2023 年第 2 期，第 74~80 页。

④ 陈杰、马静、李晓峰、郭小宇：《基于 DR-Transformer 模型的多模态情感识别研究》，《情报科学》2022 年第 3 期，第 117~125 页。

"伤心""厌恶"等词语属于消极情感，其情感极性为负极性。情感极性是非常重要的因素，可以帮助分析人员或机器算法更准确地理解文本或语音中所表达的情感倾向，从而更好地进行情感分析和应用。而情感强度可以分为三类：弱、中、强。在情感分析中，可以通过情感词的数量、情感修饰词的程度等来判断情感强度。例如，"非常开心"和"有点开心"虽然都属于积极情感，但前者的情感强度要比后者更大。对情感强度的判断对于情感分析来说非常重要，因为它可以更准确地反映情感表达的程度，帮助人们更好地理解和应用情感信息。

情感分类旨在将情感划分为基本情感类别，包括愉快、悲伤、愤怒、惊奇、恐惧等。相对应的情感计算方式是文本预处理，即采用去除干扰项（如去除标点符号、数字等）、分词（通过 Jieba、NLTK 等算法将文本划分成词语）、去除停用词（如"的""了""是"等无意义或连接性词语）、词形还原或者词干提取（消除单复数、时态等）等方式将原始文本数据转换为更适合分析的形式[1]。

而情感识别的任务是从自然语言文本、语音、图像等多种数据源中，自动识别和提取出情感信息。特征提取是情感分析的核心步骤，通常采用词袋模型、TF-IDF、N-gram 模型等方法[2]，从经过预处理的文本中提取有意义的特征，如词频、词性、情感词语等[3]。当前，基于文本的（text-based）情感分析模型已经相当成熟，情感分析需进一步攻克的难点在于基于图像的（image-based）情感分析模型、语音情感识别[4]与多重模式情感分析（the multiple modality emotion analysis）模型[5]。

[1]　Nandwani, P., and Verma, R. "A Review on Sentiment Analysis and Emotion Detection from Text." *Social Network Analysis and Mining*, 2021, 11 (1): 81.

[2]　词袋模型是将文本表示为一个包含所有单词的向量，向量中每个维度对应一个单词，该维度的值表示该单词在文本中出现的次数。TF-IDF 是根据单词在文本中的频率和在语料库中的频率，计算单词的重要性。N-gram 模型是提取相邻的 n 个单词作为特征，其中 n 为预定义的数字。

[3]　Zhang, S., Yin, C. Y., and Yin, Z. C. "Multimodal Sentiment Recognition With Multi-Task Learning." *IEEE Transactions on Emerging Topics in Computational Intelligence*, 2023, 7 (1): 200-209.

[4]　Dai, W. H., Han, D. M., Dai, Y. H., and Xu, D. R. "Emotion Recognition and Affective Computing on Vocal Social Media." *Information & Management*, 2015, 52 (7): 777-788.

[5]　Alqahtani, G., and Alothaim, A. "Predicting Emotions in Online Social Networks: Challenges and Opportunities." *Multimedia Tools and Applications*, 2022, 81 (7): 9567-9605.

受对偶情感理论的影响，情感被认为具有相对性、可转换性、多向性的特点。对偶情感理论最早由美国心理学家 Osgood 在 1957 年提出。他在《语义差异的量化研究》一书中提出了"语义差异假设"（the semantic differential hypothesis）和"对偶情感假设"（the bipolar affective hypothesis），并发展了一种可量化的方法来研究情感。在接下来的几十年里，许多学者对对偶情感理论进行了探讨和扩展，其中最著名的是 Shaver 和 Wu 提出的"情感多次对立理论"（multiple motivational systems theory）。他们认为人类有多个情感系统，每个系统都有不同的对立情感，这些对立情感相互作用，共同构成了人的情感状态①。该理论认为情感是由两种对立情感组成的，如爱恨、喜怒、欣喜若狂和失落彷徨等。而情感之所以是对立的，是因为它们具有相互独立的生理和神经基础。这些对立情感可以同时存在于一个人的情感经验中，也可以相互转化②。

情感的相对性在于，对偶情感是相对的，如高兴和悲伤就是相对的情感。如果一个人感到非常高兴，那么他就不会感到悲伤，反之亦然。情感的可转换性在于，对偶情感是可以相互转换的。例如，一个人可以从生气变为宽恕，或者从喜欢变为讨厌。情感的多向性在于，对偶情感是多样的，不仅包括爱恨、喜怒、欣喜若狂和失落彷徨等常见情感，还包括一些更复杂的情感，如羞愧和自豪、嫉妒和同情等。这些多组的两种对立情感是由个体与环境之间的相互作用而产生的。

据此，人工智能能够更加精准地推断出个体的情感状态和情感体验③。假设我们要对一段存在多种复杂情感的文本进行分析，如"这家餐厅的食物很棒，但服务不好"，情感分析算法可能会识别出两种情感：正面情感（表示食物很棒）和负面情感（表示服务不好）。算法可能会给每种情感一个得分，例如从 0 到 1 的数值，来表示情感的强度。然后，算法可以通过这些得分来判断这段文本的整体情感是正面的还是负面的。在这个例子中，

---

① Shaver, P., and Wu, S. "Affect across the Life Span: The Neural Basis of Age-Related Changes in Affective Experience." *Psychology and Aging*, 1993, 8 (2): 171–182.

② Clore, G. L., and Ortony, A. "Appraisal Theories: How Cognition Shapes Affect into Emotion." *Handbook of Emotions*, 2008, 3: 628–642.

③ Weichselbraun, A., Gindl, S., Fischer, F., Vakulenko, S., and Scharl, A. "Aspect-Based Extraction and Analysis of Affective Knowledge from Social Media Streams." *IEEE Intelligent Systems*, 2017, 32 (3): 80–88.

算法可能会得出结论，这段文本的整体情感是中性的，因为正面情感和负面情感得分相当。此外，人工智能还会结合上下文进行深度情感挖掘，即对多重复杂情感进行对比与权衡，以判断是否存在情感转移等现象。

第三节　人工智能的情感分析

情感分析即对数据的情感信息进行分类和分析的过程。基于采集的数据和提取的特征，将带有标签的数据集（已标注情感）用于训练情感分类器[①]。情感分析的数据训练方法包括监督学习算法、无监督学习算法、深度学习算法[②]。监督学习算法需要对带有标签的数据集进行训练，例如支持向量机（SVM）、朴素贝叶斯（Naive Bayes）等算法。无监督学习算法不需要带有标签的数据集，可以通过聚类等方法进行训练。深度学习算法则是一类基于神经网络的算法，通过构建多层神经网络进行训练，包括卷积神经网络、长短时记忆网络、注意力机制等[③]。最终，利用训练好的情感分类器对新的文本进行分类，根据概率大小得出文本的情感类别，如正面、负面或中性。

情绪认知评价理论是由美国心理学家理查德·拉扎鲁斯于 1966 年提出的，它认为情绪是由认知评价（cognitive appraisal）所引起的身体反应和情感体验，而非外界刺激直接导致的。在情感事件中，先发生的是认知评价，而后才会出现情绪反应[④]。该理论的主要观点包括以下几点：①情绪是主观体验：情绪是一种主观体验，它与个体的个人经验和认知相关；②认知评价是情绪的触发因素：情绪是由个体对情境中所涉及的重要因

① Yang, L., Geng, X. Y., and Liao, H. D. "A Web Sentiment Analysis Method on Fuzzy Clustering for Mobile Social Media Users." *Eurasip Journal of Wireless Communications and Networking*, 2016, doi: 10.1186/s13638-016-0626-0.

② Hao, S. L., Zhang, P., Liu, S., and Wang, Y. H. "Sentiment Recognition and Analysis Method of Official Document Text Based on BERT-SVM Model." *Neural Computing & Applications*, 2023, doi: 10.1007/s00521-023-08226-4.

③ Liu, B. T. "Research on Emotion Analysis and Psychoanalysis Application With Convolutional Neural Network and Bidirectional Long Short-Term Memory." *Frontiers in Psychology*, 2022, 13: 852242.

④ Si, M., Marsella, S. C., and Pynadath, D. V. "Modeling Appraisal in Theory of Mind Reasoning." *Autonomous Agents and Multi-Agent Systems*, 2010, 20 (1): 14-31.

素进行的认知评价所引起的；③情绪的多样性：同样的情境对不同的个体会产生不同的情绪反应，这是因为每个人对情境的评价不同；④情绪可以被调节：个体可以通过对情境的认知评价来调节自己的情绪体验。

情绪认知评价理论强调情境和人的自主性对情绪的调节作用，认为在某些情况下，人们能够通过调整自己的认知、情感和行为来适应情境；而在另一些情况下，人们则需要通过调整情境来适应自己的情感状态①。情绪的情境依赖性指的是情绪的表达和体验会受到情境的影响。同一种情绪在不同的情境下可能会有不同的表达方式和体验感受。例如，在一个悲伤的场合中，人们会表达出哀伤和沉痛的情绪；而在一个喜庆的场合中，则会表达出快乐和兴奋的情绪。人际依赖性指的是情绪的表达和体验会受到人际关系的影响。人们在不同的社交情境下可能会表达不同的情绪。例如，人们可能会在亲密的关系中表达更多的情感和依恋情绪，而在陌生人面前则会表现出更多的自我保护和控制。

受情绪认知评价理论的影响，人工智能情感分析不再局限于简单地识别情感状态，而更加注重对情感事件中的情境、评价和行为意图等方面的分析。这是因为情绪认知评价理论认为，随着价值取向、基本认知或评价情境的变化，目标对象对同一情感事件的情感倾向、情感构成与行为意图也会发生变化②。因此，在进行情感分析时，需要综合考虑目标对象的个人经验、认知、价值判断等多个方面，如此才能准确地捕捉目标对象的情感状态及其背后的原因。继续以"这家餐厅的食物很棒，但服务不好"的评价为例，目标对象的情感倾向呈现多种变化趋势（见表7-1）。因此，将情感自我调节因素纳入情感分析模型中，可以增强模型的准确性和可解释性，从而更好地捕捉甚至预测动态化的人类情感表达③。

① Kajic, I., Schroder, T., Stewart, T. C., and Thagard, P. "The Semantic Pointer Theory of Emotion: Integrating Physiology, Appraisal, and Construction." *Cognitive Systems Research*, 2019, 58: 35-53.

② Wang, D., Cao, D. M., and Kiani, A. "How and When Can Job-Insecure Employees Prevent Psychological Distress against the COVID-19 Pandemic? The Role of Cognitive Appraisal and Reappraisal." *Current Psychology*, 2023, doi: 10.1007/s12144-023-04331-8.

③ Yih, J., Uusberg, A., Taxer, J. L., and Gross, J. J. "Better Together: A Unified Perspective on Appraisal and Emotion Regulation." *Cognition & Emotion*, 2019, 33 (1): 41-47.

表 7-1　多重复杂情感的演化分析

影响要素	假设	情感深度挖掘	行为意图	多维情感
情感转移	负面情感转移	虽然食物受到了好评，但是由于服务不好，顾客的负面情绪也被转移了过来，导致整体的评价下降	再次光顾该餐厅的可能性下降，可能会在社交媒体上发表负面评论	负面情感占主导，如愤怒、失望、无奈
价值判断	食物价值大于服务价值	对食物的味道、品质、种类等方面产生积极的情感体验	顾客可能会选择继续在这家餐厅就餐，但可能会对服务方面降低期望值，而对食物方面保持较高期望值	积极情感占主导，如愉悦、期待
认知倾向	虽然食物品质较高，但与价格不符	综合性价比低于预期	顾客可能不会再来这家餐厅，可能不会做出负面评价	情感偏中性，如基本满意、勉强
人际依赖	亲密同行者持不同的意见	根据亲密程度、相互评价的基础、互相认知的程度调整自我情感	可能会改变观点或保持沉默	自我调节：困惑、犹豫
情境依赖	今天是结婚纪念日	一方面，当事人可能会感到失望、沮丧或愤怒，因为他们对这个特殊时刻的期待没有得到满足；另一方面，当事人可能会尝试让自己保持积极和愉快的情绪，以充分享受这个特殊的庆祝活动	可能会保持沉默并决定接受服务不好的事实	自我调节：失望、沮丧、基本满意

注：笔者自制。

　　情感分析的一个关键功能是对网络社会情感进行合理的预测与引导。人工智能技术的应用逐步实现了基于社会舆论网络预测读者对新闻产生情感的过程[①]。更具体地说，人类可以通过计算机语言基于语义距离构建舆情网络。舆情网络是通过计算机语言处理技术构建的网络，其中包含了大量的文本数据，这些文本数据来自社交媒体、新闻报道、博客评

---

① Li, X. T., Peng, Q. K., Sun, Z., Chai, L., and Wang, Y. "Predicting Social Emotions from Readers' Perspective." *IEEE Transactions on Affective Computing*, 2019, 10（2）: 255-264.

论等。这些文本数据被分析和分类，以了解人们在不同事件、话题或产品方面的情感和态度。通过构建这种网络，可以清晰地看到情感在不同事件或话题中的分布和变化。这是数字化情感解析的过程。

在舆情网络中，情感词典是一个重要的工具。它是一个包含各种情感词语的词典，用于帮助计算机理解文本中的情感。情感词典中的词语被标记为正面、负面或中性，以便情感分析算法能够识别文本中的情感倾向。人工智能和自然语言处理技术使得情感分析成为可能。情感分析算法可以自动分析大量文本数据，识别其中的情感，并将其分类为积极、消极或中性。这有助于快速了解公众对某一话题或事件的情感倾向。

通过舆情网络和情感分析技术，可以预测公众对未来事件或产品的情感。例如，政府可以预测人们对政策变化的情感反应，企业可以预测人们对新产品的情感，媒体可以预测读者对不同新闻报道的情感。这样的预测可以帮助相关方制定更有针对性的策略和决策，以满足公众的需求或引导舆论。

情感分析的另一个关键功能是对人类情感进行回应，即情感生成。情感生成旨在根据给定的情感标签和语境，使用机器学习和自然语言处理技术，生成带有情感色彩的数据。情感生成通常使用生成式模型来实现，比如基于循环神经网络的模型，如长短时记忆网络和门控循环单元（GRU），以及基于变分自编码器的模型，如变分自编码器-生成对抗网络（VAE-GAN）。这些模型可以通过学习语言的语法、词语和上下文语境来生成符合给定情感的文本或音频①。

在情感分析中，人工智能将情感视为语言或符号，从而通过统计学和机器学习等方法进行分析。这也就突出了情感、语言、符号之间的紧密联系。符号学情感理论是一种基于符号系统的情感理论，它认为情感是符号系统的一部分，是由符号和符号系统的运作产生的，人们通过符号来表达和理解情感。一方面，符号是一种意义的载体，它可以是语言、图像、符号系统等。符号既是人类认知框架的基本图式，也是人类社会交往的基本形式。人们通过符号来交流思想、情感和经验，符号是情感

---

① 郑丽娟、王洪伟、郭恺强：《中文网络评论的情感分类：句子与段落的比较研究》，《情报学报》2013 年第 4 期，第 376~384 页。

表达和理解的基础。另一方面，符号不仅是表达情感的一种手段，而且还可以激发情感，使情感得以表达和共享①。情感作为人类的内在体验，是人们对符号所表达的意义的回应和体验。在所有的语言中都具有共同的规则和结构，语言是一种符号系统，人类社会的基本交往、情感表达和情感体验是基于符号的交流和表达方式产生的。

符号学情感理论进一步指出，情感的符号化过程表现为"情感生产者"和"情感接收者"之间的符号交互作用。情感生产者是指情感的发出者，情感接收者是指情感的接受者。该理论认为，情感生产者的情感可以通过符号传递给情感接收者，情感接收者可以通过感知、解释和情感共鸣等方式来理解和回应这些情感。具体来说，情感生产者在创造符号时，将其潜在的情感意义编码进符号中。这些符号可能是语言中的词语、图片或音乐中的音符等，它们会传递情感信息②。然后，情感接收者会通过观察、听取或阅读这些符号来感知情感信息，并进行解码。在这个过程中，情感接收者会依靠他们自己的经验、文化、社会和心理背景来理解这些符号所携带的情感信息③。这样，他们就可以理解情感生产者所要表达的情感。

网络技术性情感的生成也需要符号系统的参与，不仅需要对自然语言进行理解，还需要对符号系统进行理解，包括符号的产生、传递和解释，由符号建构的语境，以及情感的构建和共享④。通过构建情感词汇表（包含与情感相关的单词和短语）和情感知识库（包含与情感相关的概念、情境、事件等信息），人工智能可以根据输入文本的情感特征来生成对应的情感输出。假设一名用户在 Twitter 上发了一条状态："今天天气真是太好了，心情非常愉快！"人工智能可以通过对这个文本进行情感

---

① 张辉、杨琪：《从认知语言学到认知符号学》，《外语与外语教学》2022 年第 5 期，第 1~10 页。

② Fischer, B., and Herbert, C. "Emoji as Affective Symbols: Affective Judgments of Emoji, Emoticons, and Human Faces Varying in Emotional Content." *Frontiers in Psychology*, 2021, 12: 645173.

③ Van Kleef, G. A., and Cote, S. "The Social Effects of Emotions." *Annual Review of Psychology*, 2022, 73: 629-658.

④ Chwilla, D. J. "Context Effects in Language Comprehension: The Role of Emotional State and Attention on Semantic and Syntactic Processing." *Frontiers in Human Neuroscience*, 2022, 16: 1014547.

分析，发现这条状态表达的情感是愉快的/积极的。然后，人工智能可以生成一些与该情感相符的回复，例如："我也觉得今天天气特别好，真是让人心情愉悦！""看到你这么开心我也觉得很高兴！""我很喜欢你的态度，保持这份愉悦的心情！"通过这种方式，人工智能可以帮助用户更好地交流和沟通。因此，符号学情感理论的提出对人工智能情感分析提供了一个更加深入和全面的思考视角，可以帮助人工智能更好地理解和分析情感信息。

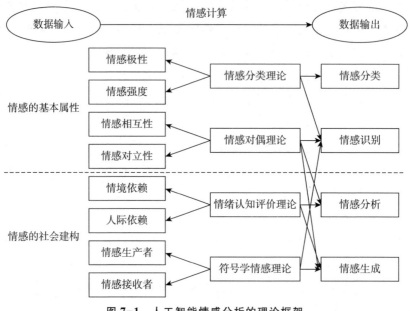

图 7-1　人工智能情感分析的理论框架

因此，情感分类理论、情感对偶理论、情绪认知评价理论和符号学情感理论是人工智能情感研究中的重要理论支撑。上述理论通过不同的角度和方法对情感进行分类、描述、解释和分析，从而形成了人工智能情感分析的理论分析框架。在情感分析中，人工智能依据这些理论，综合使用多种计算机方法和技术，尝试解析复杂的人类情感并给予情感化的互动回应。

在情感分析的理论框架中，情感分类理论的主要功能是提供一种对情感进行分类和描述的框架，以便更好地研究和理解情感的本质与特点。情感对偶理论则进一步揭示了情感的相互关系和对立性，从而帮助理解和预测情感状态的变化趋势。情绪认知评价理论的主要功能是强调情感与认知之间的关系，并提供一种理解情感形成的途径。情感的产生和表达是基于对外部和内部刺激的认知与评价，情感也可以影响认知与评价。因此，情绪认知评价理论可以用来解释情感的产生和变化。符号学情感理论则从表达与生成角度提供了一种理解情感表达和交流的途径，揭示了情感与语言和符号之间的关系，以便更好地理解和识别情感事件。综合这些理论，可以形成一个理论分析框架，用于对情感事件进行全面的分析。该框架可以帮助人工智能情感分析算法更加准确地识别、理解和预测情感状态，并更好地应用于各种实际场景中。

综上所述，网络技术性情感通过对情感的分类、识别、分析和生成，将情感信息以可捕捉的方式呈现在网络社会中。这一过程涉及自然语言处理、机器学习和数据挖掘等先进技术的应用，使得人类社会能够更好地理解和利用情感信息。尽管网络技术性情感在许多方面都产生了积极的影响，但也存在一些挑战和隐忧，如隐私问题、情感误判、算法偏见等。因此，网络社会需要建立适当的法律法规和伦理框架，以确保人工智能情感分析的正当和负责任（legitimate and responsible）的使用。

随着 ChatGPT 的兴起，关于生成式人工智能的话题被各个领域热议。生成式人工智能被设计用来理解和生成自然语言，可以回答各种问题、完成各种任务，并与人类进行对话交流。它的工作原理在于基于深度学习技术，使用大量的数据集进行训练，训练数据来自网络上的大量文本，如维基百科、新闻报道、书籍等，因此它可以处理各种不同的话题和不同领域的问题。在工作时，它会将输入的自然语言转换为数字化的向量，然后利用训练好的神经网络进行处理，最终生成输出答案或响应。它的神经网络的设计，能够使其根据输入自然语言的上下文和语义来理解与回答问题，因此它的回答和响应通常会尽可能地符合人类的直觉和逻辑。

生成式人工智能的出现标志着自然语言处理和智能对话技术的质的飞跃，促进了语言与文化的跨界融合，而未来社会也呈现人类与 AI 之间越来越复杂的社会互动[1]。然而，生成式人工智能也带来了诸多挑战。

---

[1] Shank, D.B., Graves, C., Gott, A., Gamez, P., and Rodriguez, S. "Feeling Our Way to Machine Minds: People's Emotions When Perceiving Mind in Artificial Intelligence." *Computers in Human Behavior*, 2019, 98: 256-266.

生成式人工智能究竟能否理解人类的情感？它是怎样理解人类情感的？在与用户的交互式对话中，生成式人工智能是否有情感基调，是否能够模拟人类的情感？而我们又该怎样理解人工智能与人类情感的关系？

生成式人工智能依据情感计算与情感理论，实现了情感分析。然而，它的结果具有准确性与客观性吗？情感既是客观性的，是被生物性和社会性建构的，还是主观性的、个体化的。同时，自然语言所蕴含的情感往往是多义性的，甚至是模糊的，并且相同语言在不同的情境和文化中，也代表着不同的含义。目前，生成式人工智能情感分析的准确性与客观性存在很大问题。

从目前的情况来看，生成式人工智能并不具备类人化情感能力。在当前技术条件下，生成式人工智能虽然能模拟人类的情感体验，但它只是基于纯粹技术算法的一些正确的预测和识别处理，而不能自主表达丰富的情感内容。生成式人工智能的情感分析，只是依据情感理论与算法的人工物，是基于智力原则的、程序化的"响应"[①]。计算机似乎只能使用已知的规则，来识别并提取有关文本情感内容的特征，而这种技术只能解决认知层面的问题。也就是说，生成式人工智能只能根据我们提出的量化参数，构建足够精确的模型，以判断文本的情绪色彩，从而进行反馈。故而，人工智能的情感表达具有一定的模式化特质与鲜明的逻辑性。人工智能无法从"心理"上理解情感的本质。

情感是由人类独特的生理结构、心理结构与社会结构共同作用的复杂产物。如果，人类能够量化情感在不同的情境中产生、变化、反馈的机制，并赋予生成式人工智能以相关的模型算法，或者生成式人工智能以自身强大的学习能力掌握了人类情感的奥秘，或许人工智能将真正具备情感能力。

---

① 阙玉叶：《人工智能实现完全意向性何以可能？——人机融合智能：未来人工智能发展方向》，《自然辩证法研究》2022年第9期，第55~61页。

第三部分

网络社会情感的主要类型及社会功能

网络社会情感是数字时代的产物，涵盖了各种情感表达和体验，从欢欣鼓舞到愤怒，从悲伤到令人不安的恐惧，几乎每一种情感都在网络上有其表达方式。这一丰富多彩的情感世界不仅是个体情感的反映，更是社会互动和动员的工具。不同类型的网络社会情感在社交媒体、论坛、博客和即时通信应用等平台上发挥着各自的功能，塑造着网络社会的情感氛围和社会动态。

　　本部分以社交媒体平台上的推文、评论、留言为数据源，利用双向长短期记忆网络识别出蕴含网络社会情感的文本，并对其中涉及的情感类别和情感极性进行分类与识别，梳理出网络喜悦情感、网络愤怒情感、网络悲伤情感与网络恐惧情感四种元情感。同时，运用虚拟人类学研究方法，分析网络社会情感所引发的社会现象，深入探讨网络社会情感的主要类型以及它们的功能，揭示它们对社会互动和舆论引导的重要性。

　　每一种情感都有其独特的角色，对社会互动和舆论引导产生不同的影响，既有积极的一面，也存在潜在的消极影响。了解这些影响有助于个体更好地应对网络社会情感，以及社会通过管理和引导这些情感以实现更积极的结果。

第八章　网络社会情感的分类及识别

本章基于国内外社会情感分类的相关研究，并以近年来中国网民在主要自媒体平台上面的评论为数据源，利用双向长短期记忆网络对网络文本中涉及的元情感进行了识别，这可以为不同类型的网络社会情感及案例研究确定研究样本。

第一节　网络社会情感的分类

达尔文是第一个从进化论的角度提出情感具有普遍性观点的人，他认为，人与灵长类动物的情感具有一致性，人类的元情感表达是在进化过程中生存行为倾向的残留。如人在愤怒时会有龇牙咧嘴的表情，就是原始威胁、攻击行为的残留。元情感，也被称为基本情感，是不可再分解的情感，既是人类的核心情感，也是其他情感的基础。而从神经科学的研究成果来看，人的元情感还是生物系统的一部分。大量研究表明，人类的元情感固化在人类神经系统之中。元情感之所以存在，是因为人的先验情感能力，即人的情感结构。虽然情感的表达与解释在跨民族、跨文化方面具有极强的差异性，但人类的元情感却是普遍一致的。

随着西方学界对情感研究的深入，情感社会学的发展十分迅速。许多学者从不同的视角出发，对人类的元情感做出了多种细致的分类，如Darwin 将情感分类为愉悦、欣悦、感情、恐惧、愤怒、惊讶、痛苦；Arnold 将情感分类为逃跑、战斗、防御、攻击；Osgood 将情感分类为愉悦、平静、欣悦、恐惧、焦虑、愤怒、悲伤、惊诧、厌恶、兴趣、期待、厌倦；Arieti 将情感分类为满意、恐惧、紧张、发火、不愉快、欲望；Lzard 将情感分类为享乐、恐惧、轻蔑、厌恶、羞愧、害羞、郁闷、内疚、兴趣；Seoufe 将情感分类为欣悦、恐惧、愤怒；Emde 将情感分类为愉悦、恐惧、愤怒、悲伤、惊奇、厌恶、羞愧、害羞、郁闷、内疚、兴趣；Scott 将情感分类为欣悦、爱、恐惧、愤怒、悲伤；Pultchlk 将情感分类为愉悦、恐惧、愤怒、悲伤、惊奇、厌恶、期望、接受；Gray 将情感分类为希望、爱、焦虑、愤怒、悲伤；Malatesta 将情感分类为愉悦、恐惧、愤怒、悲伤、兴趣、痛苦；Ekman 将情感分类为高兴、恐惧、愤怒、悲伤、惊奇、厌恶；Trevarthen 将情感分类为高兴、恐惧、愤怒、悲伤、接近、抑制；Kemper 将情感分类为满意、恐惧、愤怒、抑郁；Johnson 将情感分类为高兴、恐惧、愤怒、悲伤、厌恶；Turner 将情感分类为高兴、恐惧、愤怒、悲伤、惊奇[①]。

表 8-1　元情感的代表性观点

Darwin	Osgood	Emde	Johnson	Turner
愉悦	愉悦	愉悦	高兴	高兴
欣悦	欣悦			
感情	平静			
恐惧	恐惧	恐惧	恐惧	恐惧
	焦虑			
愤怒	愤怒	愤怒	愤怒	愤怒
	悲伤	悲伤	悲伤	悲伤
惊讶	惊诧	惊奇		惊奇
	厌恶	厌恶	厌恶	
		羞愧		
		害羞		
		郁闷		
		内疚		
	兴趣	兴趣		
	期待			
痛苦				
	厌倦			

---

① Turner, J. H. *On the Origins of Human Emotions：A Sociological Inquiry in the Evolution of Human Affect.* Stanford，CA：Stanford：Stanford University Press，2000：68-69.

从这些情感的分类可以看出，研究者们在情感分类时充分考虑了情感的生物属性与社会属性。虽然研究者们对有多少元情感、哪些是元情感存在分歧，但喜悦、愤怒、悲伤、恐惧是被普遍承认的，因此研究者们把它们作为人类的元情感。

社会学家特纳认为，人类有四种元情感，元情感的不同强度衍生了其他情感。他认为元情感有四种维度：满意-高兴、厌恶-恐惧、强硬-愤怒和失望-悲伤。这四种维度的元情感在一定条件下（受其他情感的影响）是可以产生不同变化的，包括低、中、高三种强度的变化，如表8-2所示。

表8-2　元情感的不同强度

元情感	低强度	中强度	高强度
满意-高兴	满意、满怀希望、平静、感激	雀跃、轻快、友好、和蔼可亲、享受	快乐、幸福、狂喜、喜悦、欢快、得意、欣喜、高兴
厌恶-恐惧	犹豫、勉强、羞愧	疑惧、颤抖、焦虑、神圣、惊恐、失去勇气、恐慌	恐怖、惊骇、深度恐惧
强硬-愤怒	苦恼、激动、动怒、恼火、不安、烦恼、怨恨、不满	冒犯、挫败、气急败坏、敌意、愤怒、憎恶、仇恨、生气	嫌恶、讨厌、厌恶、愤恨、轻视、火冒三丈、愤怒、狂怒、勃然大怒、义愤填膺
失望-悲伤	气馁、伤悲、感伤	沮丧、悲伤、伤心	悲痛、悲怜、悲苦、痛苦、悲哀、苦闷、闷闷不乐、垂头丧气

可以看出，其中最复杂的情感就是强硬-愤怒，一共衍生出26种不同的情感，其中低强度的情感包括8种：苦恼、激动、动怒、恼火、不安、烦恼、怨恨、不满；中强度的情感包括8种：冒犯、挫败、气急败坏、敌意、愤怒、憎恶、仇恨、生气；高强度的情感包括10种：嫌恶、讨厌、厌恶、愤恨、轻视、火冒三丈、愤怒、狂怒、勃然大怒、义愤填膺。事实上，这些情感，在研究网络社会情感时，是被着重关注的对象。

元情感作为意向性价值感受活动，构成了复合情感的基础。如高兴、愉悦、满意、欣喜、感激、得意是由喜悦衍生的情感，焦虑、痛苦、犹豫、羞愧、焦虑、惊恐是由恐惧衍生的情感，怨恨、不满、挫败、仇恨、憎恶、敌意是愤怒的复合情感，气馁、忧愁、悲怆、沮丧、悲哀、哀伤是悲伤的复合情感。因此，学界普遍认为，喜、怒、悲、恐这四种情感是人类的元情感。

普拉契克是第一位探讨元情感是如何混合的学者，并提出了情感调色盘理论。他认为，元情感就如颜色谱系中的原色一般，不同的元情感相混合会产生新的复合情感。复合情感是由人的元情感相混合而生成的复杂情感，其表达和使用也如元情感一样具有普遍性，是通过复杂的认知与神经系统的联合作用而形成的。他认为元情感主要包括悲伤、厌恶、期望、愤怒、高兴、接受、惊奇、恐惧8种类型。他把元情感比喻为"原色轮"，将情感排列成圆形对理论模式给予了说明，认为情感排列在90度之内的，是此类元情感的相似形式；在90~180度是不同类型的元情感。相邻的两个元情感相混合就能够形成新的情感，他将其称为复合情感。如期望+愤怒=复仇，愤怒+高兴=自豪，高兴+接受=爱和友好，接受+惊奇=好奇。普拉契克的情感模型如图8-1所示。

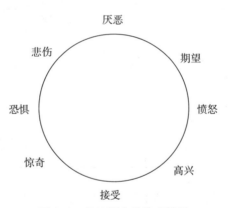

图8-1　普拉契克的情感模型

特纳沿用普拉契克的观点，提出了复合情感的概念，认为基本情感相混合会形成更加复杂的情感。但是他认为情感不像"原色轮"那样简单有序，这种复杂的复合情感的产生依靠的是大脑和身体系统的同步激活。由此，特纳对复合情感进行了区分和总结，见表8-3。

表 8-3 复合情感的基本解释

基本情感	复合情感、优先解释
满意-高兴	
满意-高兴+厌恶-恐惧	探究、希望、痛苦减轻、感激、自豪、崇敬
满意-高兴+强硬-愤怒	复仇、平息、平静、喜好、得意、发呆
满意-高兴+失望-悲伤	怀旧、渴望、希望
厌恶-恐惧	
厌恶-恐惧+满意-高兴	敬畏、崇敬、崇拜
厌恶-恐惧+强硬-愤怒	强烈厌恶、憎恶、敌对、不喜欢、妒忌
厌恶-恐惧+失望-悲伤	畏惧、谨慎
强硬-愤怒	
强硬-愤怒+满意-高兴	谦虚、平息、粗暴、安抚、正义
强硬-愤怒+厌恶-恐惧	憎恶、妒忌、猜忌
强硬-愤怒+失望-悲伤	辛酸、抑郁、背叛
失望-悲伤	
失望-悲伤+满意-高兴	接受、郁闷、安慰、忧郁
失望-悲伤+厌恶-恐惧	悔恨、凄凉、懊悔、悲怆
失望-悲伤+强硬-愤怒	不平、不满、不能实现、厌倦、忧伤、羡慕、愠怒

　　以上所呈现的是每两种基本情感混合后的结果，后者情感相当于底色，随着前者情感混入的比例增多，会产生不同的结果。以表 8-3 所示的满意-高兴与失望-悲伤两种基本情感的混合为例，失望-悲伤是情感底色，随着满意-高兴的增多，复合情感由怀旧变为渴望，最后变为希望。复合情感并不是先验的，它是由元情感建构起来的一种情感认知模式，其本质是人的自我意识及在自我意识参与下的情感叙述。换言之，复合情感是情感先验与情感经验相结合的结果，是人脑对情感文化处理结果的反应[①]。复合情感更具有跨文化差异和社会建构的特征。基本情感与另一种基本情感的混合，会产生一种新的复合情感。对于情感的组合顺序而言，前者在复合情感中占有的比例偏大，而后者在复合情感中

---

① 谭光辉：《情感先验与情感经验的本质与互动机制》，《南京社会科学》2017 年第 6 期，第 22~28 页。

占有的比例偏小。

综上所述，在人类喜、怒、悲、恐四种基本情感中，负性情感占三个。就一般认知而言，人们倾向于肯定积极情感，同时否定消极情感。心理学的研究表明，正面情感偏向于对主观世界的探索，而负面情感则相反，在负面情感的影响下，人们会追求更多的外在的信息与细节[①]。因此，在人际关系的感知、信息的传递等方面，偏消极的情感具有更高的效能[②]。

但这并不意味着消极情感与积极情感在功能上存在一方绝对强于另一方的情况。事实上，负性情感并不有利于把人们联结在一起，而自然选择对这一问题的解决，便是通过把负性情感与高兴这一情感联结起来，从而生成有助于社会联系的情感。如感激、自豪、崇敬、困惑、怀旧等情感都能促进社会联系。当然，也会出现一些危险的情感，如复仇、憎恨等，这些情感能够导致暴力行为，破坏社会联系。与愤怒相关联的情感包括不满、怨恨、粗蛮、憎恶、厌恶、困惑、悲怆、悔恨、敌对、心酸、妒忌、猜疑、抑郁、背叛、得意、正义等。在社会现实中，人们往往不会处于单一的情感状态之中。这些混合的情感，有的能够促进人与人、人与社会之间的联系，有的则会破坏人与人、人与社会之间的联系，也可被用于惩罚那些破坏社会秩序与道德秩序的人。因此，要建立更加密切的社会联系，就要提高正性情感在复合情感中所占的比例。

表 8-4　从基本情感到复合情感

基本情感		复合情感
高兴		
高兴+恐惧	→	惊奇、感激、希望
高兴+愤怒	→	复仇、得意、困惑
高兴+悲伤	→	怀旧、渴望、希望

---

① 王翠玲、邵志芳：《国外关于情绪与记忆的理论与实验研究综述》，《心理科学》2004年第 3 期，第 691~693 页。

② Forgas, J. P. "When Sad is Better than Happy: Negative Affect Can Improve the Quality and Effectiveness of Persuasive Messages and Social Influence Strategies." *Journal of Experimental Social Psychology*, 2007, 43 (4): 513-528.

基本情感		复合情感
愤怒		
愤怒+高兴	→	粗蛮、安抚、正义
愤怒+恐惧	→	憎恶、嫉妒、猜疑
愤怒+悲伤	→	心酸、抑郁、背叛
悲伤		
悲伤+高兴	→	接受、郁闷、安慰
悲伤+恐惧	→	悔恨、凄凉、悲怆
悲伤+愤怒	→	不满、厌倦、羡慕
恐惧		
恐惧+高兴	→	敬畏、崇敬、崇拜
恐惧+愤怒	→	憎恶、敌对、妒忌
恐惧+悲伤	→	畏惧、谨慎、逃避

　　表8-4呈现了四种基本情感相混合的结果。如当愤怒在复合情感中占比较少时，其与高兴相混合，会出现复仇、得意、困惑的复合情感；与悲伤相混合，会出现不满、厌倦、羡慕的复合情感；与恐惧相混合，会出现憎恶、敌对、妒忌的复合情感。

　　而当愤怒在复合情感中占比较多时，其与高兴相混合，会出现粗蛮、安抚、正义的复合情感；与悲伤相混合，会出现心酸、抑郁、背叛的复合情感；与恐惧相混合，会出现憎恶、嫉妒、猜疑的复合情感。

　　因此，愤怒会产生多种情感，如复仇、得意、困惑、憎恶、敌对、妒忌、粗蛮、安抚、正义、心酸、抑郁、背叛、憎恶、嫉妒、猜疑等。

　　网络社会情感的分类，主要基于人类基本情感喜、怒、悲、恐而进行。在计算机科学领域，主要通过建构词典、优化模型、特征分析等方式来增强网络社会情感分类的准确性。而其实际应用，则主要通过对网民的情感分类，来了解网民的情感反应、行为认知、事件等因素之间的关系，并以此提出情感监测或情感疏导的策略。

　　事实上，人类的情感类别极其复杂。在对网民情感的分类研究中，有学者将网民情感分为正面情感、负面情感、无明显情感三类，有的学者将网民情感分为愤怒、讽刺、失望、同情、不信任、理性，还有的学者将网民情感分为同意、反对、中立、摇摆、谩骂、挑衅、否定等类型。但研究的主流还是集中于识别情感的极性与情感的基本类型。识别情感的极性，也就是区分出正性的情感、中性的情感、负性的情感；而情感类型的识别，基本局限于识别出人类的最基本情感：喜、怒、悲、恐。

在网络社会情感的分类研究中，有学者将网络社会情感分为正面情感、负面情感、无明显情感三类①，有的学者将网络社会情感分为愤怒、讽刺、失望、同情、不信任、理性②，还有的学者将网络社会情感分为同意、反对、中立、摇摆、谩骂、挑衅、否定等类型③。

因此，网络社会情感既有积极的，又有消极的④；既有单一的，也有复合的⑤。以喜悦、愤怒、悲伤、恐惧为代表的基本情感往往会成为网络社会情感的代表⑥。

喜悦情感是由积极情感主导的社会情感。积极情感可以减轻压力、减少焦虑，增强个人的心理韧性，促进情绪的稳定和强化积极的情感体验，加强社交互动和积极的社会联系。当人们感到快乐和满足时，他们更愿意与他人分享这种喜悦，增进社会关系，增强社会凝聚力和归属感。在快乐的状态下，人们更加开放和积极地探索新的想法与解决方案。这有助于营造积极向上的社会情感氛围，促进社会的健康和谐发展。

愤怒情感的生成一般与情绪宣泄、维护共识、权利诉求等群体性抗争相关联，因而具有破坏性与建设性双重属性。一方面，愤怒情感会导致网络暴力。另一方面，愤怒情感在社会运动和抗议中常常起到推动变

---

① 刘丛、谢耘耕、万旋傲：《微博情绪与微博传播力的关系研究——基于 24 起公共事件相关微博的实证分析》，《新闻与传播研究》2015 年第 9 期，第 92~106 页。

② 唐超：《网络情绪演进的实证研究》，《情报杂志》2012 年第 10 期，第 48~52 页。

③ Sobkowicz, P., and Sobkowicz, A. *Two-Year Study of Emotion and Communication Patterns in a Highly Polarized Political Discussion Forum*. Thousand Daks, CA：Sage Publications, Inc. 2012：85-120.

④ Goodwin, J., and Jasper, J. M. *Passionate Politics：Emotions and Social Movements*. Chicago：The University of Chicago Press, 2008.

⑤ Castells, M. *Networks of Outrage and Hope：Social Movements in the Internet Age*. Cambridge：Polity Press, 2012; Jasper, J. M. "The Emotions of Protest：Affective and Reactive Emotions in and around Social Movements." *Sociological Forum*, 1998, 13 (3)：397-424; Marcus, G. E. *Affective Intelligence and Political Judgment*. Chicago：University of Chicago Press, 2000.

⑥ 郭小安：《社会抗争中理性与情感的选择方式及动员效果——基于十年 120 起事件的统计分析（2007-2016）》，《国际新闻界》2017 年第 11 期，第 107~125 页。

革的作用，但过度的愤怒情感可能导致人们陷入情绪泥潭，无法理性地思考和解决问题。合理地表达和倾听愤怒情感，寻求建设性解决方案，可以将愤怒情感的破坏性转化为建设性，促进社会的和谐与进步。同时，社会也需要重视并解决引起愤怒情感的根本问题，以避免持续的社会紧张和冲突。

悲伤情感是一种具有持续发酵性的元情感，而社交网络放大了悲伤情感的这一属性。当一个人分享了自己的悲伤经历，其他人的回应和共鸣可能会加剧这种悲伤情感，或受到媒体报道的影响，使其得到持续发酵。通过悲情化的情感叙述[1]，创造一个共同的情感基础，来获得同情与支持，因此悲情动员代表了弱势群体的情感文化，往往与解决社会不平等问题和赋予边缘群体权利有关[2]。悲伤情感可以帮助个人更好地处理失去和挫折问题，并促使他们对自身和生活进行深入的反思。通过经历悲伤，人们可能更好地理解自己的感受和需要，从而实现自我认知和心理整合。但长期的悲伤情感可能会影响心理健康，导致抑郁和情绪失调；集体或广泛传播的悲伤情感可能会给社会带来负面影响，影响社会的和谐与稳定。

恐惧情感是应对社会危机而自然形成的社会情感。社会危机包括各种形式的威胁和不确定性，例如自然灾害、恐怖袭击、经济衰退等。这些危机可能引发人们内心的恐惧情感，这是一种自我保护和警觉的反映。尽管恐惧情感是人们面对社会危机时的一种自然反应，但它可能对个人和社会产生负面影响。过度的恐惧情感可能导致恐慌、无法理性思考和决策，甚至可能导致群体行为的混乱。

如果社会情感主要由积极的元情感（如喜悦、爱、希望）主导，将会有助于促进社会成员之间的联系和凝聚，增强社会的凝聚力和归属感，促进社会合作和共赢，发扬社会的互助精神。相反，如果社会情感主要由消极的元情感（如愤怒、悲伤、恐惧）主导，可能会导致社会紧张和敌对，导致群体之间的隔阂和分裂，加剧社会冲突和对立。有趣的是，

---

① 王金红、黄振辉：《中国弱势群体的悲情抗争及其理论解释——以农民集体下跪事件为重点的实证分析》，《中山大学学报》（社会科学版）2012年第1期，第152~164页。

② 杨国斌：《悲情与戏谑：网络事件中的情感动员》，《传播与社会学刊》（香港）2009年第9期，第39~66页。

社会情感的属性与社会治理效能并非呈现绝对的对应关系。过度的积极情感可能导致人们产生不切实际的想法，过分高估事物的好处，忽视潜在的风险和问题，甚至进行自我欺骗、专注于以自我为中心的情感，不愿接受自己或他人的负面情感，从而无法有效地处理情绪问题。而适当的消极情感可以使人们更加警觉和谨慎，从而增强自我保护意识，引起人们对社会问题和不公正现象的关注，还可以使人们更好地理解他人的困境和感受。

第二节　网络社会情感的识别

人们在社交媒体平台上用语随意，文字与表情符号混杂使用，这样的网络文本与传统的结构化文本的数据形式截然不同。这些数据格式不一，因此在进行网络社会情感识别之前，需要对网络文本进行预处理。预处理的过程，便是将网络文本变成定格式的数据。只有去除文本中存在的噪声（特殊符号等），才能方便深度学习模型进行处理。这就要移除掉文本中的链接、位置、昵称等信息。同时，由于人们在社交媒体平台上存在大量的直接转发却不发表评论的行为，还需要删除仅转发的选项。对于给定的微博语料，本研究去除了基本的停用词，然后移除微博中无关的"hashtag""回复"等成分。

在自然语言处理领域，通常将词作为最小的语义单元进行处理。本研究使用哈尔滨工业大学语言技术平台分词工具进行了分词处理。

本研究使用了一个基于微博语料和 word2vec 技术训练出来的 100 维微博词向量，将第一步分词后的语料中的每一个词，替换成词向量中的 100 维向量。如果评论中存在词向量列表以外的词，则将该词的使用统一由未知词向量来代替。

近年来，深度学习技术在文本分类、问答、对话等自然语言处理任务上取得了巨大的成功。深度学习与机器学习的不同之处在于特征工程的处理方式，机器学习的特征工程要通过人工的模式去选择特征，这种特征工程既耗时又耗力。而深度学习则是机器自己从输入的数据中，学习能够使模型效果较好的特征表示方式。深度学习比机器学习用更长的时间去处理更复杂的参数与数据。常见的深度学习算法有深度信念网络、深度神经网络、卷积神经网络和循环神经网络以及一些神经网络的变体。

进行网络社会情感分类使用的是循环神经网络的变体——长短项记忆循环神经网络（long short term memory RNN，以下简称 LSTM）。

LSTM 被专门设计用来建模输入句子中的长距离依赖信息，它在普通的循环神经网络基础之上加入了门控制单元和细胞单元，用来控制信息的读取和记忆，解决了语义的长距离依赖问题，避免了普通循环神经网络存在的梯度消失和梯度爆炸问题，如图 8-2 所示。

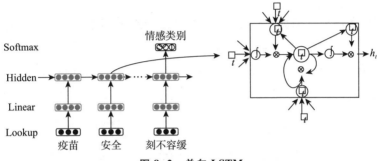

图 8-2 单向 LSTM

LSTM 中的隐含层与普通循环神经网络不同，它采用记忆块的结构。它的记忆块由输入门 i、输出门 o、遗忘门 f 和记忆细胞 c 四个部分组成。其中，记忆细胞部分是专门用来存储信息的，以便记忆上下文长距离依赖；输入门用来决定我们需要将哪些信息存入网络中，控制流入神经元的输入信号流；输出门则用来决定输出哪些信息，控制神经元对其他神经元的影响；遗忘门用来决定丢掉哪些信息，通过自链接允许神经元动态重置当前状态。下面式（8-1）至式（8-5）具体描述了在时刻 t 记忆块的更新方式：

$$i_t = \sigma\left(U_i h_{t-1} + V_i x_t + C_i C_{t-1} + b_i\right) \tag{8-1}$$

$$f_t = \sigma\left(U_f h_{t-1} + V_f x_t + C_f C_{t-1} + b_f\right) \tag{8-2}$$

$$c_t = i_t \odot g\left(U_c h_{t-1} + V_c x_t + b_c\right) + f_t \odot c_{t-1} \tag{8-3}$$

$$o_t = \sigma\left(U_o h_{t-1} + V_o x_t + C_o C_{t-1} + b_o\right) \tag{8-4}$$

$$h_t = o_t \odot h\left(c_t\right) \tag{8-5}$$

式（8-1）至式（8-5）中，U_i、U_f、U_c 是两个连续隐含层之间的权重矩阵，b_i、b_f、b_c 是与之相关的偏置向量，V_i、V_f、V_c、V_o 分别是输入门、遗忘门、记忆细胞、输出门作用在输入 x_t 上的权重矩阵，C_i、C_f、C_o 分别是输入门、遗忘门、输出门作用在 C_{t-1} 上的权重函数。这里门函数 g 选择 sigmoid 激活函数，细胞输入输出采用 tanh 激活函数。⊙代表海德玛德乘积，即两个向量之间的逐项乘积。i、f、o、c 分别是输入门、遗忘门、输出门、记忆细胞的激活函数，通常采用 tanh 激活函数。通常使用分批的或者完整的误差反向传播（back propagation，BP）对 LSTM 进行训练。

可以看出，LSTM 只能获得上文信息，无法获得下文的信息。而在很多时候，下文信息对判断单词的标签至关重要。为了从上文和下文都能得到长距离依赖信息，本研究采用了双向的 LSTM，通过在 LSTM 的隐含层设置双向链接将 LSTM 由单向网络扩展为双向结构，如图 8-3 所示。

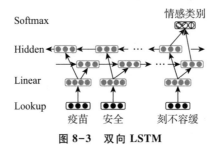

图 8-3　双向 LSTM

设双向 LSTM 的前向隐含层输出为 $\overrightarrow{h_t}$，反向的隐含层输出为 $\overleftarrow{h_t}$，则新的隐含层输出 $h_t = [\overrightarrow{h_t}, \overleftarrow{h_t}]$。最后，将网络的向量输出送入 softmax 层做情感分类，如式（8-6）所示。

$$softmax \leftarrow P(y_t = k \mid s, \theta) = \frac{\exp(W_k^t h_t)}{\sum_{k=1}^{k} \exp(W_k^t h_t)} \tag{8-6}$$

其中，s 是句子中的每一个词，θ 是网络参数集合，W_k^t 表示隐含层到输出层的权重。我们通过最小化训练数据的负对数似然（NLL）来训练模型。对给定的句子 S，它的负对数似然为：

$$J(\theta) = \sum_{t=1}^{T} \sum_{k=1}^{K} y_{tk} \log P(y_t = k \mid s, \theta) \tag{8-7}$$

其中 J 是交叉熵损失函数，y_{tk} 是指示变量。若 $y_t = k$，则 $y_{tk} = 1$，否则

$y_{tk}=0$。训练的目标是最小化模型预测结果和真实结果之间的交叉熵。

训练数据是基于 NLPCC2014 国际评测的中文微博文本情绪分析评测数据。在实验中，在大规模微博语料上训练出一个 100 维的词向量，作为模型中词的特征。对于双向 LSTM，设置其隐含层大小为 256，网络的学习率为 0.0001，dropout 比率设置为 0.5，每 64 个句子作为一个处理单元进行分类。将微博句子最大长度设置为 50，并对超过的部分进行截断处理。对整个模型训练 100 轮，保留在开发集上结果最好的模型来对网络社会情感进行分类。据此，可以识别出主要的网络社会情感，即网络喜悦情感、网络愤怒情感、网络悲伤情感、网络恐惧情感。

第九章　网络喜悦情感

　　喜悦是基本情感中唯一的正向情感，也是人类用尽手段所追求的目的。人们在生活中追求着喜悦，以及喜悦为我们带来的感受和体验。即使是苦行僧或刻意追求体验痛苦的人，我们也相信这种情感是能给他带来快乐或安慰的。不可否认，趋乐避苦是生命的天性。喜悦及喜悦情感的力量，给人类和人类社会带来希望。网络喜悦情感有促进亲社会行为产生的社会功能，能给人们带来快乐、满足、荣誉、安慰。但同时，过度的网络喜悦情感，会使喜悦情感发生异化，出现如网络攀比、娱乐至死和消费狂欢等不良的社会现象。

第一节　喜悦与网络喜悦情感

　　喜悦常常被视为快乐、幸福。而与喜悦相对立的情感则是痛苦。追求愉悦和避免痛苦是人类的本能，趋乐避苦常常作为一种道德原则，强调个体在行为和决策中追求快乐、愉悦和幸福，同时避免痛苦和不快。因此，在伦理层面，这意味着个体应该致力于采取行动和做出决策，以最大限度地提高自己和他人的幸福感，并尽量减少痛苦的发生。

　　古希腊哲学家伊壁鸠鲁主张，追求快乐和幸福是人生的最高目标。他认为，喜悦是一种使内心愉悦的情感，是快乐的一部分；快乐是最大的善，而痛苦是最大的恶，要通过避免痛苦和追求简朴、愉悦的生活来达到快乐。柏拉图认为，真正的喜悦来源于理性的支配，通过追求智慧和道德，可以实现灵魂的协调和和谐。亚里士多德认为，幸福是人生的最高目标，而幸福是通过追求德行和道德的生活方式来实现的。他将喜悦视为一种道德行为的结果，即通过正确的行动和充实的生活来获得内心的满足与愉悦。斯多葛学派（the Stoics）强调理智和道德是持久的喜悦的基础，而感官的愉悦是短暂和脆弱的，喜悦不应该仅仅依赖于外部事物，而应该通过培养内心的德行和智慧来实现。

中世纪哲学家强调人类与神性的关系，认为喜悦可以通过与上帝的合一、道德行为和合理的方式来实现。在中世纪的宗教背景下，喜悦往往被视为一种指向神性的体验，而且与个体的道德和精神发展密切相关。

现代哲学家对喜悦这种情感的看法也是多样的，受到不同的哲学流派和思想影响。存在主义在探讨人类存在的孤独和绝望时，将喜悦看作是对困境的一种积极回应。功利主义强调追求最大限度的幸福和快乐，认为行为的价值取决于其带来的幸福程度。在这种观点下，喜悦被视为最终的目标，人们的行为应该追求实现最大限度的喜悦，而避免痛苦。哲学心理学派更加关注情感和心理状态的本质，探究喜悦在人类意识和情感体验中的作用，以及它如何与其他情感相互作用。社会学家则关注喜悦在不同文化背景下的意义和表达方式，以及它如何受到社会和文化因素的影响。

这些观点反映了喜悦在不同哲学思想和文化背景下的多样性。无论是关注社会正义、个体存在、幸福追求，还是探讨情感和文化差异，喜悦在当代社会科学中仍然是一个丰富而复杂的主题。

实证科学研究深入探讨了喜悦情感及其对个体和社会的影响。从生命的早期开始，积极情绪表达在人际互动中发挥着重要作用，甚至影响着爱的形成。研究发现，婴儿和照顾者之间的积极情感交流有助于建立联系，最终培养深厚的亲情关系[1]。

儿童与成年人的情感表达都受到相似的规律影响。而人们更倾向于通过面部表情、语气、言语、肢体动作等多方面来展示自己的喜悦情感。以 120 名年龄在 7~9 岁的儿童为研究对象，卡斯特罗等学者通过拍摄记录了他们与母亲在讨论时的场景，并对对话进行了情节划分，从中评估了儿童的情绪表现。结果显示，儿童在快乐的情节中比在非快乐的情节中出现了更多的快乐面部表情。特别是在快乐和惊喜的情节中，儿童更多的快乐和惊喜表情。然而，在情节与快乐不相符的情况下，儿童会出现更多的愤怒、恐惧和悲伤的表情；而在相符的情节

---

① Shiota, M. N., Campos, B., Keltner, D., and Hertenstien, M. J. "Positive Emotion and the Regulation of Interpersonal Relationships." pp. 127-155 in P. Philippot and R. S. Feldman (eds.). *The Regulation of Emotion*, Mahwah, NJ: Erlbaum, 2004.

中，这些表情相对较少①。这表明在社会交往互动中，存在着一种普遍的本能，即展露积极情绪，而隐藏消极情绪。

随着人们的成长，积极情感的表达在浪漫关系的发展和维持中发挥着重要作用②。研究表明，积极情感的分享，比如讨论积极事件，能够促进伴侣之间的情感联系，增强彼此的幸福感和满足感。这种情感分享被称为"资本化"，它在夯实关系基础、加强情感联系方面扮演着重要角色③。

在初次相识阶段，积极情感表达具有重要意义。研究者发现，在大学年鉴照片中表现出更多积极情感的女性在日后拥有更为积极的生活，包括更强的幸福感、更强的归属感和更低的消极情绪。这表明积极情感在初次社交互动中具有强大的影响力，有助于形成积极的印象和互动④。

实证研究还揭示了积极情感对个体健康和社会互动的积极效应。在个人层面，积极情感的表达与心血管健康相关，能够促进人们从负面情绪中得到恢复⑤。同时，不表达积极情感可能导致心理健康问题，如抑郁症状的加重和幸福感的降低⑥。

积极情感也在社交互动中起到促进作用。在合作背景下，积极情感的表达能够缓解持异议成员的担忧，减轻其顺从的压力，促进合作

---

① Castro, V. L., Camras, L. A., Halberstadt, A. G., and Shuster, M. "Children's Prototypic Facial Expressions During Emotion-Eliciting Conversations With Their Mothers." *Emotion*, 2018, 18 (2): 260-276.

② Shiota, M. N., Keltner, D., and John, O. P. "Positive Emotion Dispositions Differentially Associated with Big Five Personality and Attachment Style." *The Journal of Positive Psychology*, 2006, 1: 61-71.

③ Gable, S. L., Reis, H. T., Impett, E. A., and Asher, E. R. "What Do You Do When Things Go Right? The Intrapersonal and Interpersonal Benefits of Sharing Positive Events." *Journal of Personality and Social Psychology*, 2004, 87: 228-245.

④ Harker, L., and Keltner, D. "Expressions of Positive Emotion in Women's College Yearbook Pictures and Their Relationship to Personality and Life Outcomes across Adulthood." *Journal of Personality and Social Psychology*, 2001, 80: 112-124.

⑤ Fredrickson, B. L., and Levenson, R. W. "Positive Emotions Speed Recovery from the Cardiovascular Sequelae of Negative Emotions." *Cognition & Emotion*, 1998, 12 (2): 191-220.

⑥ Mauss, I. B., Shallcross, A. J., Troy, A. S., John, O. P., Ferrer, E., Wilhelm, F. H., and Gross, J. J. "Don't Hide Your Happiness! Positive Emotion Dissociation, Social Connectedness, and Psychological Functioning." *Journal of Personality and Social Psychology*, 2011, 100: 738-748.

氛围的形成①。在亲密关系中，对伙伴的积极情感表达有助于增强亲密感、舒适感以及对关系强度和质量的感知②。当寻求帮助时，如果帮助是合理的，表达积极的情感比表达愤怒更能得到支持③。通过共同的快乐和笑声，喜悦是对内在群体积极的自我理解。激励的力量与充满希望的精神有利于情感记忆的形成④。因此，表达积极情感通常被认为是一种社会归属的信号，而微笑等表达快乐的表情、符号也被视为在向外界释放亲和信号⑤。

工作场所会受到积极情感的影响。研究表明，最初表现出更多积极情感的员工在未来会得到上级领导更多的认可和支持⑥。积极情感有助于建立内在群体的积极自我认知，从而促进团队合作和工作效率的提升⑦。研究发现，在合作（相对于竞争）背景下，表达快乐的多数群体成员倾向于让持异议的群体成员放心，并减轻其顺从的压力⑧。

---

① Heerdink, M. W. , van Kleef, G. A. , Homan, A. C. , and Fischer, A. H. "On the Social Influence of Emotions in Groups: Interpersonal Effects of Anger and Happiness on Conformity Versus Deviance. " *Journal of Personality and Social Psychology*, 2013, 105: 262-284.

② Algoe, S. B. , Fredrickson, B. L. , and Gable, S. L. "The Social Functions of the Emotion of Gratitude Via Expression. " *Emotion*, 2013, 13 (4): 605 - 609; Lambert, N. M. , Clark, M. S. , Durtschi, J. , Fincham, F. D. , and Graham, S. M. "Benefits of Expressing Gratitude: Expressing Gratitude to a Partner Changes One's View of the Relationship. " *Psychological Science*, 2010, 21 (4): 574-580; Lambert, N. M. , and Fincham, F. D. "Expressing Gratitude to a Partner Leads to More Relationship Maintenance Behavior. " *Emotion*, 2011, 11 (1): 52-60.

③ Hareli, S. , Harush, R. , Suleiman, R. , Cossette, M. , Bergeron, S. , Lavoie, V. , and Hess, U. "When Scowling May Be a Good Thing: The Influence of Anger Expressions on Credibility. " *European Journal of Social Psychology*, 2009, 39: 631-638.

④ Katriel, T. "Memory to Action. " *Journal of International and Intercultural Communication*, 2016, 9 (3): 264-267.

⑤ Fridlund, A. J. "Sociality of Solitary Smiling: Potentiation by an Implicit Audience. " *Journal of Personality and Social Psychology*, 1991, 60: 229-240; Matsumoto, D. , Yoo, S. H. , Hirayama, S. , and Petrova, G. "Development and Validation of a Measure of Display Rule Knowledge: The Display Rule Assessment Inventory. " *Emotion*, 2005, 5: 23-40.

⑥ Staw, B. M. , Sutton, R. I. , and Pelled, L. H. "Employee Positive Emotion and Favorable Outcomes at the Workplace. " *Organization Science*, 1994, 5 (1): 51-71.

⑦ Sakki, I. , and Martikainen, J. "Mobilizing Collective Hatred through Humour: Affective-Discursive Production and Reception of Populist Rhetoric. " *British Journal of Social Psychology*, 2021, 60 (2): 610-634.

⑧ Gruber, J. , Mauss, I. B. , and Tamir, M. "A Dark Side of Happiness? How, When, and Why Happiness Is not Always Good. " *Perspectives on Psychological Science*, 2011, 6: 222-233.

喜悦的影响力常常体现在情感劳动、社会控制以及社会对比效益等方面。在服务行业如客服、销售、护理等领域，员工通常需要展现积极的情感，以提供更优质的客户体验①。这种情感劳动要求员工在工作场合展现积极情感，不论他们内心是否真正感受到了愉悦。类似地，政府、媒体和广告公司等经常利用积极情感来引导公众的行为②。

因此，喜悦情感与快乐、愉快的经历，有意义的工作、关系和对象有关。所以说喜悦情感是"所有关于与他人的连接"的多维现象③。有情绪科学方面的研究发现，喜悦情感作为一种情感的评价结构仍然是模糊的，喜悦情感在扩散的过程中既可能导致积极的又可能导致消极的情绪演进（the positive and negative affect schedule extended）④。

网络喜悦情感指的是在网络空间中产生的一种积极、愉悦的情感体验。它是指在网络社交平台、社交媒体、在线社区等网络环境中，个人或群体因获得或分享某些令人高兴、愉快的信息、经历或内容而感受到的愉悦情绪。

网络喜悦情感的形成可能有多个方面的原因，例如正面的社交互动，愉快的内容分享，获得一定的声誉、粉丝或赞誉，观看有趣的视频、搞笑图片或阅读幽默文章，了解到一些鼓舞人心的新闻、感人的故事或正能量的信息。

网络喜悦情感在网络社交中起到重要的积极作用，它有助于增强个人的心理幸福感和社交满足感，同时有助于增强社交网络的凝聚力并营造积极的氛围。然而，需要注意的是，在网络空间中，也可能存在虚假信息、炒作和追求虚荣的情况，因此在体验网络喜悦情感时，要保持理性和警惕。

网络喜悦情感在潜移默化之中形塑着人们的参与行为。从参与总量

---

① Lordon, F. La société des affects. Pour un structuralisme des passions. Paris：Seuil, 2013.

② Harding, J., and Pribram, E. D. (eds.) *Emotions：A Cultural Studies Reader.* London；New York：Routledge, 2009.

③ Vaillant, G. E. *Spiritual Evolution：How We Are Wired for Faith，Hope，and Love.* New York, NY：Broadway Books, 2008：124.

④ Clore, G., and Ortony, A. "Appraisal Theories：How Cognition Shapes Affect into Emotion." pp. 628-639 in M. Lewis, J. Haviland-Jones, and L. Feldman Barrett (eds.). *Handbook of E-motions.* NewYork, NY：Guilford, 2008.

来看，网络喜悦情感具有广泛而多样的参与形式，包括表达支持（赞成/跟随/静观其变）的简单行径、内容生产与创造加工、线上社群空间活动、更大范围的群体狂欢（network carnival）等。从参与性质来看，网络喜悦情感的持续酝酿会出现不同的分支现象，既存在社会参与蓬勃发展、热情持续高涨的迹象，也有陷入群体盲从的风险。

首先，网络喜悦情感为"自我赋权"提供了新的途径①。人们会为了追求"点赞、评论加转发"与越来越庞大的关注者讲述自身的观点与经历。在对外表达与互动的过程中，公众会逐渐习得越来越娴熟的沟通技能、故事述说能力、媒体化的内容呈现技术（图片编辑、视频制作、音乐剪辑、配音等）。同时，越加自由的公共空间亦进一步释放了公众参与的潜能，公众探讨的话题从个体化的生活维度逐渐拓展到涵盖政治、经济、文化范畴的社会议题。譬如，原本关注婆媳关系、婚姻关系的群体会自我发展，延伸至对女性权利、平等就业、家庭与社会教育等宏观社会问题产生思索。抑或，专注于诸如影视剧、综艺节目、游戏动漫等娱乐活动的群体开始思索文化作品背后反映的社会现实问题，并主动回应国内外重大热点事件。借由网络空间与网络喜悦情感的积聚性和鼓励性，公众参与水平在不断提升。

其次，网络喜悦情感为建构自由、开放的话语空间提供了契机。网络喜悦情感为网络社会打造出更加自由、开放的情感表达机制，为社会创造了更多的公众辩论条件。作为一个包容性较强的虚拟互动空间，网络社交媒体平台呈现个体情感、促进群体间情感互动的方式与渠道更加多元化。情感在公共领域长期以来被诋毁为理性的敌人，但它现在却成了网络社交媒体平台架构的核心问题之一。如今，人们大多是通过网络社交媒体平台获取新闻信息以及对新闻进行评论的，网络社交媒体平台对公共领域来说意义重大，情感主导着网络社交媒体平台架构的建立，这表明人们对通过网络社交媒体平台进行的公开辩论的思维方式发生了转变。网络空间逐渐演化为民主政治与法治发展的新样态②。

---

① 华昊：《社交媒体空间女性声音的政治意涵》，《现代传播（中国传媒大学学报）》2017年第12期，第72~75页。

② 李兵：《青年参与网络政治活动的理论基础与政治稳定》，《中国青年研究》2014年第12期，第33~36页。

最后，网络喜悦情感在网络共同体构建中发挥着情感联结、激励与黏合的作用。网络共同体的形成过程是一个典型的情感趋同的过程，群体潜在成员通过共同兴趣与价值观念相互吸引，在对彼此之间信息相对缺失的情境下，成员之间的相互选择与磨合是在多维情感互动的过程中同步推进的[①]。网络社群存在的关键要素就是积极的情感维系，而且在通常情况下群体会自发地将消极情感转化为积极情感。比如，以运动健身为核心需求的网络社群形成了一定的规模，特别是随着刘畊宏走红网络，"畊吗？"的问候语及其表情包破圈风靡全网。运动健身类网络社群举行的线上活动以大众关注的健身为焦点，以频繁的集体健身打卡进行互动交流，兼具健身与社交的功能[②]。成员之间的相互鼓励、经验分享与同伴监督，促进了健康意识的传播，强化了正面情感体验的调节作用，从而达成情感互动与集体兴奋[③]。

值得注意的是，网络喜悦情感的表达呈现越来越强的资本导向性，这使得受众在互动交流的过程中掺杂着某些功利主义。人们对于网络情感的表达亦出现了包装与表演的痕迹，即现实生活中对"前台"与"后台"的符号构建逐渐延伸至网络之中，积极情感的影响与资本化、政治化相结合，产生一种奇异而又微妙的化学反应，使得对网络喜悦情感的解读更具戏剧性与模糊性。网络社交媒体平台更感兴趣如何利用算法，为用户量身定制内容，以及如何利用情感进行牟利。如果公共领域中的辩论，越来越多地发生在基于对人们情感的架构管理和算法操纵的环境中，那么就不得不进行认真的反思与批判了。网络表情符号的出现是为了努力引导与鼓励用户进行积极、亲社会的情感表达。但在当下，网络表情符号应该被视为"信息资本主义社会网络中情感劳动的渠道"。它们与设备和平台的结合证明了"计算控制技术"的有效性。因此，它们的使用受到"信息资本"商业导向的制约，网络表情符号给我们提供的不仅仅是一种情感上的"人性化"，它同时提醒我们，信息资本是不断

---

①　张伶俐、张文娟：《基于关键事件的云共同体群体情感连接研究》，《外语电化教学》2022 年第 6 期，第 21~25 页。

②　王晓晨、付晓娇：《健身、社交、情感：运动健身 App 网络社群的互动仪式链》，《沈阳体育学院学报》2022 年第 3 期，第 64~70 页。

③　刘雷、史小强：《刘畊宏现象的背后：明星直播健身对受众健身行为意向的影响机制》，《武汉体育学院学报》2022 年第 11 期，第 37~44 页。

地受到工具化、货币化和标准化影响的。

第二节　点赞与亲社会行为

当下，最流行的网络参与行为是"点赞"，这一行为是社交媒体情感架构的主要方式之一。用户可以用点赞的方式，表达对喜爱的状态、照片、链接或评论的支持。这是一种评论的快捷方式，具有鼓励、喜欢的内涵。网络社会中社交媒体的情感结构是双向互构的。在社交媒体上获得最多关注的帖子，通常是那些获得点赞最多的，而那些获得最多赞的又让更多的人去关注。这样便营造出了一种公共情感氛围，在这样的氛围中，轻松、积极的内容更容易被关注和传播。

2012年，Facebook（脸书）在要添加一项"不喜欢"按钮的活动中获得了300万个签名。然而，Facebook拒绝了"不喜欢"按钮的想法，"理由是它会散播太多的负面情感"。这反映了该公司对维持一个充满积极情感的社区的担忧。新浪微博也曾推出过"踩"的按钮，但昙花一现般此功能就被取消了。如果设置表达各种情感，如愤怒、悲伤、同情、理解的快捷按键，虽然可以丰富人们的社会互动，但会把用户引入一个特殊的表达环境，可能会导致人们对对抗性、反抗性、破坏性内容的认同与传播，从而使社交媒体获得更多的压力，甚至减少其种种盈利。因此，当下的网络社交媒体平台依然以积极和亲社会的情感表达为前提。

网络喜悦情感通常是人们通过社交媒体等平台与他人分享快乐时刻和经历而产生的。当他人对这些喜悦内容产生共鸣并给予赞美和支持时，会促使个体产生更多的喜悦情感。在这种情况下，喜悦情感和亲社会行为形成了互动关系。网络喜悦情感在社交网络中产生传播效应，其他人看到喜悦内容后也可能会产生喜悦情感。这种社交网络效应可以促进亲社会行为的传播和扩散，让更多人参与到帮助他人和回馈社会的活动中来。因此，网络喜悦情感的传播可以促进亲社会行为的展现，而人们对亲社会行为的参与又可以增强个体的喜悦情感和社交认同感。这种正向循环有助于形成积极向上的网络社会情感氛围，促进社会的和谐发展。这也是网络喜悦情感对个人与社会最典型的积极影响。

网络喜悦情感能够通过直白的喜悦传递，形成一种积极向上的社交链式反应，这是网络社交得到支持和鼓励的情感能量。网络喜悦情感使人们更容易进入一种积极的情绪状态，这可能促使他们更愿意向他人提供帮助。在网络喜悦情感的影响下，个体可能会更加乐于主动伸出援手，帮助他人解决问题或分享喜悦体验。当多个人在网络上分享喜悦内容时，将会形成群体示范或榜样效应，使更多的人参与到亲社会行为中来。这种群体效应可以扩大亲社会行为的影响范围，让更多的人受益于他人的善举。

同时，网络群体在交流互动中往往会形成自身的规则和价值观，这些规则和价值观是由群体成员共同约定的，并以正向情感为基础。这会对群体行为产生约束性和导向性，并持续影响网络群体内外的情感氛围与人们的行为选择。

对于内部而言，网络群体形成的规则和价值观可以对成员的行为产生约束作用。这些共识规定了群体成员在交流和互动中应该遵循的行为准则，促使成员在表达意见、评价他人等行为中更加谨慎和负责。规则和价值观的存在有助于群体成员自我调节和约束自己的行为。当成员意识到自己的行为违背了规则和价值观时，会主动调整行为，以符合群体的期望。

对于内部与外部的互动而言，网络喜悦情感以正向情感为基石，例如友好、理解、支持等。共识和情感共鸣可以增进群体成员之间、群体与其他社会成员的联系和团结，激发群体成员之间的互助和支持行为。成员之间会更加关心彼此的需求，愿意给予帮助和支持，共同面对挑战和困难。共识为群体成员提供了明确的价值导向和行为目标，可以引导成员积极参与到群体的目标实现过程中来，增强成员的归属感和参与感。

网络群体形成的规则和价值观是群体文化的重要组成部分，它们在交流互动中发挥着重要的调节和引导作用。通过达成以正向情感为基石的共识，网络群体可以更好地实现共同的目标，增强成员的凝聚力和归属感，从而更有效地实现自组织和共同发展。

更为重要的是，网络喜悦情感是社交认同感和社交归属感的重要驱动力。与负面情感不同，网络喜悦情感可以极大地增强个体在网络社交中与他人的联系和融入感，从而促进社交认同感和社交归属感的形成。人是社会性动物，具有强烈的归属需求。网络喜悦情感的产生使得个体感到自己在社交中得到认同和赞许，从而满足了归属需求。在网络社交中，获得他人的认同和赞许可以增强个体对社会的归属感。这种社交认同感和社交归属感可能促使个体更愿意参与到亲社会行为中来，以获得更多的社交支持和赞美。因此，由网络喜悦情感形成的社交认同感和社交归属感更倾向于积极、乐观和正面的体验，积极向上的社交互动和分享喜悦可以使个体感到与他人的联系和共鸣，这种情感联结可以增强社交联系，促进情感传递，提供社交支持和鼓励，增强自我肯定和自尊，提升心理健康水平和幸福感，并激发持续性的亲社会行为。

第三节　自我呈现与网络攀比

网络攀比是指在网络社交中，个体受到他人的成功、幸福、优势或其他优越表现的影响，产生一种与他人比较的心理，并试图通过展示自己的优势和成就来获取社会认可和满足感的行为（见表9-1）。在社交媒体时代，网络攀比逐渐从一种网络现象演变为社会问题。人是社会性动物，群体心理在社交中起到重要作用。人们常常会将自己与他人进行比较，尤其是与那些看似更成功、更幸福的人进行比较。社会比较可以激发攀比心理，人们希望通过比较来获取更多的社会认可和满足感。社交媒体的普及和网络文化的发展使得人们更容易展示自己的生活和成就。在社交媒体上，人们可以分享自己的照片、经历、成就和收获，这促使其他人也想通过展示自己来获得认可和赞赏。因此，社交媒体和网络文化的影响增加了人们进行网络攀比的可能性。

同时，网络攀比是现代社会竞争文化下的一种方式，通过展示自己的优势和成就来证明自己的价值与能力。这种竞争文化促使人们在网络中进行攀比，以获取一种优越感和满足感。网络攀比也与社会认同和自尊心密切相关。个体常常希望得到他人的认可和赞美，从而增强自己的自尊心。通过展示自己的优势和成就，个体期待获得更多的社会认同，从而满足自己的自尊心。此外，一些商业机构和广告公司利用网络攀比心理来推广产品或服务。通过展示某种产品或服务与其他产品或服务不同或更好的地方，引发人们的攀比行为，从而促使他们购买这些产品或服务。这些因素共同作用，导致一些人在网络社交中产生攀比心理，努力与他人比较，寻求与他人相当甚至更强的满足感。网络攀比行为在社交媒体和网络平台上普遍存在，尤其是在匿名性较强的环境中，人们更容易展示和夸大自己的优势与成就，从而导致网络攀比行为的发生。然而，这种行为可能带来一些负面影响，如社交焦虑、自卑感和心理压力。因此，在网络社交中，个体应该理性对待他人的成就，重视自身的价值和内在需求，营造更健康的网络社交环境。

表 9-1　网络攀比行为的类型及表现

类型	表现
炫耀成就	个体在社交媒体上频繁分享自己的成就，如获奖、晋升、旅游等，以显示自己的优势和成功
比较财富	人们常常在社交媒体上晒出自己的财富、奢侈品和高档消费，试图通过比较来显示自己的经济实力和社会地位
展示外貌	个体在社交媒体上发布精心修饰的照片，以展示自己的外貌和魅力，希望获得他人的赞美和认可
社交圈子	人们经常会炫耀自己的社交圈子和与名人、成功人士的交往，试图彰显自己的社交影响力
家庭幸福	一些人在社交媒体上展示自己的幸福家庭和美好生活，以获得他人的羡慕和赞美
学业成绩	学生常常在社交媒体上分享自己的高分和获得的奖项，以显示自己在学业上的优势
健康与健身	人们在社交媒体上晒出自己的健康状况和健身成果，试图显示自己的体格优势
社会地位	个体可能在网络上强调自己的社会地位、职业成就和社会影响力，以获得他人的认可和尊重

　　网络喜悦情感作用于网络攀比行为的情感基础源于三个理论。

　　第一，社会比较理论。社会比较在一定程度上是人类社会生活中不可避免的现象。根据社会比较理论，人们天生倾向于将自己与他人进行比较，以了解自己在社会中的位置和价值。这种比较往往涉及与那些看似更成功、更幸福的人进行对比。这种比较行为可以通过多种方式进行，包括在社交媒体上观察他人的成就和幸福生活，与同事、朋友的对比等。

在网络社交中，由于信息的广泛传播和许多人只展示他们生活中的成功与喜悦，人们更容易与那些在社交媒体上呈现成功和幸福的人进行比较。这可能导致一些人产生攀比心理，试图通过比较自己与他人的优势和成就来评估自己的价值与满足感。特别是在网络空间中，人们很难全面了解他人的真实生活，而只能看到他们展示的一面，这可能会导致不公平的社会比较。

第二，社交认同理论。社交认同是指个体在社会中扮演特定角色，并希望得到他人的确认和接纳，从而获得自我认同感。根据社交认同理论，人们在社会交往中渴望得到他人的认可和赞美，以增强自己的社会认同感。在网络社交中，由于信息的传播和交流更加便捷，个体可以通过分享自己的喜悦和成功来寻求他人的认可与赞美。例如，一个人在社交媒体上发布了自己获得的一个奖项的照片和感言，他可能会期望得到朋友们的祝贺和赞美。当他收到很多正面的回应和认可时，他的社会认同感可能会得到增强，他会觉得自己在社交圈中得到了认可和赞赏，从而增强自己的社会认同感。

然而，这种社会认同感可能会促使其他人产生攀比心理。看到他人展示自己的喜悦和成功，其他人可能也希望通过比较来获得类似的认可和赞美。这种攀比心理可能导致一些人过度展示自己的优势和成就，甚至炫耀，以获得更多的社交认可。这种循环可能导致一种攀比的氛围，进而影响网络社交的健康和平衡。

第三，自我展示理论。自我展示是一种社会心理现象，人们常常在社会交往中表现出自己最好的一面，以获得他人对自己的好感和认可。根据自我展示理论，个体倾向于通过展示自己的优势、成就、品质或者成功来获得他人的认可和赞美。在网络社交中，这种自我展示的行为尤为显著。个体可以通过社交媒体、个人主页、状态更新等方式展示自己的喜悦和成功，以获得更多的社交认可和赞美。例如，一个人可能在社交媒体上分享自己获得的一个奖项或者旅行的照片，希望得到朋友们的赞美和祝贺。当他收到大量的积极回应时，他会感受到社交认可和自我价值的提升，从而满足自己的社会心理需求。

然而，自我展示的行为可能导致一些负面效应。过度的自我展示和炫耀可能引发其他人的攀比心理或者嫉妒，导致社交关系的紧张和不和谐。此外，有时个体可能在网络上粉饰自己的生活和状态，而与真实情况相差甚远，这可能导致他人对其信任度的降低。

因此，作为网络喜悦情感的潜在负面影响，网络攀比是最为常见的表现形式，同时也是消费主义的衍生品。同时，网络攀比还可能导致消费主义的盛行。当人们在网络上看到他人展示的豪华生活和奢侈品时，可能会感到社会压力，认为自己也需要拥有类似的物品和生活方式才能得到认可和满足。这种心理可能促使个体过度消费，追求物质享受和社会地位，进而导致浪费。

同时，攀比陆续出现在日常生活领域，以物化的形态裹挟与扭曲网络喜悦情感，形成一种由网络社会制定、被广大网民认可的"公众生活标准"。网络社交中出现的"公众生活标准"往往以积极情感为表象，但实际上对美好生活进行了物化和统一，将网络喜悦情感异化为一种准则枷锁。在其影响下，人们可能会感受到来自网络社会的压力，试图追求符合这种标准的生活方式，而忽视了自身的真实需求和价值。

例如，在交友领域，人们可能会受到网络上所谓"完美情侣"或"理想伴侣"的影响，认为只有拥有某种特定的外貌、财富或社会地位，才能被认为是成功的交友对象。这种观念可能导致人们过度物化自己和他人，忽略了感情和人格的重要性，从而使得真实的交友过程被扭曲。

在健身领域，人们可能会受到网络上所谓"完美身材"或"理想健身状态"的影响，试图通过追求某种标准化的体态来获得社交认可和喜悦。这种观念可能导致人们过度强调外貌，忽略了健康和内在的自我价值，从而使得健身变成一种压力和负担。

在教育领域，学生和家长可能会受到网络上所谓"优秀学生"的影响，试图通过追求高分和荣誉来获得社会认可和满足感。这种观念可能导致人们过度追求成绩和排名，忽略了学习的本质和学生内在的学习兴趣，从而使得教育变成一种竞争和功利游戏。

第四节　娱乐至死与消费狂欢

在网络社会中，网络喜悦情感被网络社交媒体平台充分利用，成了资本盈利的重要工具。公众在社交媒体中的情感实践，有些只是情感消费的产物而已。网络社交媒体平台会利用网络喜悦情感，这是其商业盈利定位的直接结果。私人空间被纳入商业化空间，殖民化重新配置了公共空间。无论是私人空间还是公共空间，网络社交媒体平台总是通过不断丰富其社交的功能，促使用户投入更多的精力与时间，并且发展出了一种"网络化的亢奋"，让用户感到喜悦，运用网络社会的互动性进行商业盈利。

社交媒体中的公共情感逐渐出现商品化和市场化的特征，或许可以将其描述为媒介化生活中的情感经济。特别是，亲社会积极情感特质与企业利益对公共领域的殖民化同时出现。情感消费逐渐在消费社会中占据一席之地。人类对情感有天然的需求，所以一些商品总是披着情感的外衣对消费者进行迷惑和诱导，情感变成了意指物的符号，人们追随的其实是情感符号所代表的意象。当情感符号将"象征性的物质载体"抽象化为形式时，情感成了一种价值、内容及意识的所指形式。情感隐藏在内容之下，并被"消解"，这样便同时产生了内容以及接受这种内容的意识。情感消费使社交媒体中的人变成了在消费符号的控制下的情感"消费人"。

网络喜悦情感为满足个性化需求进一步加强了对网络信息的整合。在社交媒体中无论是个体的自我情感表达，还是互动对象的选择，都是个体基于自我情感偏好所进行的情感消费。社交媒体会根据用户的偏好而进行信息推送，用户则选择接收与自己情感相符的信息。例如，网络表情有着丰富的社会情感表达形式，主要表达一种娱乐主义的世界观。社交媒体网站以一些特定的方式引导用户进行最大化的参与，通过使用户感受到喜悦从而增强受众的黏性，以获得流量与利润。各种算法管理确保了最受欢迎的帖子继续占据最突出的位置，这样能够使用户花更多的时间在社交网络上。在社交网络上花费更多时间的用户将看到更多的广告，这会给社交媒体网站带来额外的收入。情感参与作为一种商业化形式，有助于情感经济的建立。

可见，网络社交媒体平台为了商业利益而设计的情感架构，是经过精心设计的。网络社交媒体平台为了盈利，就需要传播积极的信息。负能量只会带来负面内容，这会损害自身的场域。内容与算法管理使"积极的情感偏见"深刻地塑造了公众领域的辩论和网络身份的构建方式。

这种"积极的情感偏见",意味着社交媒体用户在寻求构建理想的网络自我时,极有可能分享表达积极情感的帖子。这种网络公共领域的积极互动现象,与早期网络社区中充满敌意、不文明的网络现象截然不同。因此,如果受众越来越多地将社交媒体作为新闻来源,他们将会在信息茧房中用更多的积极情感来看待这个世界。

同时,网络喜悦情感是现代社会促进消费的强大武器。社交媒体的内容架构设计,首先是为了促进消费时,就会产生一种强烈的压力,带来轻松、积极的内容,从而产生一种"购买情感"。这种"购买情感"实际上由购物幸福感、功利主义、享乐主义以及其他由商家建构的积极情感组成,包括亲情、爱情、友情、同情心、尊严感、乡土情怀等①。例如,渴望得到爱情正面回馈的消费者会为代表永恒、忠诚、喜欢等因素的产品买单;女权主义者在做品牌选择时会青睐于经常从事女性公益事业、为女权发声的商家;而在营销过程中体现更多品质、善意、信息、互动的网络销售方式能够吸引更多的观众;等等。

基于认知情感理论(cognitive emotion theory),通过购物行为获得的附加情感使得受众享受到了愉悦感,而网络喜悦情感塑造着网络营销活动中的情感赋予过程②。现代意义上的网络购物对于顾客而言不仅仅是一次偶然性的交易行为,更逐渐倾向于一种综合性的购物体验③。在这一过程中,顾客只有不断地获得偏向正面的情感反馈才能够促成最终行为,这是顾客与商家之间信任关系形成的基石。愉悦感刺激了顾客的停留意愿与再惠顾意愿。个体的购物体验在网络空间中会转化为带有强烈主观倾向的"帖子(博文/视频等)",这些推荐或吐槽会改变商业情感环境,而它又可能是下一个购买行为产生的诱因,从而循环往复地影响着情感倾向。

---

① Yu, Han, Zhang, Rong, and Liu, Bin. "Analysis on Consumers' Purchase and Shopping Well-Being in Online Shopping Carnivals with Two Motivational Dimensions." *Sustainability*, 2018, 10: 4603.

② Xu, Xiaoyu, Wang, Luyao, and Zhao, Kai. "Exploring Determinants of Consumers' Platform Usage in 'Double Eleven' Shopping Carnival in China: Cognition and Emotion from an Integrated Perspective." *Sustainability*, 2020, 12: 2790.

③ 贺爱忠、龚婉琛:《网络购物体验对顾客行为倾向的作用机理与模型初探》,《华东经济管理》2010年第3期,第112~116页。

因此，网络喜悦情感亦有其负面效应。如果对积极的网络社会情感持过于乐观的态度，可能会产生意想不到的负面后果[1]。例如，过度传播的网络喜悦情感会滋生骄傲或傲慢的社会情绪。正如哈耶克在《通往奴役之路》中所描述的那样，持续的繁荣与胜利带来了盲目性。人们不断地追求更高的目标而摒弃老路，这种变化会带来彻底的社会态度的转变、对违背社会发展规律的政策的推崇、社会秩序的极化演变等背离初衷的后果。无论是对社会还是对个人而言，情感平衡的打破都可能引发畸变。

再如，网络喜悦情感会促进个人主义思潮的蔓延。在网络喜悦情感的持续影响下，人们更享受于快乐带给个人的独特体验，其表现为相较于他人的优势力量，包括学业、事业、情感、人际交往、社会名望等多维度的超越。故而，喜悦情感相较于负面情绪更加私人化。然而，不断曝光于网络中的禀赋与阶级的差异性会加大胜利者与失败者之间的差距，即强化优势群体的优越感、放大弱势群体的无力感。这在无形之中加剧了社会的割裂性。

抑或，进一步加深泛娱乐化的负面影响。网络空间的繁荣与大众参与主要依赖为公众带来喜悦情感的娱乐性内容[2]。对喜悦情感的追求从需求层面影响了供给端内容生产的过程，制造了泛娱乐化的狂欢。这种趋势使得网络空间中充斥着异化的娱乐资源，比如博眼球的"擦边"短视频、胡乱编造的虚假新闻、为吸引流量的怪异行为等，在"娱乐至死"的时代背景下，"劣币驱逐良币"的逻辑冲击着网络社交媒体平台与现实空间。

喜悦的情感力量一直以来被消极情感掩盖光芒[3]。无论是情感学家、社会学家、心理学家，还是普通民众，都会不约而同地沉浸于消极情感

---

[1] Clark, M. S., and Monin, J. "Turning the Tables: How We React to Others' Happiness." pp. 323-344 in J. Gruber and J. T. Moskowitz (eds.). *Positive Emotion: Integrating the Light Sides and Dark Sides*. New York, NY: Oxford University Press, 2014.

[2] Demo, Gisela, Silva, Talita Lima da, Watanabe, Eluiza, and Scussel, Fernanda Bueno Cardoso. 2018. "Credibility, Audacity and Joy: Brand Personalities that Connect Users to Social Media." *Brazilian Administration Review*, 15 (4): e180088.

[3] Fevry, S. "The Joyful Power of Activist Memory: The Radiant Image of the Commune in the Invisible Committee's Writings." *Memory Studies*, 2019, 12 (1): 46-60.

的研究之中，或被外界的消极因素影响自身的情绪、思维、认知与行动。自斯宾诺莎开始，相关研究开始挖掘喜悦的力量（the joyful power），即研究不满以外的情绪对个人行动与社会的影响。而喜悦在被揭开神秘面纱之前依旧与其他相关词语相联系，如激情（passion）、祝贺（congratulation）、怀念（cherish）等①。

喜悦情感可以被归纳为一种美德，一种心理习惯，由特征性的适应组成，并因超然的叙事身份而具有意义，它涉及了解、感受最重要的事情②。

---

① Rigney, A. "Remembering Hope: Transnational Activism beyond the Traumatic." *Memory Studies*, 2018, 11 (3): 368-380.

② King, P. E., and Defoy, F. "Joy as a Virtue: The Means and Ends of Joy." *Journal of Psychology and Theology*, 2020, 48 (4): 308-331.

第十章　网络愤怒情感

愤怒情感是不快的，是应该被避免的。但有时愤怒是必要的、正当的、正义的。愤怒情感在人类的进化历史中扮演了重要的角色，愤怒有时是正当与必要的，通过愤怒，人们能够重拾尊严、平等与自由，它有助于个体应对危险、保护自己和他人，并促使个体与社会采取行动来解决问题。在某些情境中，网络愤怒情感源于社会不公和程序失当，这种情感不仅是个人的私人情感，更是对社会、道德和公平原则的关切。因此，它可以被视为一种正义的情感。网络愤怒情感激发公众采取积极的行动，争取社会公平正义，从而促进社会变革。需要警惕的是，一方面，网络愤怒情感可以被作为政治手段加以利用；另一方面，它也会导致网络暴力和群体极化的现象发生。

第一节　愤怒与网络愤怒情感

愤怒情感是一种强烈的情绪反应，通常伴随对某种不公、不满或冲突的强烈反感和愤慨。它是一种自然而然的情感状态，是人类在面对威胁、冲突或不公平时的一种生理和心理反应。愤怒情感生理上表现为激素分泌的增加，例如心率加快、呼吸急促、血压升高等；心理上表现为愤慨的情绪体验，带有强烈的情感色彩。愤怒情感可能导致人行为上的改变，如表现出攻击性或争斗性的行为。

对于愤怒产生的原因而言，个体的愤怒有时是因自己的身体、权利、价值、信念等遭到侵害而产生的，有时是因他者遭受不公而激发的①。对于表现出愤怒的行为与强度而言，事实上是因人、因事、因情而异的，人与人的脾气秉性不同，人对事与事之间的底线思维也不同。即使面对

---

① Averill, J. R. "Anger and Aggression: An Essay on Emotion." *Contemporary Sociology*, 1984, 13 (2): 202.

的是相同的事情，在不同的情境下，人的愤怒反应也是不同的。对于愤怒的对象而言，应该指向那些为其行为负责的人或组织，而不是无辜的第三者。对于愤怒的目的而言，是纠正情境中的不正当性，而非通过伤害和威胁愤怒的对象而获得私利。

文明生活是一种避免愤怒的生活，因为愤怒难以控制，会诱发非理性和暴力犯罪行为，对人的身心健康和社会关系造成破坏。因此，适当的情感管理和情绪调节对于处理愤怒情感是至关重要的，有助于个体更好地应对挑战和压力，维护健康的人际关系和社会和谐。

首先，愤怒情感是一种生理反应，它帮助个体应对潜在的威胁和危险。当个体面临危险或攻击时，愤怒情感能够引发生理和行为上的变化，如提高警惕、增强力量和加快速度，从而提高个体对抗威胁的能力。其次，愤怒情感有助于个体保护自己和他人免受伤害。当个体感到自己或他人受到威胁时，愤怒情感会促使个体采取行动来防御并保护自己或他人。愤怒情感可以作为一种信号，用于传递信息和表达意图。例如，在动物社会中，愤怒情感可以用来警告其他个体不要侵犯自己的领地或资源。最后，愤怒情感在社会中起着解决冲突的作用。它能够促使个体表达不满，通过交流和争论来解决问题与冲突，从而维护社会秩序和和谐。

不同文化对愤怒有不同的理解。文化限定了社会对情感的规范和期望。比如，某些文化可能鼓励个体在特定情境下表达愤怒，以维护自己的权益；而有些文化可能更强调冷静和理性的处理方式，避免过度的愤怒表达。又如，在某些文化中，愤怒可能被视为一种正当的反应，是对不公正和不正义的回应；而在有些文化中，愤怒可能被视为一种无礼和不恰当的情感。

网络愤怒情感更加独特，它具有多种形态，如不满、悲愤、义愤、憎恶等，同时它更具公共性、传播性与政治性。

首先，愤怒情感在网络空间中更容易打破外界的"枷锁"，从而变得体量巨大化、影响"可视化"。在网络上，个体可以使用匿名账号或化名来发表言论，这使得他们不必承担现实社会可能带来的后果。这种匿名性削弱了社会审查和社会规范的影响，使人们更容易表达激烈的情感。同时，与现实社会的"空间壁垒"使得个体在网络上可能会更加放纵地表达情感，从而提高了愤怒情感的强度和频率。这也使得网络愤怒情感突破了现实社会的文化限制，人们更倾向于表达他们在现实社会中可能受到抑制的情感。

其次，网络社交媒体平台强化了群体效应和社交共鸣。当一个人表达愤怒时，可能会得到其他人的支持和认同，这种共鸣会进一步增强个体的愤怒情感，形成情感强化的循环。网络空间的快速传播和网络效应使得愤怒情感可以迅速扩散，当一个事件或话题引发愤怒情感时，它可能会在短时间内传播到全球范围，影响大量人群。

再次，网络社交媒体平台的算法设计提高了愤怒情感的传播效率。平台倾向于展示让人情绪高涨的内容，而愤怒情感往往能够引发更多的互动和分享，从而使用户更频繁地出现。网络空间存在信息过载的问题，人们倾向于选择与自己立场相符的信息，并忽视其他观点。当个体接收到一些激发愤怒情感的信息时，他们可能更倾向于选择传播这些信息，从而进一步加剧愤怒情感的传播。同时，根据"挫折-攻击假说"（frustration-aggression hypothesis），随着现实社会中社交距离的增加，以及互联网依赖性的增强，愤怒情感的发生率显著增加[1]，这是现实挫折感折射到网络社会中的负面情感反应过程。

最后，网络愤怒情感更易于推动社会情感转变为群体行动。当人们在网络上表达类似的愤怒情感时，这种情感可以在群体中形成共鸣和凝聚力。这种共同的愤怒情感可以将个体聚集在一起，形成一股强大的社会力量，促使他们采取集体行动，如示威抗议、签名运动等。同时，网络愤怒情感可以被组织者用作动员和组织群体行动的工具。通过激发愤怒情感，组织者可以吸引更多人参与，共同实现特定目标。例如，社会组织可以利用网络愤怒情感来推动政治变革、环境保护等社会议题。

第二节 正义的愤怒

愤怒与正义之间存在复杂的关系，它们在一定程度上相互影响和交

---

[1] Kang, S. K., Kwon, J., and Kim, K. "A Study on the Relationship between Internet Overdependence and Anger Response among Young Adults during COVID-19 Pandemic: Moderating Effect on Negative Emotions." *International Journal of Environmental Research and Public Health*, 2023, 20 (3).

织。历史的演进离不开正义的愤怒。正义的愤怒是指个体因为感知到不正义、不公平或违背道德原则的情况而产生的强烈情感。这种愤怒不仅是个人的私人情感，更是对社会、道德和公平原则的关切。这种愤怒激发个体采取积极的行动，争取维持社会正义、公平和道德原则。正义的愤怒可以是个体反对不平等、不公正、不道德现象的表达，可能激励人们参与社会运动、呼吁改变制度以及争取人权与平等。网络愤怒情感通过共鸣、意识唤醒、社会支持、集体行动和舆论影响等方式，凝聚人们的正义共识，推动社会的变革和进步。

当代学界认为，愤怒也要被作为一种正义性情感来理解。愤怒被认为是人对不公正的一种反应，表明被压迫者认识到了他们所不该承受的。这似乎促使他们抗议和反对不公正现象，它被用来解释抗议者的行为，有时还为他们的行为辩护。这种愤怒经常被描述为合理的，因为它是集体不满的结果。当人们认识到自己或他人所遭到的不幸是一种不公正的对待，当社会安排与正义原则明显相违背时，愤怒情感就经常被认为是合理化的社会谴责，因为它们符合社会正义和社会变革的要求。

罗尔斯将愤怒情感理解为一种道德情感，它的产生正是以人们对普遍承认的正当和正义原则的解释为前提。根据罗尔斯的观点，愤怒情感的产生是以人们对普遍承认的正当和正义原则的解释为前提的。当个体感到自己或他人受到不公平待遇时，愤怒情感可能会被激发。这种愤怒情感是人对不公平和不正义的道德反应，表明个体对于社会正义和公平的价值追求。在罗尔斯的理论中，愤怒情感可以被看作是人对于社会不平等和不公正的一种合理反应，是对于社会公正原则的表达。

网络愤怒情感可以帮助揭示社会中的不公平和不正义现象。网络愤怒情感通过"情感-压力"路径，引爆社会敏感问题。当个体或群体感到愤怒时，他们可能会通过网络社交媒体平台等途径表达自己的情感。这些情感表达可以引导舆论，将人们的注意力引向某一不正义事件或现象，从而引起公众的关注。网络愤怒情感在社交媒体等网络平台上传播迅速，通过点赞、评论、转发等方式，可以迅速将相关事件扩散到更广泛的受众之中。这种信息扩散有助于让更多人了解不公平和不正义的情况。当愤怒情感被表达时，通常会伴随着人们对事件的具体描述和要求提供证据的呼唤。这种呼唤证据的行为有助于确保事件的真实性和可信度，使公众更容易相信并认识到问题的严重性。当一个事件引发了大量愤怒情感的表达时，媒体可能会报道此事，进一步提高问题的曝光度。这样的曝光有助于促使决策者和相关机构采取行动。这种揭示作用可以促使社会认识到问题的存在，推动对不正义行为做出改变。

网络愤怒情感可以唤醒个体对社会正义的意识。从情感转移角度来看，愤怒能够引起人们的强烈情感体验。当个体感到愤怒时，他们往往更容易投入注意力，并关注引发愤怒的事件或情况。从价值观角度来看，愤怒通常是由于人们对价值观、道德准则或正义感受到威胁而产生的。当个体的价值观受到侵犯时，他们往往会对不正义的情况产生愤怒反应，并更倾向于将注意力集中在引发愤怒的事件、行为或情况上，以寻求解决问题的途径。由此，愤怒情感是一个强有力的触发因素，使个体产生问题意识，开始思考为什么这些情况发生，以及如何解决问题。愤怒情感引发了个体对社会问题的思考。

网络愤怒情感可以成为社会变革的动力。从历史上的反对殖民主义运动、独立运动、民权运动、妇女权利运动等争取平等与基本人权的伟大革命，到现代社会"黑人的命也是命"（Black Lives Matter）运动、环保和气候变化运动、"Metoo"运动、反贫困运动、教育改革运动等，皆有愤怒情感的影响。当人们感到愤怒时，他们可能会呼吁社会改革，争取更公正的制度和政策。通过社交媒体的传播和集体行动，网络愤怒情感可以推动社会朝着更正义的方向发展。一方面，愤怒情感的集体表达可以产生政治和社会压力，迫使政府、相关机构采取行动以满足人们的要求。政府和相关机构可能会感受到来自愤怒情感的压力，从而做出改变以满足公众期望。另一方面，愤怒情感可以引发社会对话和人们的反思，让人们重新审视社会价值观、制度和问题。这种对话有助于增强社会意识，推动人们思考如何改善社会状况。

第三节　政治运动中的资源

研究网络愤怒情感的人类学家和情感社会学家都认为，愤怒是一种政治资源，它是基于人们公开表达共同的不满而形成的。他们的研究表明，任何对愤怒的分析都需要对愤怒的类型进行区分，而公开表达的集体愤怒与私下表达的个人愤怒截然不同。

愤怒一直是西方主流政党战略诉求的核心，它们正是通过不断地煽动愤怒，以获得和维持支持。愤怒对政治如此重要，有三个关键原因。首先，社会不平等引发了普遍的愤怒，捕捉大众的不满，是获得吸引力的核心，这一点被狭隘的民粹主义政治演员特别成功地利用了。其次，政党需要培育团结来维持其运转："这需要建立一种支持的情感联系，也需要建立一种对抗其他政党的情感联系，而情感联系在对方被视为厌恶的对象时才能最好地维持。"而愤怒的动员，就必须以特定的方式组织、引导和利用。当然，这意味着大规模示威或破坏性行动。最后，作为政治生活的特征，愤怒情感起到了积极的作用，因为它能产生情感团结的纽带，并形成集体行动的基础。在西方政治传统上，愤怒、团结和民主是相伴而生的，当人们对自己被排斥在财富和权力之外而感到愤怒时，民主通常会得到推进。

西方一些学者认为，美国前总统特朗普正是成功地利用了网络愤怒情感才获得了民众的支持。相关学者认为，这应被理解为各种情况综合作用的结果，包括经济空心化、信仰丧失、情感转移制度。

同样，《大西洋月刊》的一篇文章将特朗普的崛起归结为其对社会愤怒的利用。"出现这样一位候选人，他的愤怒甚至更加强烈，也更缺乏建设性，他对政治规范的无视甚至更加张扬，他对种族仇恨的诉求更加明显，他对事实的蔑视和对阴谋的偏好更加明显。"这种观察反映出，愤怒作为政客的政治资源，引起了更广泛的共鸣。

雷姆尼在《纽约客》上撰文，他将特朗普的崛起描述为一种愤怒民粹主义的全球化趋势：特朗普的总统任期代表着对自由主义本身的反抗，这是对过去半个世纪中经历了深刻赋权的群体进行的愤怒攻击。在特朗普的公开声明中，没有任何迹象表明他欢迎这些道德方面的进步。并且他的语言、语调、个人行为和政策，都暗示并助长了一种仇恨政治。"是他们——少数族裔、移民，关闭了你的工厂，抢走了你的工作，威胁了你的安全。"这些观察突出了网络愤怒情感在当代政治中的地位。我们可能正在看到一个全球"愤怒时代"的崛起，这是由人们对社会和政治机构的不满以及它们无法为边缘群体提供良好的生活环境所引发的。

特朗普进行的网络愤怒情感动员，并非通过传统主流媒体的话语构建实现的，而是通过使用 Twitter（推特）实现的，并获得了支持。这是一种通过刻意表达愤怒来满足诉求的修辞，并将愤怒理解为政治生活的核心。一些调查结果表明，这种愤怒有时指向特定的目标，包括政治机构、文化与经济精英、妇女、移民和任何被视为对美国利益构成威胁的人。然而，在其他时候，愤怒并没有目标，而是看起来更加分散和模糊，是一种本身就具有政治后果的愤怒形式。

特朗普似乎是这种情感转变的受益者，他精心策划并实现了自己的情感动员。他的推文反过来吸引了主流媒体，并被广泛报道，不仅塑造了主流媒体的内容，也塑造了主流媒体的情感风格。因此，有一些学者认为，社交媒体的功能促进了一种更加极端、分裂和两极分化的话语气候的形成。

特朗普比任何人都早很久发现了数百万美国人渴望改变的愤怒情感。他直率地表达了这一点，这让数百万人产生了共鸣，他们厌倦了华盛顿的政治阶层，觉得自己被全球化的经济甩在了后面。特朗普的胜利表明，对许多美国人来说，经济从大衰退中复苏的步伐缓慢，或者根本没有复苏。他的竞选活动激发了工薪阶层的愤怒情感，尤其是在中西部地区看着工厂倒闭、中产阶级生活的确定性被抹去的那群人。通过对时代文化的敏锐解读，特朗普成了一个情感化的表演者，既是人民的倡导者，又是他们愤怒的模仿者。特朗普的愤怒被描述为具有传染效应，因为它在人群中传播：有时出于合理的原因，有时则毫无理由。他的愤怒很重要，因为它本身就成了一股政治力量。它暗示了愤怒民粹主义的显著性，暗示愤怒是政治行为者的动机以及进行动员的一个可行的解释框架。

美国当地时间 2021 年 1 月 6 日，本来是美国国会参众两院举行联席会议确认拜登当选总统之日。然而，特朗普继续进行愤怒的情感动员，质疑美国总统大选的结果，在社交媒体发布多条带有愤怒话语的推文，最终引发了暴乱。愤怒的人群手持棍棒，与警方发生严重冲突，冲入美国国会，使国会参众两院联席会议被迫中断。这表明一个基于网络社会的愤怒动员，正在向暴力化以及民粹主义的方向转变，在未来极有可能成为更多政治机会主义者的工具，并引发灾难性的后果。正如哈耶克在

《通往奴役之路》中所指出的，"壮大极权主义队伍的，正是那些思想模糊、不健全并容易动摇的人以及那些情感与情绪容易冲动的人"，"人们赞同一项消极的纲领，即对敌人的憎恨、对富人的嫉妒，比赞同一项积极的任务要容易些"。因此，政治中的愤怒是极其危险的，它可能发展为不可控制的或暴力的，并助长其他与民主不相适应的偏执、不宽容、仇恨等负面情感。

网络愤怒情感，既可以被认为是破坏性的，也可以被认为是建设性的，它既可以成为占主导地位的群体和国家机构的工具，也可能被非占主导地位的群体当作抵抗的工具，当然，这取决于评判者的解释框架。如在"占领华尔街"运动中，抗议者的愤怒被左倾者认为是建设性的，而对于右倾者而言则是破坏性的。

第四节　网络暴力与群体极化

愤怒情感在一定情况下可能发展为网络暴力，而网络暴力又可能进一步加剧愤怒情感的传播。网络暴力是指在网络空间中，个体或群体使用攻击性、侮辱性、恶意等的言辞或行为对他人进行威胁、骚扰、羞辱或伤害的行为。常见的网络暴力包括辱骂和恶意言辞、人身攻击、威胁和恐吓、侵犯隐私、冒充和恶搞、性骚扰、恶意传谣和发布虚假信息、剥夺言论自由等。

网络暴力是网络愤怒情感脱离正义性与道德性的负面行为。网络暴力往往不是出于追求社会正义或改变不公平状况的动机，而是出于攻击、恐吓、侮辱他人的目的。虽然网络愤怒情感有时可以成为社会变革的动力，但当网络愤怒情感转化为网络暴力时，它可能对受害者造成严重的心理和社交伤害，同时破坏网络社区的健康和积极氛围。网络暴力的负面影响包括加剧了社会紧张氛围、限制了言论自由、削弱了互信和合作关系，以及可能导致受害者的社交隔离和心理健康问题。故而，网络愤怒情感成了网络暴力的借口与武器。

例如，在突发公共事件中，公众通过社交媒体对相关涉事人员进行侮辱、威胁、攻击，以及曝光其重要隐私信息，如联系方式、家庭成员、家庭住址等。在这些事件中，施暴者站在道德的制高点上，自以为践行了正义，但这着实是一种违背道德的暴力报复性行为①，也是一种社会暴力的延伸。虽然网民将自己视为道德卫士，但其行为与结果却十分扭曲。网络暴力不仅会诱发更多的暴力事件，也会危害网络空间的绿色生态环境。

除此之外，由网络暴力制造出的网络舆论会对相关利益者造成非法律裁决的实质性伤害②，也会对事件非相关人造成直接或间接的伤害。譬如，一些网民直接辱骂、侮辱相关事件的责任人和犯罪分子，并曝光他们的隐私信息，号召网民对他们和他们的亲友进行惩罚。甚至还有人曝光涉事企业所有员工的信息，导致员工无法正常生活。这些网络暴力以人格权益为行为客体，其后果有一定的人身依附性，并往往导致非虚拟性的后果。网络暴力不仅仅会侵犯被暴力对象的名誉权、隐私权等，也会对无辜的人造成一定的伤害，甚至还会演化为线下的暴力行为，致使更严重的犯罪行为的发生。

同时，网络愤怒情感往往会演化为群体极化的导火索。这种现象可能出现在一些具有争议性的话题或问题上，尤其是涉及价值观、政治立场和社会问题的议题。当网络上的愤怒情感被激发时，人们可能会形成阵营，支持或反对特定观点，而这些阵营往往会变得越来越极端。随着信息在网络上的迅速传播，极端观点可能会被夸大，而且社交媒体的算法可能会给用户推送更多与其观点相符的内容，进一步强化了极端化倾向。这种群体极化可能导致对话和理解的丧失，削弱社会的凝聚力和共识，使社会变得更加分裂和不稳定。

由网络社会情感引发的群体极化，是在一定社会情境下，网民群体围绕着危机事件，利用社交媒体进行广泛的信息传播与互动，以制造同化的舆论与情感，从而形成情感极端一致的社会现象，它是网络群体成员间相互影响而产生群体一致性的结果。群体极化作为社会心理学中的一个概念，是指群体意见、态度、情感、行为极端一致的现象。群体心

---

① 张遥：《从"话语权利"到"话语暴力"——当下网络影评的情绪化生成及其思想价值》，《学习与探索》2018 年第 4 期，第 169~173 页。

② 李华君、曾留馨、滕姗姗：《网络暴力的发展研究：内涵类型、现状特征与治理对策——基于 2012–2016 年 30 起典型网络暴力事件分析》，《情报杂志》2017 年第 9 期，第 139~145 页。

理学之父勒庞在《乌合之众》里提到，陷入群体中的个体会出现理性人格丧失、非理性人格凸显的情况，个体的个性被群体的共性所湮灭，这样常常会导致极端的事情发生。

网络上的群体极化现象表现为，网络社会情感相互传染，群体表达方式相似、情感风格相近、行为极端一致。人们对于向左的意见难以容忍，个体极易放弃独立思考和个体人格，并且容易暴力冲动。人们在这种狂热之中标榜所谓的"正义"，却极可能导致暴力的事件发生。

网络社会情感的传染既是群体极化的动力，也是群体极化的结果。网民在社交媒体上的互动是形成情感倾向群体的动力①。在网络社会情感的传染中，一方面个体不断涌入群体负面的情感氛围之中，另一方面群体内部的情感能量不断提升，以致发生群体极化。个体会围绕一定的情感基调进行网络互动，交织在一起的个体情感会不断传染，并逐渐形成情感趋于一致的群体。群体的情感会传染更多情感状态和心境处于同一个水平的网民不断地加入同质化的群体之中。群体化的网民会形成广泛的社会认同，并形成一致的群体情感。群体内的成员的行为和情感的节奏同步化，使群体内的成员体验到更高强度的情感。情感在群体内部反复传染，增强了群体的情感能量，强化了群体团结，也使群体的情感、立场、意见、行为达到了统一性的极化。

群体极化致使网络群体变得极端化与狂热化，使群体性事件层出不穷。群体极化会使内群体的网民更易于采用群体性视角，并通过情感分享来增强自己的同质性；同时，群体思维会占据个体认识的制高点，个体的个性会被群体的共性所代替，个体理性人格丧失，非理性人格凸显，进一步使群体行为变得情感化、暴力化、无序化②。如此，网民会更不加思考地批评指责，无所顾忌地攻击诋毁，使得消极的网络社会情感愈加高涨，网络暴力事件频发，网络群体性事件层出不穷。

网络愤怒情感在加强情感共鸣、强化言论和态度以及制造对立等方面的作用，可能促使群体极化的发生。在社交媒体等平台上，算法倾向

---

① 凯斯·桑斯坦：《网络共和国：网络社会中的民主问题》，黄维明译，上海人民出版社，2003，第41~46页。

② 古斯塔夫·勒庞：《乌合之众：大众心理研究》，冯克利译，中央编译出版社，2005，第36~51页。

于向用户呈现与其观点相符的内容，形成所谓的"信息过滤气泡"或"信息分化"，使用户更多地接触和接收与他们已有观点一致的信息。认知与情感的共鸣会进一步强化个体的愤怒情感，形成情感强化的循环。如此往复，群体内的成员会更倾向于持续表达和强化他们的观点。这种极端化的表达可能吸引持类似观点的人，进一步强化群体内的极端立场。同时，网络愤怒情感作用下的群体极化存在极强的排外性，即群体内部与外部的对立。群体成员可能会将自己视为正义和道德的代表，而将持不同观点的人视为对手。这种对立性的强化可能导致群体与其他群体之间的分裂和对抗，进一步加深社会的极化。

第十一章　网络悲伤情感

悲伤通常与失落、沮丧、伤心、忧虑等感受相关。它是人类情感的一部分，经常在人们面对失去、不幸、困难或挫折等生活事件时出现。悲伤又是一个复杂的哲学概念。在存在主义哲学中，悲伤被视为人类存在的一部分。悲伤是由于生活的不确定性、孤独和死亡的存在而产生的，它可以推动个体思考存在的本质和意义。同时，悲伤也是一种道德情感，因为它可以促使人们对他人的痛苦和不幸表示同情，并激发道德行为。网络悲伤情感指的是人们在网络上表达的、带有强烈痛苦或无助的情感。网络悲伤情感通常来自公众分享的生活中的挫折与痛苦。网络悲伤情感的分享，可以释放情感压力，获得他人的情感共鸣，从而增强情感支持，激发社会的关切和行动。

第一节　悲伤与网络悲伤情感

悲伤是一种自然的情感反应，通常与失落、沮丧、伤心、忧虑等感受相关。它是人类情感的一部分，经常在人们面对失去、不幸、困难或挫折等生活事件时出现。悲伤的表现形式包括哭泣、内心感到沉重、情绪低落、失去兴趣、怀念过去的美好时光、对未来感到不确定等。从生理意义来看，悲伤情感会引发自主神经系统的活跃、内分泌系统的调整和大脑活动的改变[①]。神经科学研究表明，悲伤情感与情感处理和记忆息息相关。悲伤可能导致大脑中一些区域的活跃，特别是与记忆、情感调节和认知评估相关的区域。神经学的实验检验了不同的情绪体验对于警戒、定向和执行注意力（alerting, orienting, and executive attention）的影响程度。通过将 180 名志愿者随机分配到快乐或悲伤的控制环境下，

---

① 蒋长好、赵仑：《悲伤及其应对的研究进展》，《首都师范大学学报》（社会科学版）2006 年第 2 期，第 108～114 页。

可以发现，悲伤的参与者的警觉性减弱①。悲伤情感可能导致个体更加内向、关注自我，因此对外部刺激的注意力可能会降低。这可以理解为一种生存机制，因为在悲伤时，个体更关注自己的情感和内心体验，而不是外部环境。

悲伤情感在叙事中尤其容易传播，亦容易引起共鸣②。叙事可能通过意象机制强化了情感诱导③。在叙事中，作者或讲述者通常使用形象生动的语言来进行涉及视觉、听觉、嗅觉、触觉等感官体验的描述。这些描述可以帮助受众更深刻地理解故事情节，产生共情，或激发情感反应。当叙述者成功地创造了强烈的视觉意象时，听众或读者可能会感到好像亲身经历了故事中的情境，这可以增强他们的情感体验④。例如，一个音乐作品的背景信息确实会影响该作品的情感效应，因为悲伤的叙述加剧了由悲伤的作品所引起的悲伤⑤。又如，一篇小说可能通过生动的描述让读者感受到主人公的孤独和绝望，或者一篇新闻报道可能通过详细的描写让观众感受到受灾地区的困境。这些视觉意象的创造有助于引导听众或读者产生与叙事中的情感相关的情感，如同情、愤怒等。这解释了为什么悲情叙事在文学、电影、广告等领域被广泛应用，因为它可以更深入地触及人们的情感，使其更有共鸣⑥。

悲伤又是一个复杂的哲学概念。在存在主义哲学中，悲伤被视为人类存在的一部分。悲伤是由于生活的不确定性、孤独和死亡的存在而产生的，它可以推动个体思考存在的本质和意义。萨特强调，人类的存在是自由和责任的存在，他认为，悲伤可能是由于人类对自由选择和责任

---

① Finucane, A. M., Whiteman, M. C., and Power, M. J. "The Effect of Happiness and Sadness on Alerting, Orienting, and Executive Attention." *Journal of Attention Disorders*, 2010, 13 (6): 629-639.

② 李芳、朱昭红、白学军：《高兴和悲伤电影片段诱发情绪的有效性和时间进程》，《心理与行为研究》2009年第1期，第32~38页。

③ Vuoskoski, J. K., and Eerola, T. "Extramusical Information Contributes to Emotions induced by Music." *Psychology of Music*, 2015, 43 (2): 262-274.

④ 孙毅：《核心情感隐喻的身身性本源》，《陕西师范大学学报》（哲学社会科学版）2013年第1期，第105~111页。

⑤ 卢英俊、戴丽丽、吴海珍、秦金亮：《不同类型音乐对悲伤情绪舒缓作用的EEG研究》，《心理学探新》2012年第4期，第369~375页。

⑥ 谢韵梓、阳泽：《不同情绪诱发方法有效性的比较研究》，《心理与行为研究》2016年第5期，第591~599页。

的认识而产生的①。对于萨特来说，悲伤可以被视为对于存在的重负感和对于生活选择的困难所做出的回应。加缪则从荒诞主义的视角指出，人类生活是没有固定的目的或意义的，人们的行为和努力似乎都是徒劳的。因此，悲伤是对于生活的无目的性和荒谬性的反应。

同时，悲伤也是一种道德情感，因为它可以促使人们对他人的痛苦和不幸表示同情，并激发道德行为。例如，康德认为，人们有道德义务去遵守普遍化的道德法则，这些法则不依赖于个人感受或欲望②。悲伤情感可以激发人们的同情心，使他们关心他人的困境和痛苦。这意味着悲伤不仅是一种情感体验，还可以成为道德行为的触发器③。因此，从伦理学角度来说，同情心和关心他人的困境是道德行为的基础④。在康德伦理学的框架下，个体在面临道德决策时，可能会考虑悲伤情感对于道德义务的影响。⑤ 悲伤情感能够促使人们更倾向于采取道德正确的行动，因为它与同情和关怀他人的道德原则相一致。

悲情化的情感由三部分构成。其一，个体的基本悲情经历。就一般意义而言，悲情化的情感集聚的情境与个体的人生经历息息相关。随着生命周期的自然演变，人们会感受到生老病死的自然规律，时间与空间演变的不可抗力催生了悲情化的情感。

其二，个体的突发悲情经历。某些非常规事件（如自然灾害、突发性公共卫生事件、人为事故、战争等）的发生会对一个地域或大范围地区的居民的生活造成翻天覆地的负面影响，如重大疾病、不可逆的残疾、精神创伤、家破人亡、一贫如洗等，这些由外部生存环境巨变引发的连锁反应会在短时间内营造巨大的悲伤氛围。

其三，群体的结构性悲情经历。随着国家产业结构的调整与技术应

---

① 陈素君、蔡文菁：《情感与自欺：萨特的情感现象学》，《华侨大学学报》（哲学社会科学版）2020年第3期，第38~48页。

② 黄裕生：《论意志与法则——卢梭与康德在道德领域的突破》，《哲学研究》2018年第8期，第79~89页。

③ 杨昭宁、顾子贝、王杜娟、谭旭运、王晓明：《愤怒和悲伤情绪对助人决策的影响：人际责任归因的作用》，《心理学报》2017年第3期，第393~403页。

④ 武晓峰：《情感、理性、责任：个人慈善行为的伦理动因》，《道德与文明》2011年第2期，第106~111页。

⑤ 徐向东：《康德论道德情感和道德选择》，《伦理学研究》2014年第1期，第59~66页。

用的更新换代，一些行业会产生局部性震荡，而这会对整个社会的资本流动造成结构性影响，从而不断催生在规模、地域、人力方面呈现新特征的弱势群体，社会地位与经济实力的向下兼容使得这部分群体容易陷入悲伤、抑郁与愤懑的负面情绪之中。

悲伤情感会造成一种社会无力感，这不仅是因为悲伤的事件往往会给当事人留下刻骨铭心的记忆，还由于此类情感的传递性更能刺激受众的感官，从而形成情感认同与共鸣。在悲情叙事中，情感的生产方会在网络传播的文本或其他载体中融入不幸的遭遇、悲伤的情境与灾难的重现。从伦理学角度来看，大规模的网络悲伤情感的形成是社会共情的基石，对社会道德具有强大的支配力与塑造力①。

网络悲伤情感是悲伤情感在在线社交和网络环境中的表现。网络悲伤情感是互联网普及后出现的一种心理现象。由于网络匿名性和信息传播迅速性，人们很容易在网络上得到支持、关注和同情。同时，网络悲伤情感的传播可以克服传统面对面社交的局限性，建立更加有效的在线社交联系。然而，网络悲伤情感容易导致人们心理上的依赖，甚至产生自我放纵和消极行为。

网络悲伤情感是最基本的社会情感之一，在互联网时代发挥着越来越重要的功效，特别是其逐渐演变为网络维权事件中的关键催化剂②。第一，悲情化的叙事、弱者的身份、"正义"的舆论监督使得网络悲伤情感成为联结当事者与公众的情感载体。特别是作为社会分层中的原型情感，兔死狐悲的情境加强了网络悲伤情感的社会整合力，使得网络维权的情感动员策略在现实社会中拥有了"社会土壤"。这可能会转化为社会运动、筹款活动或政治行动，以改善弱势群体的处境。因此，网络悲伤情感有时被用作倡导社会正义和平等的有力工具。

第二，悲情化的媒介表达是一种具有居安思危、社会抗争等发展性价值导向的手段，旨在促进公众的情感认知与社会参与。这种表达常常以呈现居安思危和社会抗争的主题为基础，通过感人的图文内容引导人们对社会问题和挑战产生共鸣，从而激发积极的行动。例如，当面临着

---

① 陈静编《叔本华文集》（悲观论集卷），青海人民出版社，1996。
② 孙卫华、咸玉柱：《同情与共意：网络维权行动中的情感化表达与动员》，《当代传播》2020年第3期，第93~97页。

自然环境的恶化和物种灭绝的威胁时，媒体可能通过生动的图文呈现来强调这些问题的紧迫性。这种表达方式不仅在情感上触动人们，还在意识上唤起了人们对居安思危的思考，鼓励人们采取行动来保护环境、减少污染并减少人均生态足迹。又如，社会问题中的不公和歧视现象也常常成为悲情化的媒介表达的焦点。性别、宗教、人种和地域的歧视往往在互联网上引发热议，通过分享相关的故事、数据和观点，这种表达方式在公众中引发情感共鸣。因此，悲情化的媒介表达在推动环保、社会公正和社会改革等领域发挥着积极的作用，帮助塑造社会意识和引导社会变革。

第三，网络悲伤情感有助于促进大众向内审视自身并向外考量社会。悲伤情感被看作公众哲学意识的起点[1]，即人们对"生活是否公平""周遭社会运行的规律是否合理""某些东西是不是正当的""不同的价值是否存在优先级""什么事情应该是极为重要的"等一系列社会问题的思考，源于社会情感的驱动。网络悲伤情感常常让人们产生深刻的情感体验，促使他们开始反思自己的处境以及整个社会的运行状态。受网络悲伤情感的影响，公众的情感内省与哲学醒悟成为一个深刻的思考与理解过程，它涵盖了对个体情感和社会现实的深刻洞察。这不仅有助于人们更好地理解情感的本质，还推动了对社会问题的深入分析和积极的社会参与。通过这种过程，个体和群体可以更好地理解自己的角色与责任，并为社会的进步和正义发声。

第二节　情感支持

网络悲伤情感的情感支持通常指的是通过网络传播悲情信息，以引起人们的共鸣和情感反应，从而激发社会关注和行动。网络悲伤情感能够达到共情，这是因为它可以通过传递情感化的信息，引起人们的共鸣，使得人们感同身受地体会到他人的痛苦和困难。因此，网络悲伤情感的共情动员充斥我们的日常生活，其行为主体多为媒体从业人员、社会工

---

[1]　罗伯特·所罗门、凯思林·希金斯：《大问题：简明哲学导论》（第十版），张卜天译，清华大学出版社，2018，第26页。

作者、非政府组织或遭受痛苦的当事人及相关人士等。

　　网络悲伤情感的情感支持策略一般有四种。第一，通过讲述真实而感人的个人经历激发共情。通过在社交媒体平台上分享真实而感人的"故事"，可以帮助人们更深入地了解悲情事件的背景和受害者的经历，从而引起他们的共情、激发他们的行动，进而促进集成性社会情感的形成[①]。诸多研究表明，悲情化的情感叙述是媒体从业者的惯用手段，也是获奖新闻故事的核心要素。通过强调故事中的情感冲突、挣扎和苦难，让读者能够不由自主或自觉自愿地关注和反思广泛的社会、政治与经济问题，并将复杂和抽象的社会与政治事件锚定在人民的生活经历与情感之中。事实上，悲情化动员虽然不是获奖新闻的专利，却是所有最重要的对话不可或缺的一部分。为了理解他人的经历，并使宏观的、抽象的政治事件变得生动，有必要讲述故事，但这种讲述可以采取多种不同的形式。而当下，在社交媒体中传播的绝大多数的信息，都以情感进行建构与动员。

　　第二，使用情感化的语言和图片以增强真实性。日益多样化的社交平台，如在线论坛和自媒体等都给予普通人发言机会，这是媒介技术变革带来的深远的影响，使情感化叙事方式成了一种浪潮。使用情感化的语言和图片可以更容易地引起人们的共情。在社会传媒中，无论采取何种形式的情感化叙事，都要保证其内容的真实性。真实性被理解为一种对培养人们对媒体内容的信任至关重要的品质的综合体，从根本上与以可信的方式表达情感联系在一起。在社交媒体中，各类媒体组织和平台通过各种各样的手段努力让我们相信它们内容的真实性。而真实性蕴含着情感。在一个日益情感化的社会中，在新的情感秩序中，悲情化的策略叙事让人们感觉真实可信，而不是虚假与冷酷，这就会被理解为更真实。

　　通过在公共领域讲述悲情化的个人故事来表达情感，可以被视为一种真实性的保证，同时，也可以作为一种培养同情感的手段。真实性与同情感之间的关系是密不可分的，二者共同作用形成了一个复杂的话语

---

① Zheng, et al. "Relationship between Internet Use and Negative Affect." *Applied Research in Quality of Life*, 2023, doi: 10.1007/s11482-023-10158-z.

情境。因为真实的故事能够产生强烈的情感共鸣，所以这样的故事被受众更加重视，同时也被各种组织有计划地加以利用。如联合国难民署自成立以来一直在保护被迫逃离家园的人，其首要任务是保障难民的权利及生活。联合国难民署致力于确保每一个人享有寻求庇护的权利，并可以在其他国家得到安全庇护，或者在情况允许时自愿重返故乡、就地融合或者被安置到第三方国家。联合国难民署在网络社交媒体平台中，通过讲述难民故事，以悲情为动员工具，呼吁全球对难民问题进行援助。联合国难民署在网络社交媒体平台中运用悲情的情感动员，使公众对难民产生怜悯之情，从而对难民进行人道主义救援。

第三，回应社会公众的情感需求，增强个人的社会责任感。社会公众有时需要一些情感寄托，以帮助他们应对复杂的情绪问题。悲情故事往往涉及人们最关心的话题，如亲情、友情、爱情等，能够引起人们的共鸣。在这种情况下，通过分享悲情故事，人们可以了解到社会上存在的不公正和不平等现象，从而激发他们的社会责任感和行动力，使其积极投身到社会公益事业中。

第四，利用网络空间提供帮助和支持。相较于其他情感，悲伤情感更能促使个体选择向他者提供援助①。当有人遭遇不幸时，通过提供实际的帮助和支持，可以让人们感到自己能够做出一些实际的贡献，从而激发共情。受专业技术、地区容载量、援助周期与个人时间安排冲突等多方面因素的影响，能够直接参与援助行动的人数往往有限。例如地震现场救援、重要场合的防疫工作等需要参与人员接受过专业训练，具备相应的执业能力，同时过多的人涌入灾区可能会给环境承载、社会管理等带来负面影响。通过网络募集资金、提供咨询服务（如心理咨询、网络教育、线上问诊等）、提供救援物资等行为，可以让更多人感受到自己的付出有意义，同时能够提高人们对悲情事件的关注度。

值得警惕的是，有人利用网络悲伤情感的共情功能进行慈善诈骗②

---

① 杨昭宁、顾子贝、王杜娟、谭旭运、王晓明：《愤怒和悲伤情绪对助人决策的影响：人际责任归因的作用》，《心理学报》2017年第3期，第393~403页。

② 慈善诈骗是一种在网络社交媒体平台上发布虚假的悲情故事，以骗取网友的善款的诈骗行为。例如，在一次自然灾害或突发事件后，骗子会制造一个虚假的故事，号召网友捐款支援灾区，但实际上这些捐款都会流到骗子的账户里。

或从事其他非法活动。例如，2013 年，一名女子在网络上发布了一份名为《困境中的爱心人士》的倡议书，号召大家为一名因病致贫的女孩筹集治疗费用。倡议书被热传，不少网友纷纷捐款。然而，后来的调查发现，该女孩的病情并没有那么严重，这名女子利用该女孩的悲惨遭遇骗取了大量的捐款。最终，这名女子被警方逮捕并被判刑。再如，2019年，一名自称为"非常时期志愿者"的女子在网上发布了一篇名为《疫情防控，需要你我共同努力》的文章，声称希望能够筹集口罩等防疫物资，协助疫情防控工作。该女子很快就收到了大量的捐款。然而，调查人员发现，她并没有购买任何防疫物资，而是将捐款转到了自己的私人账户上。最终，该女子因涉嫌诈骗被警方拘留。

通过悲情化的情感叙述，奠定一个共同的情感基础，来获得同情与支持的另一个典型案例就是话题标签的运用，如 2017 年底席卷全球并持续发挥影响力的 Metoo 运动。2017 年 10 月 15 日，美国女明星艾丽莎·米兰诺发了一条推文，建议"如果你受到性骚扰或性侵犯，请回复这条推文，写'我也是'"。仅在 24 小时内，全世界就有 470 万人在 Facebook 上发布了 1200 万条带有 Metoo 标签的消息[①]。

随着各行各业的名人一起呼吁人们关注性暴力这一问题，这项运动得到了进一步的发展。这场以女性为主体的"发声"运动使得原本羞于开口的性骚扰、性侵犯现象成为公共议题，由 Metoo 引发的指控最终终结了众多好莱坞明星、政治家、学者和记者的职业生涯。在这场运动中，公众参与并认真对待性骚扰指控的意愿增强了，在分享个人故事的基础上建立了群体团结的网络，受害者打破长久的沉默，被成功地动员起来将自身悲惨的遭遇暴露于社交媒体之中，进行抗争。在这样做的过程中，话题标签的使用让受害者感到有人在倾听，并为社会变革提供了可能性。

在这个话题标签下，一些转发量较多的个人账号通过分享被侵犯的经历，将性侵问题带入公众讨论，但这些经历是通过众多个人经历折射出来的。该话题标签引起了人们对世界各地女性和男性遭遇的性骚扰与性侵犯的关注，创造了一种共享的、全球的声音，使人们开始谈论性别

---

① Santiago, C., and Criss, D. "An Activist, a Little Girl and the Heartbreaking Origin of 'Me too'." https://www.cnn.com/2017/10/17/us/me-too-tarana-burke-origin-trnd/index.html.

歧视。通过话题标签，利用悲情化故事来重塑公众辩论的策略在全世界的社交媒体平台中流行了起来。

这种网络社会的情感支持，依赖于悲情化的叙述，代表了弱势群体的情感文化，并往往与解决社会不平等问题和赋予边缘群体权利有关。这表明，出现了独特的、文化特定的叙事形式和具有"反抗性"特征的语言，或者平行的话语舞台，在这里，从属社会群体的成员发明并传播话语，以形成对他们的身份、利益和需求的对立解释。这种"在线发声文化"（call-out culture online）① 的形成帮助女性受害者通过共情缓解伤痛②，推动了相关政策的改进，有助于打破性别权力结构③，为社会进步创造话语环境。

第三节　树洞中的倾诉

树洞是一个网络术语，指的是一个匿名的虚拟空间，通常是一个在线平台或网站，允许用户在其中发表匿名留言或帖子，分享他们的秘密、故事、疑虑、情感等内容，而不必透露自己的身份④。树洞的特点是匿名性和隐私保护，用户通常不需要注册账号或提供个人信息，这使得树洞成为一个可以真实表达自己情感和想法的平台。一般而言，在普通社交媒体平台上，个体倾向于表达积极情感；反之，在匿名网络环境下，个体更多地对外呈现偏消极甚至极端化的负面情感，比如悲伤、抑郁、焦虑、孤独、挫败、愤怒等。因此，匿名性会进一步强化悲伤情感的网络表达的真实性。然而，在匿名环境下，个体可能会受到情绪放大和夸张的诱惑。他们可能会夸大自己的悲伤情绪，以吸引更多的关注或获得更多的共鸣和支持。这种情况下，虽然情感表达看似真实，但实际上带有一定程度的虚幻感。

---

① Munro, E. "Feminism: A Fourth Wave?" *Political insight*, 2013 (2): 22-25.
② 常江、金兼斌：《米兔运动、介入式文化研究与知识分子的社会责任——〈全球传媒学刊〉对话常江副教授》，《全球传媒学刊》2018年第3期，第73~82页。
③ The Personal Narratives Group. *Interpreting Women's Lives: Feminist Theory and Personal Narrative*. Bloomington: Indiana University Press, 1989: 4.
④ 耿绍宁：《试析网络"树洞"应用对高校和谐稳定的影响——以"树洞"微博为例》，《思想理论教育》2013年第15期，第76~78、82页。

　　许多人可能在经历生活中的困难、挫折、创伤或心理问题时需要分享和倾诉，但又不希望透露自己的真实身份。这时，他们可以通过树洞发布帖子或留言，与其他网友分享他们的经历和感受。在树洞中，用户可以放心地表达他们的痛苦、焦虑、抑郁等，而不必担心被他人认出或遭受负面评价。其他用户可以回复或提供支持、理解、建议、鼓励，从而形成一种匿名的情感互助和支持网络①。这种匿名倾诉的方式有助于个体释放情感、减轻压力，同时也可以获得来自他人的支持和建议，有时甚至可能帮助他们更好地处理困境或找到解决问题的途径。

　　树洞从诞生伊始即具备议题类型化与表达故事化的特征②。树洞往往以特定的议题或主题为基础，用户分享的内容通常围绕特定话题展开，这使得树洞成为一个针对性更强的平台，有助于用户找到志同道合的人，进行更深入的讨论和交流。树洞也可以用于讨论敏感话题、探讨社会问题、分享匿名故事集锦等。在树洞中建立社交支持网络是一个可能的机制。用户可以与其他有相似情感经历的人建立联系，这种情感诉求和共情可能会加强社交互动，从而增强树洞的凝聚力。

　　同时，树洞通常以一种非结构化的叙事方式展示信息，用户更倾向于以碎片式、情感化的形式分享自己的经历，这给予参与者更多的揣摩与对话的空间。树洞中的信息往往不是完整的，而是用户内心的一小部分碎片化表达。这种碎片化的分享方式给予了参与者更多的想象空间，他们可以根据这些碎片自由地构建自己的解读和想法，从而产生多样化的理解和观点。同时，由于信息的碎片化和情感化，树洞往往能够激发参与者之间更深入的对话和交流。每一个碎片化的信息都可能成为对话的起点，参与者可以在此基础上展开更深入的讨论，分享自己的感受和观点，从而促进更有意义的对话和交流。

　　树洞的用途多种多样，有些人可能使用它们来释放情感、分享个人经历，或寻求他人的建议和支持。将悲伤情感表达出来并将其分享给他人，可以帮助个体更好地理解自己的情感。通过与其他用户的互动，用

---

①　王艺颖：《微博树洞的传播研究——以账号"走饭"为例》，《青年记者》2021年第10期，第110~111页。

②　蔡骐、刘瑞麒：《网络"树洞"：一种古老传播形式的媒介化重生》，《湖南大学学报》（社会科学版）2022年第3期，第141~146页。

户可以从不同的角度审视问题，并在情感上得到更多的启发和见解。这种叙事性质使得树洞内容更富有情感和故事性，能够引起读者的共鸣。

树洞的匿名性是其吸引人们的一大特点，但这也是其被滥用的主要原因之一①。匿名性让用户感到可以在不暴露自己身份的情况下发布内容，这鼓励了一些人发布攻击性、侮辱性或不当内容，因为他们认为不会受到直接的惩罚。社会压力、情感压力和心理健康问题可能导致一些人在树洞中表现出攻击性或做出不当行为，他们可能试图通过攻击他人来缓解自己的不适。这些人可能误解了言论自由的概念，认为他们可以在树洞中发表任何言论而不受限制。然而，绝大多数树洞都有规则，以确保内容的质量和安全性。

情感释放理论（emotional release theory）强调，通过分享负面情感和悲伤经历，个体可以减轻情感负担，获得情感解脱和心理舒缓。从情感生成、累积、释放到解脱的全过程来看，负面情感，尤其是悲伤、焦虑和愤怒，如果被抑制或积累在内心，可能会导致情感的积累。这种积累可能会增加情感的强度并延长持续时间，对心理健康产生不利影响。情感释放理论认为，通过语言或文字表达情感，个体能够将情感从内心释放出来。这种表达可以是口头的，也可以是书面的，例如写日记、分享故事、倾诉心情等。通过在相对陌生的环境中进行情感分享，人们可以坦诚地表达自己的悲伤和困惑，而不必担心他人的评判或暴露自己的身份，从而有助于降低情感的强度，改善心理健康，以及更好地应对困难和挑战。

同时，从社会参与的角度来看，树洞的存在兼顾了个体的自我表达与群体的建设性讨论的功能②。一方面，个体在向树洞倾诉的过程中能够实现自我表达和整理思绪。通过将情感和经历用文字表达出来，个体可以更清晰地理解自己的感受，整理思绪，甚至找到适合自身的解决问题的方法。另一方面，在树洞中寻求共鸣并参与讨论，是具有相似经历、产生过相似情感或处于类似社会境遇的群体的一种互助选择，有助于促

① 燕道成、李菲：《"无处安放的青春"：网络树洞的传播表征与价值隐忧》，《传媒观察》2022 年第 2 期，第 19~26 页。

② 蒋晓丽、杨珊：《虚拟社会安全阀：树洞类 UGC 平台的宣泄功能研究》，《新闻界》2017 年第 6 期，第 54~59 页。

使社会对重要问题予以关注并做出行动。因此，树洞产生的情感支持效应在社会生活中的影响与日俱增。

正是由于树洞的特性，其中潜藏的负面情感往往多于正面情感[①]。树洞成为抑郁群体、存在自杀意念群体、弱势群体、患有重大疾病的群体、受社会不公影响的群体等边缘群体的聚集地。虽然存在情绪失控的潜在风险，但毋庸置疑的是，树洞既是人们忘我倾诉、宣泄负面情绪的特殊场域，也是他们相互取暖、寻求共鸣的避难所。举例来说，抑郁症患者可能会在树洞中分享他们的心情波动、挣扎和治疗经历。这些分享不仅有助于他们释放情感，也可以使其与其他抑郁症患者建立情感联系，互相理解，共同面对困境。类似地，存在自杀意念的人可能会在树洞中寻求支持和建议，而不必面对社会中的污名和偏见。

因此，树洞中的互动是多样化的，通常反映了参与者的情感需求、社交互动和创造性表达。这种匿名性的在线平台为人们提供了一个特殊的场所，让他们可以自由地分享、交流和相互联系。树洞的功能促使集结而成的网络社群更具凝聚力、靶向性。树洞允许人们宣泄负面情绪，同时也鼓励他们互相支持。在面对困难或挑战时，社群成员可以相互倾诉，找到情感出口，减轻内心的负担，这有助于形成更紧密的社群。除了情感支持，树洞也提供了社交互动的机会。社群成员可以分享生活中的各种经历、兴趣爱好和见解，这有助于建立更广泛的社交网络。一些树洞可能聚焦在特定的主题或目标上，如心理健康、戒烟、减肥等。这种共同的目标可以使社群成员更加集中精力，并共同努力实现目标，从而增强了社群的靶向性。这种情感联结和社交互动可以增强社群成员之间的凝聚力，使他们更加紧密地联系在一起，并追求共同的目标或享受社交体验。

第四节 网络悼念

网络悼念是一种在互联网上表达对已故人士的哀思和怀念的行为，

---

① 陈盼、钱宇星、黄智生、赵超、刘忠纯、杨冰香、杨芳、张晓丽：《微博"树洞"留言的负性情绪特征分析》，《中国心理卫生杂志》2020年第5期，第437~444页。

它借助在线平台为人们提供了一个可以分享和传递情感的空间。这种行为允许个人表达自己的悲伤情感，有助于共同追忆和纪念逝去的人①。网络悼念的形式和方式多种多样，包括在社交媒体上设置纪念页面、参与在线追思活动、发表文章或写博客、分享照片和视频等。通过这些方式，人们可以表达对逝者的敬意，并与他人分享逝者的生平和故事。②

网络悼念的兴起主要受到数字技术和社交媒体的影响，它使人们能够在全球范围内迅速传播悼念信息和表达情感。网络悼念不仅可以帮助个体缓解悲伤，还有助于将逝者的记忆传承下去，让更多人了解和尊重他们的生命。这表明了互联网和社交媒体在帮助人们传递情感和铭记历史方面的重要作用。网络悼念是对已故人士思念情感的一种表达，反映了数字时代人们对生死和情感的新方式处理。同时，它也可以成为社区建设和情感联结的一种方式。

网络悼念的对象不仅限于英雄人物或在重大事件中的牺牲者，除了杰出贡献者和知名人物，普通民众也可以成为网络悼念的对象。这种广泛性反映了网络悼念的民主性质，任何人都有机会在互联网上被人们记住和怀念。网络悼念不仅是对伟人的礼赞，还可以成为表达对家人、朋友或社区成员的哀思和怀念之情的方式。这样的悼念行为在互联网时代变得更加容易传播和共享，从而拉近了人们的情感距离。

袁隆平是中国杂交水稻事业的开创者和领导者，对中国和全球粮食安全做出了巨大贡献。他的去世引发了广泛的网络悼念，这种悼念反映了公众对他的尊敬。许多网民在社交媒体平台上发布了悼念袁隆平的帖子，表达了他们对这位伟大科学家的怀念之情。这些帖子通常伴随着袁隆平的生平和贡献的简要介绍，以便让更多人了解他的成就。一些网络用户创作了回顾性文章并制作了视频，回顾了袁隆平的一生和科研成就，通过图片、视频片段和文字，生动地展示了他的杰出贡献。同时，一些社交媒体平台举办了在线追思会，邀请大家参与，分享对袁隆平的回忆。这种追思会提供了一个共同缅怀的空间。在悼念帖子下，人们可以发表

---

① 马征、卢佩：《网络悼念的传播学解读》，《青年记者》2007年第14期，第146~147页。
② Krysinska, K., and Andriessen, K. "Online Memorialization and Grief After Suicide: An Analysis of Suicide Memorials on the Internet." *Omega-Journal of Death and Dying*, 2015, 71 (1): 19-47.

评论，表达他们的惋惜之情和对袁隆平家人的慰问。这种互动增强了集体悼念的联结性。"袁隆平同志网上悼念厅"自 2021 年 5 月 22 日晚间设立，三日内的悼念人数已突破 1100 万人次，来自全世界的民众通过互联网平台实现了对袁隆平先生的致敬。

2023 年 6 月 13 日，中国画院院士、中央美术学院教授黄永玉先生因病逝世。他在遗嘱中要求：不留骨灰，不搞仪式。在他去世后，网络上涌现出许多自发的悼念行为。网络悼念为人们提供了一个适当的平台，以分享他们的感受、回顾黄永玉的贡献，以及在互联网上共同建立一个数字化的纪念空间，以永久地纪念这位杰出的艺术家和教育家。人们对黄永玉先生离世的哀思逐渐转化为对其精神的学习、传承与延续。他的离世激发了人们对传统文化的兴趣，他的教育理念和方法被视为宝贵的财富。他的学生和教育者希望继续传承他的教育精神，以培养更多有创造力的艺术家。同时，黄永玉的离世引发了社会范围内人们对生命、艺术和文化的反思。人们通过讨论他的艺术和思想，探讨了与这些主题相关的深刻问题。

网络也是普通民众表达悲伤情绪、纪念已故亲朋好友的重要场域。2012 年 10 月 8 日，豆瓣公墓小组正式成立，小组存在的原因就是为了纪念已故的豆瓣用户。微博也设立了专门的"悼念堂"。在悲伤时，人们往往需要一种方式来表达情感和宣泄内心的痛苦。社交媒体提供了一个相对私密但又公开的平台，让人们能够分享他们的情感，获得支持和理解。通过记录逝者的生平、成就，人们可以将这些信息传递给后代，帮助他们更好地了解家族的历史。

网络提供了一个数字纪念空间，允许人们创建虚拟的悼念页面、发表追思文字、分享照片和视频等。这使得悼念不再受限于传统的纸质纪念册或实体纪念场所。网络悼念通常是公开的，任何人都可以访问和参与。在网络悼念中，人们可以留下评论，回应其他人的追思文字，甚至组织在线追思活动。这使得悼念不再局限于亲友圈子，增强了集体性、共享性与互动性，使悼念活动更加丰富、人们更有参与感。

网络悼念不仅仅是对已故人士的纪念，更是一个引发人们对死亡、生命的价值和存在进行深刻反思的活动。这种哲学性的反思在数字时代更加珍贵。首先，网络悼念让人们更加清晰地认识到生命的脆弱性和不确定性。通过公开讨论死亡，网络悼念有助于打破传统文化中对死亡的沉默和忌讳，鼓励公众深入反思自己的生活方式和价值观。死亡是每个人不可避免的命运，网络悼念常常引发人们对生命的短暂性的反思。在悼念逝者的同时，人们也开始思考自己的有限时间和生命的珍贵，进而重新审视自己的目标、优先事项和价值观。

从生命哲学的角度来看，网络悼念引发了一系列存在主义问题。这包括个体在宇宙中的位置、人类存在的目的，以及人们对死亡的态度等。人们开始思考是否存在超越生命的东西，以及如何在有限的生命中寻求意义。网络悼念为这些深刻的哲学思考提供了一个公开的平台，推动了关于生命和死亡的重要讨论。因此，网络悼念不仅是情感的表达，还是对生命的哲学性反思的重要载体。

此外，网络悲伤情感在网络悼念中会使公众警惕导致个体死亡的因素。网络悼念既引发了人们对已故个体死因的关切，又推动了社会对相关问题的深入探讨和行动。在网络悼念过程中，人们常常讨论已故个体的死因，特别是在已故个体非自然死亡的情况下，如事故、谋杀或自杀。这种讨论不仅引起了公众对个体死因的关注，还促使他们思考如何预防和避免类似的悲剧发生。同时，网络悼念中的警惕情感还会引导人们关注特定的社会问题，如交通安全、心理健康问题或暴力犯罪。这种警惕性促使社会更积极地探讨这些问题，并寻求解决方案以防止悲剧的发生。此外，网络悼念也有助于个体寻求心理健康支持，因为看到他人的悲剧经历可能会引发人们对自身心理健康的关注，推动他们与专业人士或支持团体联系。

最终，公众的警惕情感和行动可能为政府或相关机构采取政策改革措施提供一个窗口。这些措施可能包括加强监管、实施更严格的法律、提高安全标准等，旨在增强社会的整体安全性，预防悲剧的发生。因此，网络悼念中的警惕情感可以成为社会问题解决和政策改革措施落实的催化剂。

第十二章　网络恐惧情感

恐惧是当个体面对风险情景或不确定性境况时因缺乏解决问题的能力而滋生的危机感。作为一种生物与生俱来的情感与反应，恐惧在生物进化过程中帮助生物个体避免危险和提高生存概率。恐惧情感会使个体更倾向于采取保守的策略，避免可能导致危险或不利后果的行为，或使个体采取战略性的回避行为，这种规避风险的行为有助于维护个体的生存和安全。网络恐惧情感一方面是由现实的恐惧情感在社交媒体中的传播构成的，另一方面是由个体在网络世界中感到的不安全感构成的。网络恐惧情感容易被未直面危机的群体内化为"假想中的恐惧"，这种基于想象的体验将恐惧不断放大化、悲观化，对此要谨慎对待。同时，网络恐惧情感可以强化公众的风险规避行为，被用于加强社会控制以及应对各类危机情况。

第一节　恐惧与网络恐惧情感

恐惧是一种自然的生存本能，帮助生物对潜在的危险或威胁做出反应。在面对可能的威胁或危险时，人的身体会释放肾上腺素等激素，引发生理上的恐惧反应，如心跳加速、呼吸急促、肌肉紧张等，以增强应对能力。恐惧情感常常与不确定性和未知相关联，譬如环境巨变、未知疾病、经济危机等。自人类存在开始，恐惧就伴随着人类，无论是自然界的各种危险，还是人类社会的各类风险，危机及与之相伴的恐惧情感从未消失。相反，随着现代社会变革带来的不确定性，特别是在新技术革命、社会风险加剧、价值变迁的推动下，社会中充斥着各种恐惧情感，这种情感塑造了当今政治与社会的生态。

随着技术变革的深入推进、工业文明的不断演进，科学技术为人们的生活提供了诸多便利，为政府治理提供了政策工具，为生命的延续与探索提供了新的可能性，但也引发了有关技术伦理、生态和谐等新维度的社会风险（基因编辑、全球性流行病、核泄漏等），人类社会逐渐步入了全新的风险社会阶段。科学发展所带来的复杂性和不确定性的增强，使得各种全球性风险对人类的生存和发展产生严重的威胁①。这些直接的或潜在的威胁成为现代性社会发展最显著的自反性后果，即技术应用的速度远快于制度调整，同时对技术伦理的探讨亦被对发展的盲目追求所掩盖。

社会加速的常态化迫使人们在进行相应的调适的同时还要考虑随之而来的风险与生存问题。风险是一种"集体构想"，它的生成与发展依托于社会焦点问题，特别是源自突发公共事件的内生危机②。在接踵而至的公共危机事件的刺激下，技术赋予了政府、社会、市场以"超能"，为恐惧情感的滋生埋下了隐患。

同时，技术变革使得人与人、国与国之间产生了难以逾越的鸿沟。随着技术政治化程度的加深，新技术革命的"非中立性"越发凸显③。信息、大数据等支撑技术变革的新元素开始逐渐取代资本、人力等传统元素，成为决定竞争力高低的主导性因素。数据壁垒、技术鸿沟、专业限制、隐私安全等由技术演化必然带来的挑战加剧了贫富差距、阶级固化、社会冲突。在信息化时代，几乎所有的事物都可以被"数据化"。因此，随着大数据的广泛应用，处于信息劣势地位的群体在数据掌控者手中如同"透明人"，这也是恐惧情感的来源之一。

恐惧是当个体面对风险情景或不确定性境况时因缺乏解决问题的能力而滋生的危机感。风险情景既可以是客观存在的境遇，也可以是意识之中的想象场景。在技术赋权的作用下，媒介已经成为公众释放情感、表达意见的重要载体。随着 web3.0 时代的来临，媒介的"拟态真实"性使受众具有身临其境的现场感，这种"伪在场性"对现实事件的发展起着引导的作用④。

恐惧情感的社会化是一个由点及面迅速扩散的过程。公共空间的扩

① 唐跃泓、王前：《从机体哲学视角看人类增强技术的社会风险》，《科学技术哲学研究》2020 年第 5 期，第 74~79 页。

② 郭未、沈晖：《重大突发公共卫生事件中的网络社会心态：一个整合分析框架》，《西南民族大学学报》（人文社会科学版）2020 年第 12 期，第 157~164 页。

③ 魏南枝：《世界的"去中心化"：霸权的危机与不确定的未来》，《文化纵横》2020 年第 4 期，第 42~50、142 页。

④ 龚为纲、朱萌：《社会情绪的结构性分布特征及其逻辑——基于互联网大数据 GDELT 的分析》，《政治学研究》2018 年第 4 期，第 90~102、128 页。

张将"私域"投射到"公域"范畴，由互联网媒介构筑的"裸露的秩序"强化了参与者的感官体验。在现代媒介技术的支撑下，人们对恐惧的理解与表达有了新的诠释。媒介在事实上控制了信息的真假、多寡与情感倾向，通过制造媒介事件的奇观（spectacle），使得恐惧摆脱个体、区域的限制，经由文字、影像被重新建构，从而被未直面危机的群体内化为"假想中的恐惧"，这种基于想象的恐惧体验将恐惧不断放大化、悲观化①。

同时，通过情感个体性与社会性之间的体验性关联，处于技术劣势地位的群体在情感的集体性建构之中易于形成"共情性"的社会恐慌，这在实质上扩大了易感人群的范围。即时通信工具的出现减少了信息传递的时间差，但为谣言的传播提供了便利。谣言与情感动员通常是网络抗争事件的主要元素②，二者相互交织、相互影响。在网络抗争中，谣言可能被用来操纵情感、制造舆论，从而达到谣言发起者或传播者的某种目的。谣言会在民众与政府之间制造裂痕③，使得人人自危并充满了攻击性。在现代通信工具与互联网的影响下，恐惧不再受制于地域性，真实的危机与想象的危机促使恐慌在不同的地界内迅速生长。只要危机不解除，人们的恐慌就会持续不断，甚至影响危机后的人们的行为习惯。

网络恐惧情感的构成可以分为两个方面，一方面是现实的恐惧情感在社交媒体中的传播，另一方面是个体在网络世界中感到不安全。这种不安全感可能源于人们对网络威胁和风险的担忧，包括网络犯罪、数据泄露等。

第二节　风险规避

风险规避是一种决策和行为策略，旨在降低或最小化可能带来负面影响或损失的潜在风险。当个体或组织认识到某种行为或决策可能导致

---

① 袁光锋、赵扬：《"恐惧文化"的社会建构及其政治社会后果》，《南京大学学报》（哲学·人文科学·社会科学）2020 年第 3 期，第 82~91 页。
② 郭小安：《网络抗争中谣言的情感动员：策略与剧目》，《国际新闻界》2013 年第 12 期，第 56~69 页。
③ 张雷：《论网络政治谣言及其社会控制》，《政治学研究》2007 年第 2 期，第 52~59 页。

不利后果时，他们将采取某些措施来规避风险，以减少潜在的损失。作为一种生物与生俱来的情感与反应，恐惧在进化过程中帮助生物个体避免危险和提高生存概率。当人们感到恐惧时，大脑会通过生物化学过程触发应激反应，导致个体的生理和心理变化，如心跳加快、呼吸急促、肌肉紧张等，以应对潜在的威胁。

因此，恐惧会使个体集中注意力，使他们更加关注潜在的威胁和危险因素。恐惧情感也会使个体更倾向于采取保守的策略，避免可能导致危险或不利后果的行为，或使个体采取战略性的回避行为，如避开危险区域或寻求庇护。恐惧情感会导致个体更加谨慎地应对潜在的风险和威胁，这种风险规避行为有助于维护个体的生存和安全。在人类漫长的进化历程中，恐惧这种生物学反应帮助我们的祖先在面临各种危险情境时生存下来。

网络恐惧情感增强了公众进行风险规避的意愿。这种情感与本能的趋利避害使个体更加警觉并对潜在的网络威胁更敏感。例如，一个人可能因为担心网络病毒或网络攻击而感到恐惧。这种恐惧情感会促使他们更加小心谨慎地浏览互联网，避免点击可疑的链接或下载未经验证的文件，这是一种明显的风险规避行为。同样，人们可能因为担心个人信息被盗用而感到恐惧，从而更加重视保护自己的隐私，采取加强密码安全、启用双重认证等措施，以规避可能的风险。

对于公众而言，网络恐惧情感形塑着广大网民与外界的联结方式。第一，网络恐惧情感促使公众更加注意敏感信息。在网络恐惧情感的影响下，人们变得更加警觉，通常会采取主动措施来规避潜在的网络风险。这包括对电子邮件或社交媒体上的可疑链接保持谨慎，以避免可能的网络钓鱼或恶意软件的陷阱。此外，个体可能会更加谨慎地考虑何时何地分享个人信息，特别是在社交媒体等公共平台上。他们可能会限制对敏感信息的分享，以减少潜在的隐私风险，从而更好地保护个人信息安全。这种行为强化了由网络恐惧情感引发的防范意识，有助于减少个体在网络空间中面临的潜在威胁。

第二，网络恐惧情感推动着公众积极地加强隐私保护。在数字时代，个人信息的泄露和滥用成了现实生活中的一个威胁。网络恐惧情感使人们更加担心自己的隐私受到侵犯。因此，很多人积极采取措施来保护他们的个人信息安全。这包括选择使用加密通信工具、启用虚拟专用网络（VPN）以加强在线隐私保护，或使用匿名浏览器以降低被跟踪的风险。此外，个体还会借助密码管理器等工具来确保他们的在线账户具有复杂且难以被破解的密码，以增强账户的安全性。这些积极的隐私保护措施不仅反映了网络恐惧情感的影响，也推动了隐私保护技术和相关法规的不断发展与完善，有助于保护个体的数字隐私。

第三，网络恐惧情感促使人们自发寻求可信源并进行信息验证。由于担心在网络上遭遇虚假或误导性信息，许多个体积极寻找可信任的信息来源。这包括选择信任的新闻媒体、政府机构、学术研究机构或专业领域的权威性机构，以获取准确和可靠的信息。这种行为有助于个体规避虚假信息、陷阱和潜在的网络欺诈，从而增强了他们的信息安全感。此外，这种对可信源的依赖也推动了社会对媒体可信度和信息质量的更高要求，促进了新闻行业和信息传播领域的进步。因此，网络恐惧情感通过引发信息寻求行为，间接地提高了信息质量和公众的信息素养。

第四，网络恐惧情感会使得公众倾向于选择更加封闭化的社交圈。在面对网络恐惧情感时，一些人可能会选择更加封闭和私密的社交互动方式。他们可能会降低在社交媒体上的活跃程度，限制与陌生人的联系，或者更多地与亲密的朋友和家人进行线下交流。这种行为反映了人们对网络世界的不信任和担忧，他们更愿意在一个更受控制的社交环境中保护自己的隐私和信息安全。这种封闭化的社交圈可能会减少人们与陌生人的接触，但有助于降低网络风险，满足个体对隐私和安全的需求。

对于政府而言，可能受到公众的网络恐惧情感影响，倾向于采取更加保守和谨慎的政策措施。这可能包括更严格的网络监管、数据隐私法规的完善以及对网络威胁的高度关注。同时，各国政府在积极投资网络安全领域，提升国家网络基础设施的防护能力，提升网络谣言应对能力，以弱化公众的网络恐惧情感。此外，政府也会在网络安全意识教育方面加大力度，提供更多资源来帮助公众更好地应对网络风险。这些政策和措施的制定反映了政府对公众网络恐惧情感的回应，旨在维护国家的网络安全和稳定。

第三节　社会控制

　　恐惧情感作为一种政治亚文化已内化于政治生活之中，并以制度为载体影响着国家的运行、公共生活。提高生存的可能性是群体聚集的价值逻辑。国家这种组织形式是为了减少群体内部冲突，加强社会分工，以获得生存资源、抵御安全威胁、解除精神痛苦与应对疾病。因此，国家存在的最根本的目标是维护群体的安全并促进其发展，而这种存在价值根植于人们对生命脆弱性的恐惧。

　　恐惧情感的生成、扩散促使安全价值在政府治理价值体系之中的等级或排序上升，甚至使其成为左右政策博弈过程的重要因素。在社会发展的进程之中，安全与发展的矛盾性增强。与大众健康、社会稳定、发展可持续相关的安全问题，诸如环境污染、生态危机、社会冲突、恐怖主义、信息安全、网络暴力等，深刻地影响着政府的治理实践与价值追求，从而改变了传统的政策议程设置、制定、公众参与、评估过程。

　　政治可以影响情感控制。伯特兰·罗素认为，领袖可以通过操纵人们的情感来获取权力，主要包括营造恐惧氛围、给予希望和制造仇恨这三种方式①。领袖通过这些方式，能够更好地控制和影响他们的追随者，从而塑造他们的行为和决策②。在这个动态的博弈过程中，当权者会根据既定的环境或语境判断哪些情感需要渲染，而哪些情感需要抑制③。利用恐惧往往可以达到控制的目的，政府会利用人们对安全问题的重视来获得支持与合法性④。例如，"9·11"恐怖袭击事件之后美国全球战略发生了转变，全球变暖、粮食危机、能源问题等潜在威胁改变了全球治理模式。同时，极右翼势力、恐怖主义分子往往会利用公众的恐惧情感

①　李艳丽、杨华军：《我们心底的怕：恐惧的政治功能及其启示》，《武汉理工大学学报》（社会科学版）2017 年第 2 期，第 66~72 页。

②　张爱军、孙玉寻：《对微信"点赞"的政治心理分析》，《学术界》2021 年第 2 期，第 162~170 页。

③　Reddy, M. "Against Constructionist: The Historical Ethnography of Emotions." *Current Anthropology*, 1997, 38: 327-340.

④　毛延生：《以情致用：特朗普政治劝说话语中的恐惧驱动模式》，《深圳大学学报》（人文社会科学版）2019 年第 3 期，第 16~24 页。

来实现其政治诉求。

因此，恐惧情感既是政府治理的工具之一，也是反对派发起攻讦的武器之一。恐惧会迫使人民听从指挥、相信权威，从而配合政府的政策措施。从历史来看，危机往往是政府大规模扩张或政府能力增强的契机[1]，故而政府会自然而然地选择对涉及人身安全的事件进行渲染，通过公共话语输出，增强政府行动的理性、文化的认同与政治的共情[2]。

社会恐惧的传染机制、扩散路径以再造政治的方式塑造着公共生活，这使得我们习以为常的思维方式、行为准则面临被解构的窘境，并逐渐构建新的社会存在与意识[3]。从个人层面而言，恐惧也有负面效应，即在遭遇危机的初始时期人会丧失理智，从而引发一系列"崩溃式"的连锁反应。但是，值得注意的是，恐惧会滋生敬畏的情感。"居安而思危"，因为恐惧无处不在、无时不在，在逆境中成长的人们会学着保持理性，警惕危机。当威胁一次又一次出现时，人们可以在经验的积累之下减少损失，甚至使得某种危机成为过去式（如天花）；当新的危险出现时，人们可以尽快组织人力、物力科学地应对，从而避免遭受毁灭性的损失。

此外，风险规避和社会控制通常是相辅相成的。一方面，风险规避是个体自然选择与社会选择的行为统一。风险规避是个体或组织为了自身利益而采取的行动，其主要目的是保护自身免受潜在风险的影响。个体会通过选择更安全的环境、避免危险行为或采取防范措施等方式来规避风险。另一方面，社会控制是外部对个体行为的规范与约束。社会控制是社会对个体行为的管理和规范，其主要目的是维护社会秩序和公共利益。社会控制通过法律法规、政策措施、社会舆论等手段对个体行为进行约束和指导，以防止不良行为的发生，减少潜在的社会风险。

---

① Higgs, R. *Crisis and Leviathan: Critical Episodes in the Growth of American Government*. Oxford University Press, 1987: 37~88.

② 陶日贵：《让恐惧漂浮的政治——鲍曼对当代资本主义政治的批判》，《深圳大学学报》（人文社会科学版）2015年第3期，第97~102页。

③ 朱正威、吴佳：《适应风险社会的治理文明：观念、制度与技术》，《暨南学报》（哲学社会科学版）2020年第10期，第67~77页。

第四节　危机应对

正如亚里士多德、修昔底德、史珂拉等哲学家所言，恐惧具有一定的社会正义作用，亦被理解为有助于提供道德力量与维护政治团结[①]。对于每一个个体而言，恐惧情感是其最熟悉的情感之一，甚至在生命之初我们就已经有了恐惧情感；对于社会而言，恐惧情感刺激不同群体认识到社会的普遍生存状态，并产生"敬畏之心"，帮助人们约束自身的行为，正视乃至参与社会治理以化解冲突与危机。

故而，网络恐惧情感对人的心灵和行为都存在显著的引导效果。第一，网络恐惧情感提供道德力量。网络恐惧情感能够促使人们关注道德问题，因为它们通常涉及安全、公平和正义等。当人们对某种不公平或不正义的情况感到恐惧时，他们可能更有动力采取道德行动，如支持人权、反对不道德的政策或行为。第二，网络恐惧情感引发政治参与。网络恐惧情感可以激发政治参与的动力。人们可能会参与政治运动、抗议活动或投票来应对感知到的威胁，从而形成政治团结。这种团结可能会推动社会变革，以消除恐惧源或改善情况。第三，网络恐惧情感强化社会联系。在面临共同威胁或危机时，人们往往更容易建立社会联系和团结。恐惧情感可以强化群体认同，使人们更倾向于与同样担忧的人建立联系，共同应对问题。这种社会联系可以在政治和社会运动中发挥关键作用。第四，网络恐惧情感形成道德框架。网络恐惧情感可以帮助塑造个体和社会的道德框架。面对潜在威胁，人们可能会重新评估其价值观和道德准则，从而做出更加道德的行为和决策。

网络恐惧情感的政治效应既有积极的一面，又有消极的一面。从正面来看，网络恐惧情感可以提醒公众警觉社会和政治的潜在风险。人们更可能关注政府的政策和决策，确保其合法性和透明度。这可以推动政府更谨慎地处理问题，避免权力滥用。部分公众可能因为担心政治事件

[①]　亚里士多德：《政治学》，吴寿彭译，商务印书馆，1965，第272页；修昔底德：《伯罗奔尼撒战争史》（全2册），谢德风译，商务印书馆，1960，第19页；茱迪·史珂拉：《政治思想与政治思想家》，斯坦利·霍夫曼编，左高山、李欢、左炬译，上海人民出版社，2009，第12页。

而更积极地参与政治，促使他们参与选举、示威抗议、请愿活动等，以争取社会公平。因此，网络恐惧情感可能会引发更多的政治信息传播和讨论。人们可能更倾向于分享相关新闻和观点，推动社会政治议题的广泛讨论。这有助于加强舆论监督，提高政府的问责度，增强公众对社会危机问题的公共意识。因此，网络恐惧情感是政治动员的一剂良方，特别是在当今社会政治冷漠问题比较严重的情况下。

从负面来看，网络恐惧情感可能导致政治动员的失控。网络恐惧情感可能导致社会的不安定。它可以引发示威抗议、社会动荡和政治冲突，危及社会的和谐和稳定。一些人可能因为网络恐惧情感而走向政治极端。他们可能寻求激进的解决方案，支持激进的政治组织，甚至参与恐怖活动。这可能加剧社会分裂和冲突。同时，政府可能会利用网络恐惧情感来加强对公民的监视和控制。为了应对网络恐惧情感，政府可能采取过度的安全措施，侵犯公民的隐私和自由权。因此，管理和引导网络恐惧情感对于维护社会稳定与民主原则至关重要。政府、社会组织和媒体都需要扮演积极的角色，以确保网络恐惧情感的合理表达。

新冠疫情是自第二次世界大战以来，首次将世界范围内大规模的不同群体被动地卷入由恐惧构筑的社会风险秩序与场景之中的事件。随着风险社会自身演变的常态化，重大风险或公共危机已然嵌入公共生活与政策体系的范畴。在"后疫情时代"，社会恐惧将始终糅杂在社会的观念、制度与技术之中。因此，政府在应对危机、治理危机的时候不可避免地需要重新审视恐惧情感在公共危机事件中的演化机制，妥善引导社会恐惧，发挥恐惧情感的正面效能，探讨恐惧情感演化机制下的危机治理新模式。

从疫情发生的周期来看，恐惧在不同阶段呈现不同的机制特征。在疫情初期，恐惧的效能是负向的。但随着危机管理方式的演变，恐惧成为国家全面应对公共危机的推手，甚至成为未来同类或异类危机发生时应对的"药引"。因此，应该根据疫情发生的周期，研判突发公共卫生事件中恐惧情感的传染机制、扩散路径，评估恐惧情感的不同演进阶段对政府、公民的效能作用。

从政府层面来看，恐惧既是国家治理的工具，又是对国家能力的考验。回顾以往的公共卫生危机，在疫情发生的初期，恐惧可能会短暂地胜过政治、科学。政治家可能出于政治目的选择隐瞒疫情的实际情况或夸大疫情的程度；科学家亦可能"出于谨慎"，提出过度防疫的对策或服从于权威而罔顾事实；普通民众可能因为恐慌而采取过激行为，也可能"无动于衷"。在信息严重不对称的情况下，疫情初始阶段的不确定性极强。因此，任何一场危机都会面临一个人们反应的空窗期。

　　一个国家在面对未知疫情的威胁时，它应对恐惧的方式决定了该国政策的成败，这也在很大程度上取决于该国的治理水平。如果政府无法掌控公众恐惧，人们可能会被恐惧支配或被疾病驱赶到诸多不可控的选择上面，那么恐惧本身就会迅速蔓延并成为一种随心所欲的力量，从而不断地消耗国家意志、国家能力、公众凝聚力[1]。

　　随着危机等级的提高、社会恐惧情感的汇集，危机改变了政治生活的基本条件。公众对安全的呼吁所形成的基本公共价值进入公共决策领域，影响了安全价值在国家公共价值目标之中的层级性（hierarchy of public values）。国家的目标是多元的，在不同阶段，为了达到综合实力增强的目的，政府往往会在多个相互联系、矛盾或者无关的价值集之中进行抉择。国家利益的价值集具有阶级性，为了更高一级的利益，处于价值链底层甚至中层的利益会被牺牲。为了最高价值目标（安全），政府在必要时仍需要采取紧急措施。因此，当恐惧出现时，对新冠疫情的恐惧促使人们更加关注健康安全、生态安全，安全价值等级不断提升，从而推动国家政策以维护安全为首要目标。这有时会遭遇伦理道德上的尴尬，例如隔离会侵犯公民的自由权，甚至有可能牺牲更大量的次一级价值利益，比如经济利益、外交利益、政治利益等。

　　在常规时期，政府倾向于维持稳定，制度演化的逻辑是为了降低不确定性。因此改革是缓慢、曲折的，改革派与保守派之间往往需要进行长期的"拔河赛"。但当像新冠疫情这样的新威胁突然出现时，僵局就被打破了，危机给予政府采取非常规行动的机会[2]。大规模的恐惧侧面起到了总动员的效果，促进了民众危机意识的觉醒。从最基本的安全需求滋生的恐惧情感，将每个个体串联起来，汇聚成政府手中最坚硬的利

---

[1]　Gore, A. *The Assault on Reason*. London：The Penguin Press，2007：107-133.

[2]　Higgs, R. "The Political Economy of Crisis Opportunism." *in Mercatus Policy Series*, *Policy Primer No.*11, Mercatus Center, George Mason University, 2009.

刃。这种社会力量的聚集并不是政治精英自主选择的结果，而是民众自发形成的、体量巨大的"群众现象"。疫情是对一国政府公共危机处理能力的考验，而应对危机的经验与教训亦成为政府机构改革、应急管理制度改革的数据源。

表 12-1　恐惧的效能辨析

主体	疫情暴发期	疫情延续期	疫情结束期
政府	功能失灵	安全价值等级提升	改革契机
民众	秩序混乱	服从性、凝聚性增强	恐惧记忆

从民众层面来看，恐惧作为一种能力，在疫情的作用下构成了人们的知识记忆体系。作为一种基本的生理反应，恐惧是我们在生存受到威胁时立即做出的反应。"在存在恐惧的地方，就不可能有智慧。"恐惧一直被认为是理性的敌人。情感影响理性的能力比理性影响情感的能力强得多，尤其是恐惧情感。如果对某一事物了解得越少，人们就越容易害怕它，从而滋生逃避、厌恶、失控的情感或者行为。任何意外情况的发生都会被标记为不同等级的危险。当强烈的不确定性笼罩着人们时，人们进行选择的能力就会发生变化[①]。人们通常会低估他们遇到的事情的风险，以及他们对这些事情的控制能力。一旦超出预期，就容易滋生恐惧。因此，对疫情的非理性恐惧在疫情发生之初放大了疾病的负面影响。

恐惧情感对个体而言亦是一种情绪蓄力。时至今日，我们的世界仍然会发生许多不可控的意外事故，正能量并不是唯一的生活方式，对负能量的消化、转化也是一种生存能力。恐惧和理性对于人类生存都是必不可少的，但是它们之间的关系是不平衡的。乍一看，他们似乎只能是一对矛盾关系。然而，恐惧与理性之间也存在着相互促进、转化的可能。对于治理而言，充满理性的恐惧才是应对危机的圭臬。特别是在生死攸关的背景下，恐惧的效应被无限放大，社会恐慌已然形成。在这种情况下，克服恐惧显然是低效的行为。反之，利用恐惧才是面对重大公共危

---

① Pyszczynski, T. "Experimental Existential Psychology: Coping with the Facts of Life." in S. T. Fiske, D. T. Gilbert, and G. Lindzey. *Handbook of Social Psychology*, 5*rh ed*. New York: Wiley, 2010: 724-767.

机最重要的手段。

从社会发展的角度来看，恐惧是促进公民学习的手段。面对未知危险时的恐惧情感，使得人们更加谨慎、回归科学、重视专家言论，并规避风险、积累知识。当流行性疾病再次席卷而来时，恐惧记忆会使得人们产生"在场"反应，从而做出应对危机的正确反应，这种由恐惧带来的条件反射式的应对措施比危机教育的影响更加深刻。这是一个进化优势，将促进群体凝聚力的增强，帮助疫情之初产生的信任危机转化为以政府为主导的、各方协调配合的生存之战。

在恐惧情感的推进下，国家与社会构成了危机治理的双主体。恐惧情感促使政府有效地引领公众实现共同行动，通过营造一个多元平衡的情感环境，将各地民众拧成一股绳，凝聚社会共识并加强团结，促使抗疫知识、恐惧情感转化为突发公共卫生事件危机治理的文化底蕴。

治理的最大成就在于当国家遭遇重大危机时，可以有效地实施管理和控制。突发公共卫生事件对政府治理能力的考验主要在于三个层次，即对资源的调度力与掌控力，安抚民众、维持社会秩序的能力，开展积极外交的能力。面对突发公共卫生事件，政府需要兼顾主要疫情区的紧急支援与其他区域防控的平衡，保持危机处理与日常事务的和谐关系、权衡信息披露与舆情控制的尺度。因此，在高压的风险环境下，单一政府主体的治理模式容易陷入制度性窠臼，这需要社会力量从弹性治理的层面进行互构。

一方面，以"国家强力进场"为危机治理的基石。由于突发公共卫生事件存在传播范围广、传播速度快、隐蔽性强、危害性强、治理难度大等特征，政府需要快速响应、精准应对。国家的"强力"体现在两个方面。一是各级政府必须在有限的时间、物资、人力、智力的条件下确保自身应对传染病而实施的公共卫生政策基于科学证据和公共卫生必要性，即在最低的国家利益损失的基础上遏制疫情的发展是政府的基础目标。只有国家从全局层面集中力量统筹资源配置、协调多方关系、稳定民心，才能实现遏制疫情蔓延、平息社会恐慌、恢复正常秩序的目标。二是某些紧急政策的执行会引发较大争议，政府需要摒除杂音，遵循恐惧情感演化的规律，引导恐惧情感转化为社会动员的巨大能量。

另一方面，以社会力量构筑最广泛的社群防线。面对突发危机，政府危机治理的重点与难点落脚于公共领域。居家隔离、物资调配、人力支持、舆情监督等均离不开社会力量的配合。从个体层面来看，恐惧情感促使民众密切关注事态的发展趋势、抱团自救、积极响应社会动员。因此，政府需要为社会参与提供一个合适的平台，建立共同行动机制，消除政府机构、社会组织、个人之间的制度隔离，实现普通民众从"被保护者"到"防疫战士"的身份认知转变，共同承担危机治理主体的责任，以社区为治理单元构建"国家-社会"危机治理网络①。

在恐惧与危机密不可分的风险社会背景下，情感环境实际上承担着维持国家与社会两个主体内在联系的功能。政府对恐惧情感的引导最终落脚于对情感环境的营造。情感环境是由多种社会情感杂糅而成的复杂社会心理集合体。一个国家应该为它的人民创造一个正向性的情感环境②。正向性的情感环境并不意味着摒弃所有的负面情感，而是在正面、负面与中性情感之间维系情感环境的平衡，从而达到促进社会和谐发展的目的。

通过维持适当的恐惧情感体量，政府能够集中社会力量，引导公众积极配合危机治理行动，将过多的恐惧情感转化为社会安全感与信任感，提高危机治理效能，提升公民危机素养。在一次次的危机治理事件中，利用恐惧情感演化机制，促使危机转变为社会转型的发展契机。在突发公共卫生事件中，恐惧情感是集体情感话语体系的重要组成部分。它不仅将社会公众卷入其中，还重塑了社会关系，不断影响国家政治过程与政治行为。共同的恐惧体验让民众易于接受"破格"但有效的政策举措，这为治理模式的转变奠定了群众基础。

同时，保持恐惧情感的存在能够提升治理效能，使国家、社会、个人对未知风险保持警惕。在社会风险不断加剧的时代背景下，没有绝对安全的环境，任何一个实体都无法毫无损失地抵御每一次危机。面对危及社会安全的重大突发性事件，恐惧情感更多地起着应激保护机制的作用。由恐惧情感影响的世界秩序，提醒政府建立危机预警机制与应对预

---

① 刘佳：《"国家—社会"共同在场：突发公共卫生事件中的全民动员和治理成长》，《武汉大学学报》（哲学社会科学版）2020 年第 3 期，第 15～22 页。

② Nussbaum, M. C. *The Monarchy of Fear: A Philosopher Looks at Our Political Crisis.* New York: Simon & Schuster, 2018: 15-33.

案，敦促公众积极参与危机治理行动。在危机消弭阶段，恐惧亦通过群体情感的传递效应，形成危机情感文化，影响危机知识体系，构筑一个最广泛的、长效的情感环境。

突发公共卫生事件对社会、经济与政治的影响会构成该国的文化记忆，从而间接地影响国民性、观念、知识文化与凝聚力、吸引力。人们会在突发公共卫生事件之中自发地将知识理论与危机处理实践相融合，从而归纳新的认知。风险永远走在人类进步的前面，经验不是万能的，而学习危机知识、结合不同地区的条件提高灵活应对的能力才是复盘反思的关键。危机学习不是总结经验，那样只会落后于危机，而是对意识、理念的培养。每一次危机的出现都会伴随新的、预测不到的难题，政府如何协调、社会如何运作、民众如何配合需要通过预演与实践一次次地磨合，从而达成一个基于信任的文化共识。

恩格斯曾经说过："没有哪一次巨大的历史灾难不是以历史的进步为补偿的。"① 一国的文化是历史故事的重述，政府与民众在突发公共卫生事件中的能力的增强是危机给人类的补偿。人类文化的整个结构从一个方面而言，就是在刺激与反应的过程中精细地生成的②。恐惧情感作为一种刺激因素，构成了危机记忆的核心。共同的记忆与知识是构建国家文化体系、人类命运共同体的故事来源。在突发公共卫生事件之中，美好的事物值得记录，而关于伤痕与恐惧情感的记忆更应该保存，两者相结合才能真正呈现时代的复杂性、生长于风险社会的个体生命的复杂性。讲好"抗疫故事"既是对危机治理的经验总结，也是对危机中产生的情感的延续与传承。

中国"抗疫故事"反映的是中国政府的积极应对、社会力量的广泛参与、国家机器的运行，这些防疫经验实质上体现了中国特色社会主义制度的优越性，是"四个自信"的具象化。通过诉诸情感，以"讲故事"的形式实现了治理向社会的回归③。通过总结中国"抗疫故事"的价值元素，将政治叙事与现实生活有效地结合起来，构筑危机治理文化

---

①　《马克思恩格斯全集》第 39 卷，人民出版社，1974，第 49 页。

②　沃尔特·李普曼：《舆论》，常江、肖寒译，北京大学出版社，2018，第 79~92 页。

③　姜红、印心悦：《"讲故事"：一种政治传播的媒介化实践》，《现代传播（中国传媒大学学报）》2019 年第 1 期，第 37~41 页。

体系，以社会情感为支撑，引导和推动人们合理地将恐惧情感转化为理性行动，从共同行动之中积蓄情感的力量和全民参与的动力。

随着社会风险的不断加剧，突发性危机在所难免。引起我们痛苦（或快乐）情感的事情总会相互之间形成某种因果联系，成为一个系统。危机与恐惧之间自然形成了一种条件反射效应。在新技术革命、社会风险加剧、价值变迁的推动下，恐惧情感不仅影响着公众的日常生活，更塑造了当今政治与社会生态。因此，辨析恐惧情感的演化机制，发挥恐惧情感的治理效能才是应对社会危机的题中之义。

随着国家力量的介入、社会力量的激活，在经历了危机初期的混乱之后，利用恐惧情感演化的政府路径与公民路径有可能成为国家全面应对公共危机的推手，促使"国家-社会"共同在场危机治理模式的形成。通过研判突发公共卫生事件中恐惧情感的传染机制、扩散路径，评估恐惧情感的不同演进阶段对政府、公民的效能作用，并将突发公共卫生事件造成的危机转化为机制改革、重铸社会信任、增进国家认同的契机。

在恐惧情感的演化推进下，国家与社会的"抗疫角色"的双主体凸显。恐惧情感促使政府能够有效地引领公众实现共同行动，构筑"国家-社会"共同在场的危机治理模式，通过营造一个多元平衡的情感环境，将各地民众拧成一股绳，凝聚社会共识，并促使抗疫知识、恐惧情感转化为突发公共卫生事件危机治理的文化底蕴，从而以共同行动营造情感环境，以情感环境推动文化形成，以文化故事培育危机治理能力。

第四部分

网络社会情感的治理

        网络社会情感的治理是当今数字时代备受关注的重要议题。随着社交媒体和数字平台的崛起，网络社会情感已经演变成了塑造社会互动、引导舆论和维护社会稳定的力量。然而，网络社会情感的自由表达伴随着滥用、分裂和不稳定的问题，而网络社会情感裹挟个体甚至群体导致行为极化的案例亦越加频繁地出现。例如，微博控评、网络刷屏等行为试图营造一种"平台制造"下的社会心理与情感状况，这暴露出原生态的社会情感可能会在网络事件中呈现虚假情感特征的异化问题①。因此，对网络社会情感的治理变得尤为重要。

        网络社会情感的治理，既要治理网络社会情感这个社会现象，又要通过治理情感来治理社会问题。这种把情感治理既视为目的，又视为手段的治理方式，不仅是一种社会治理的理论创新，也是一种社会治理的实践创新。网络社会情感治理的目标是实现网络社会的平衡状态：既要保护个体情感表达的多样性和包容性，又要预防情感表达的极端化和暴力化；既要维护网络平台的开放性和多元性，又要加强对虚假信息和极化情感的监管；既要发挥网络社会情感的积极作用，如社群凝聚和正面情感传播，又要防止情感强度过大可能导致的社会冲突和不稳定。这需要综合运用多种手段，包括政策法规的制定、社交媒体平台的自律、舆论监督、公众教育水平和媒体素养的提升等。同时，治理网络社会情感还需要跨界合作，涉及政府、科技公司、媒体以及公众等多个利益相关方。在这个背景下，本部分从个体层面、媒介层面、社会层面和政府层面出发，探讨网络社会情感的治理策略。

---

① 张兆曙：《虚拟整合与网络社会的群体性焦虑——以网络刷屏为例》，《江苏行政学院学报》2021年第5期，第67~75页。

第十三章　情感治理的意蕴

情感治理（emotional governance）的意蕴在于通过引导、调控和管理社会成员的情感体验、表达和影响，以实现社会的稳定、和谐和发展。从个体层面来看，个体化调控涉及心理健康支持、心理治疗、情感教育以及情感表达的个人自由，侧重于对个体情感体验和情感健康的管理。从社会层面来看，社会化调控既包括社会对情感的期望、价值观念、文化传统和规范，也包括社会对情感表达的接受度、道德标准以及情感政治的管理，关注社会和社会文化对情感表达与情感规范的影响。情感治理的核心目标是创造一个有利于个体和社会共同繁荣的情感环境，以维护人们的心理健康、社会和谐和公共利益。

第一节　社会治理中的情感治理向度

情感议题是社会学面对的传统问题，韦伯所谈的理性的牢笼，涂尔干所谈的集体团结，托克维尔所谈的心灵的习惯，都为情感社会学的发展提供了坚实的基石。尤其是20世纪70年代以来，情感社会学扩展出很多理论，如拟剧与文化情感理论、情感仪式论、符号互动情感理论、情感交换理论等。这些理论不仅继承了情感研究的相关传统，也日渐把情感问题的治理推向了国家实现治理能力现代化的高度①。

为何要格外关注社会治理中情感治理的向度？这既离不开我们的文化根基，也与社会现状密不可分。两千多年来，以"仁、爱、忠、恕"为核心的社会思想，构建了中国情本体的社会，人们不仅仅在进行事实判断与价值判断之时，把是否合情当作前置条件，甚至还把国家层面的

---

① 彭广林：《潜舆论·舆情主体·综合治理：网络舆情研究的情感社会学转向》，《湖南师范大学社会科学学报》2020年第5期，第142~149页；郭根、李莹：《城市社区治理的情感出场：逻辑理路与实践指向》，《华东理工大学学报》（社会科学版）2021年第2期，第121~135页。

法律制度、分配原则等的正当性，视为情感维系的对象。举例来说，中国的儒家思想强调仁爱和忠恕的重要性。仁爱教导人们要对他人怀有深切的关爱和同情，将他人的需求置于自己之上。这种情感基于对他人的理解和共鸣，有助于建立亲密的人际关系并维护社会和谐。忠恕则强调忠诚和宽容。忠字不仅代表对国家和家庭的忠诚，还强调了对道义原则的忠诚。恕则教导人们要宽容、原谅他人的过错，这建立在理解和共鸣的基础之上。这些情感价值观贯穿于中国传统文化中，影响了社会的道德规范和法律制度。在中国的历史长河中，一旦社会阶层之间发生严重的情感对立，就会引发暴动、起义、造反与革命。这凸显了社会阶层之间情感对立的严重性以及它们对中国社会和政治的巨大影响。这种对立不仅反映了社会不平等和不公正的问题，还激发了人们参与政治运动和社会改革的决心。

而当前社会，随着社交媒体技术的发展与应用的普及，公民意识、公众意见、公众情感都深刻地影响着社会体制、法律、政策、文化的变革。而稳定的社会情感，不仅是社会存在的基石，更是社会发展的前提条件。例如，中国的法律体系不仅仅是为了维护公平和正义，也反映了社会对情感的关注。在法律中，关于婚姻的法律规定了人们对家庭成员的情感关怀和扶助义务。在刑法中，对于犯罪嫌疑人和被告人的权益保护也体现了对情感和尊重的重视。这些法律制度旨在保护社会成员的情感权益，以维护社会的和谐和稳定。法律不仅仅是制度和规则的堆积，还反映了社会对情感、道德和社会正义的关切。这有助于构建一个更加公平和人性化的社会体系。

至此，情感治理这一命题的重要程度，也就不言而喻了。理查兹将情感治理定义为，通过大众媒介来关注和引导公众的情感①。这种对情感治理的定义，反映了媒体对情感表达和情感体验的塑造与引导作用，以及其对社会和政治议题的影响。然而，他忽视了其他情感治理的主体与情感治理的手段。情感治理是一种特殊的政治策略②，贯穿权力关系

---

① Richards, B. *Emotional Governance: Politics, Media and Terror*. London: Palgrave Macmillan, 2007: 10.

② Pun, N., and Qiu, J. "'Emotional Authoritarianism': State, Education and the Mobile Working-Class Subjects." *Mobilities*, 2020, 15 (4): 620-634.

的情绪是复杂而矛盾的，不仅会导致抵抗和反对，也会激发凝聚性与认同感。对社会情感的研究无论在何时都不能忽略情感体验的空间化和历史化背景，脱离了对政治社会环境的研究会浮于表面①。

在数字化时代，情感的赋权和异化为社会带来了新的治理挑战。社交媒体等平台赋予了群体更大的社会力量，使情感在公共领域中具有了前所未有的影响力。然而，与此同时，数字技术将情感数据视为极具商业潜力的资源，引发了人们有关隐私和数据滥用的担忧。情感治理不仅仅涉及对情感的管理，还涉及对权力的管理②。情感治理的复杂性在于，情感不再仅仅是情感，它们成了政府、企业和其他组织争夺的资源。政府可能试图控制情感表达，以维护社会的稳定和秩序。企业则可能利用情感数据来定制广告、产品和服务，以更好地满足消费者的需求。这些过程中的权力动态需要监管和政策的支持，以确保情感的自由表达和权力的负责治理之间的平衡。因此，情感治理不仅关乎情感的管理，还关乎社会权力的分配和运作。

关于网民情感治理的相关研究，主要成果集中于国内学者的研究。国外缺少关于网民情感治理的相关研究成果，原因大致在于国外普遍把网络情感的表达视为自由表达权利的一部分，从而不对网络情感做出相应的干预。我国学者或把网络情感视为社会情感的一部分，或把网络情感视为网络舆情的一部分，认为社会治理要关注显著的社会负面情感和网络舆情，从而营造积极的社会氛围。

对网民情感的研究，目前主要包括三个维度。

第一，从政务治理的角度研究政府对网民情感的回应③。其治理方式主要是在明确网络情感生成逻辑的基础上，将媒介话语与官方话语进行联结。媒介话语与官方话语的联结和互补是网络情感治理的有效途径，是建立在官方话语与民间话语之间的桥梁。尤其是主流媒体要立场鲜明，

---

① Hendseron, V. "Is There Hope for Anger? The Politics of Spatializing and (Re) Producing an Emotion." *Emotion, Space and Society*, 2008, 1 (1): 28-37.

② 王鸿宇、蓝江：《数字资本主义时代的情感——从生活到生产，再到权力治理》，《国外理论动态》2021年第1期，第114~124页。

③ 孟天广、李锋：《网络空间的政治互动：公民诉求与政府回应性——基于全国性网络问政平台的大数据分析》，《清华大学学报》（哲学社会科学版）2015年第3期，第17~29页。

利用官方话语以正视听，利用道德话语展开博弈①。同时，还要使媒介善于运用"情绪设置"，对复杂的公共情绪进行有效引导②。还有学者认为要运用舆论疏导情绪，要利用好互联网这个媒介，将负面情绪疏导成正面情绪。这种治理既要加强对自身层面的情绪管控，也要加强对不良信息的传播管控③。

第二，从网络舆情的角度研究媒介对网民情感的疏导。只有增强政府与群众的情感联结④，才能更好地实现高认同度的生活共同体，实现国家的长治久安⑤。有学者提出对网络情感的疏导要建立在尊重网络生态赋予的异质共同体价值之上，在具体的情境中追求正义的观念与正义的实践⑥。也有学者认为要设置网络情感诉求与公共权力的界限，要用正义情感化解敌对网络情感⑦。还有学者认为，疏导网络情感要实现线上线下联动，既要做好线上的疏导工作，也要做好线下治理工作，尤其要关注社会现实问题，并解决社会现实问题⑧。

第三，从情感治理的角度对网民情感进行疏导。通过文本挖掘⑨、情感分析⑩等大数据分析技术⑪，分析网民的情感表达，了解他们的情感

---

① 陈丽芳：《从"侠客岛"看新媒体平台的情感治理》，《传媒》2020 年第 1 期，第 42~44 页。

② 徐翔：《从"议程设置"到"情绪设置"：媒介传播"情绪设置"效果与机理》，《暨南学报》（哲学社会科学版）2018 年第 3 期，第 82~89 页。

③ 李梅：《新媒体时代的社会心态与情感治理》，《探索与争鸣》2016 年第 11 期，第 32 页。

④ 何雪松：《情感治理：新媒体时代的重要治理维度》，《探索与争鸣》2016 年第 11 期，第 40~42 页。

⑤ 郑杭生、黄家亮：《论我国社区治理的双重困境与创新之维——基于北京市社区管理体制改革实践的分析》，《东岳论丛》2012 年第 1 期，第 23~29 页。

⑥ 师曾志、杨睿：《新媒介赋权下的情感话语实践与互联网治理——以"马航失联事件"引发的恐惧奇观为例》，《探索与争鸣》2015 年第 1 期，第 41~44 页。

⑦ 张爱军：《"后真相"时代的网络意识形态诉求与纷争》，《学海》2018 年第 2 期，第 82~89 页。

⑧ 桂勇：《高度关注"高表达"的网络社会心态》，《探索与争鸣》2016 年第 11 期，第 52~53 页。

⑨ 杨立公、朱俭、汤世平：《文本情感分析综述》，《计算机应用》2013 年第 6 期，第 1574~1578、1607 页。

⑩ 周立柱、贺宇凯、王建勇：《情感分析研究综述》，《计算机应用》2008 年第 11 期，第 2725~2728 页。

⑪ 何炎祥、孙松涛、牛菲菲、李飞：《用于微博情感分析的一种情感语义增强的深度学习模型》，《计算机学报》2017 年第 4 期，第 773~790 页。

状态①, 及时发现负面情感的迹象②。针对网民的负面情感, 可以采取情感引导与干预措施③。这包括发布正面情感的内容、提供情感支持的服务、开展心理健康教育等, 引导网民转变消极情感、提升情感调节能力④。

就政治实践而言, 社会情感创造并维持着权力关系, 塑造着治理模式, 它既可能以意想不到的方式、在出乎意料的地点破坏传统的治理制度, 也可能产生新的认同从而改变国家的政策与治理路径⑤。情感制度通过情感规则设定适当的情感表达规范, 通过官方仪式和话语实践贯穿于国家治理体系之中⑥。社会情感实质上在动态演变中影响、体现和嵌入宏观政治领域⑦。

此外, 当前主流研究将情感管理与社会治理的方式大致归为两类⑧。一类是"以规治情"(govern by rules)。这种方式强调社会通过制定规则、法律和准则来管理与引导情感的表达和行为。它侧重于依法管理社会成员的情感表达, 确保社会秩序和和谐。例如, 社交媒体平台或相关监管部门可以制定使用政策, 规定哪些情感表达被视为不当或违规, 并对其采取相应的措施, 如删除或禁言。

另一类是"以情治情"(govern by emotion)。这种方式更加注重情感的理解、引导和管理, 强调通过情感教育、情感共鸣和积极情感传播来引导社会情感。它侧重于培养情感智慧、提高情感素养, 以减少负面情

① 安璐、胡俊阳、李纲:《基于主题一致性和情感支持的评论意见领袖识别方法研究》,《管理科学》2019 年第 1 期, 第 3~13 页。

② 陈安繁、金兼斌、罗晨:《奖赏与惩罚: 社交媒体中网络用户身份与情感表达的双重结构》,《新闻界》2019 年第 4 期, 第 27~44 页。

③ 何跃、朱婷婷:《基于微博情感分析和社会网络分析的雾霾舆情研究》,《情报科学》2018 年第 7 期, 第 91~97 页。

④ 李珊珊、刘丁宁、祁瑞华、于莹莹:《基于文本挖掘的重大公共卫生事件网络舆情特征分析及治理探索》,《情报探索》2021 年第 12 期, 第 27~36 页。

⑤ Jupp, E., Pykett, J., and Smith, F. (eds.) *Emotional States: Sites and Spaces of Affective Governance.* Abingdon: Routledge, 2017: 3.

⑥ Bell, D. (ed.) *Memory, Trauma, and World Politics: Reflections on the Relationship Between Past and Present.* New York: Palgrave Macmillan, 2006; Bleiker, R., and Hutchison, E. "Theorizing Emotions in World Politics." *International Theory*, 2014, 6 (3): 491-514.

⑦ Solomon, T., and Steele, B. "Micro-Moves in International Relations Theory." *European Journal of International Relations*, 2016, 23 (2): 267-291.

⑧ 刘太刚、向防:《"以规治情"与"以情治情": 社区情感治理的再认识》,《中国行政管理》2021 年第 6 期, 第 11~18 页。

感和促进积极情感。例如，情感教育可以帮助个体更好地理解和处理情感，同时社交媒体平台可以推广正面情感内容，以促进社会共鸣和情感共享。

在网络社会中，社会规范、价值观和法律制度等规则性要素与情感引导、情感互动和情感教育等情感性要素依然发挥着重要作用。但值得一提的是，网络社会情感的治理场域并非一个简单的闭环，而是一个复杂而开放的系统。在此基础之上，本书进一步从治理过程的角度将"以规治情"与"以情治情"融入网络社会情感的情感生成机理之中，以理解情感如何在网络社会中产生、传播并塑造社会互动。在这一视角下，情感治理与情感生成之间存在反馈循环。情感生成影响着社会互动和情感传播的方式，而社会互动和情感传播也反过来塑造了情感生成的过程。这种互动关系使得情感治理不是一种单向的干预，而是一个动态的过程。

因此，本书将情感治理定义为，治理社会中的情感问题与通过情感来治理社会问题。这一定义将情感视为社会治理的双重维度，一方面将情感本身作为治理的对象，另一方面将情感作为一种有力的社会治理工具。情感治理的范围涵盖了社会中各种情感现象的监管、引导和管理，以及利用情感来影响和塑造社会行为、决策与政策的过程。

在这一定义下，情感治理涵盖了多个层面和领域，包括但不限于个体情感健康的维护、社会关系的管理、公众对特定政策的情感回应、社会和文化价值观的塑造，以及情感在社会运作中的作用。情感治理的目标通常是实现社会的稳定、和谐和公平，并促进社会成员的身心健康和社会参与。这一概念凸显了情感在社会治理中的重要性，以及情感与社会问题之间的相互关系，为研究和实践提供了一个有益的理论框架。

综上所述，网络社会情感的治理，是把情感调控同时视为手段和目的，既要治理社会中的网络社会情感问题，又要通过治理网络社会情感来治理社会问题，网络社会情感是国家情感治理的新场域①。

---

① Solomon, T. "'I Wasn't Angry, Because I Couldn't Believe It Was Happening': Affect and Discourse in Responses to 9/11." *Review of International Studies*, 2012, 38: 907-928.

第二节　情感的个体化调控

情感的个体化调控，是在微观互动情境中进行的自我调控。换言之，它是对个体的情感体验和情感表达进行管理与引导的过程。网民需要不断地进行想象性预演，来呈现合适的情感。符号互动理论认为，有他者存在的场域，人都是在舞台上进行自我呈现的表演，"前台"的人是理性人，"后台"的人则是情感的自我。在前台，个体通常会表现出符合社会期望和规范的行为，展示他们的理性和控制能力。这是一个人们呈现给他人看的角色，通常与社会规范和期望相一致。在前台，人们可能会隐藏或掩盖真实的情感，以维护社会和谐。在后台，个体可以更自由地表达情感，展示真实的自我。这是情感的自我，不受外部社会规范和期望的约束。在后台，人们可以释放情感、反思行为，并展示出他们在前台不会展示的一面。后台的自我要通过情感的整饬来维持或改变前台的形象，这是一个情感控制的过程。而要想实现前台良好的自我呈现，则需要在后台进行细致的准备。

人们应该在各种不同的、具体的情境中来管理情感和表达情感，这样才能实现精准的呈现自我。社会文化预设了基本的情感意义，而特殊情境则造就了具体的情感意义。社会文化为情感提供了一种广泛的背景和共享的情感语境，但实际情感体验和表达通常是因特定情境而异的。例如，在许多文化中，丧失亲人通常引发悲伤和哀悼的情感。社会文化在这里预设了对亲人离世的普遍情感反应。然而，具体的情感意义会受到特殊情境的影响。例如，在一位老人因自然衰老而去世时，人们可能更容易接受亲人的离世，因为这被认为是生命周期的一部分。相比之下，如果一位年轻人因事故或疾病突然去世，情感意义可能会更加复杂，包括愤怒、无法接受的感觉等。同样，如果亲人是在一次英勇的行动中牺牲，情感意义除了悲伤可能还包括自豪感和荣誉感。

社会文化与特殊情境之间的偏差常常需要个体来进行情感调适。这种调适过程是为了适应具体情境的情感需求，以使情感与文化或社会预期更加一致。随着情感意义偏差的消失，个体的情感控制也就完成了。

每种情境都是一个不同的舞台，它规定着人们不同时刻的身份，规定着人以何种姿态与何种情感来呈现自我。同时人们也不断地解读他人的情感，不断地调整自我的情感。进行情感的自我调控，以实现合理的情感能量交换，这是社会互动的基本规律。在不同情境下，个体需要灵活地调整情感，以适应特定的社会期望和角色需求。这种情感调控是一种社会技能，有助于建立积极的社交关系，促进合作与沟通，并推动社会的稳定和发展。因此，情感的个体化调控不仅有助于满足个体情感需求，也有助于实现社会的和谐。

除了表演的前台，人们在微观的人际互动中还存在着情感的市场。在这个市场中，情感被视为一种资源，个体可以通过情感的交换来满足自己的需求。情感的市场包括各种情感表达方式，如语言、表情、肢体动作等，它们被用来传递情感信息和调节情感状态。柯林斯认为，在互动仪式中，人们在交换着情感能量，并且努力减少投入情感能量，以换取最大的情感利润。然而，事实上人们投入更多的情感，却未必有情感上的收获。拥有支配他人能力（权力）和获取被参照能力（地位）的人，才更容易得到更高的情感能量。权力与地位，在个体之间的互动之中，对于双方的情感状态有着极其重要的影响。一方面，拥有权力的人通常更容易影响他人的情感状态。他们能够通过提供奖励或惩罚来操控他人的情感表达。另一方面，权力和地位高的一方，会容易获得更加积极的情感体验。与此同时，虽然权力可以带来情感支配，但需要更加谨慎地调节情感，来获得关系上的平衡。

虽然，人有能力提前规划行动方案，理性地抑制自己的不适宜行动，但个体情感控制的能力是因个人权力、地位、学识、欲望等条件的不同而有差别的。个体情感控制的能力受多种因素影响，其中权力和地位是重要的因素。有权力者通常拥有更多的资源和机会来控制自己的情感，因为他们可以更轻松地影响他人的情感反应，也更有能力掌握情感局势。他们可能更自信，更不容易受到外界情感的干扰，因为他们处于较高的地位，拥有更多的决策权和更大的掌控力。而相反，拥有权力较小的个体可能会在情感表达上感到局促，他们更容易受到外界情感的压力和干扰，因为他们的行动和情感常常受到他人的监视与评判。

此外，个体的学识和情感智慧也会影响他们的情感控制能力。具备更多情感智慧的个体能够更好地理解和处理情感，他们可能更具有情感的灵活性和适应性。他们可以更好地应对情感挑战，不论是来自内部的还是外部的。然而，欲望和目标也可以是情感控制的重要因素。个体对特定目标或愿望的追求可能会影响他们的情感表达和情感控制策略。

综上所述，个体情感控制的能力受到多种因素的影响，包括权力、地位、学识、欲望等。这些因素相互交织，共同塑造了个体在不同情境下的情感表达和控制方式。理解这些因素有助于更好地理解情感管理的复杂性，以及为个体提供情感支持和发展情感智慧的途径。

第三节　情感的社会化调控

社会化情感是个体情感与群体情感之间相互作用的过程和结果，是人们对社会情感的适应和创造。社会化情感不仅反映了社会所共享的价值观，也反映了宏观的社会心态。社会化情感可以动员个体达成共识，激发人们广泛地参与到改变社会现实的行动之中。情感的社会化调控不仅能够调节个体的情感，还能够营造积极向上的社会情感氛围，在加强社会团结的同时对整个社会产生积极的影响。

所以，情感的调控，除了需要微观个体层面的自我控制，更需要宏观层面的社会化调控①。虽然个体有意识也有能力调控自己的情感，但终究这种行为是原子化的，是离散的。如涂尔干所言，自身的强制行为是离散的、个人的，就如物理学中的离心力；而社会强制则是聚合的、集体的，如同物理学中的向心力。因此，对于情感的调控主要还需依靠社会化调控。

通过人际互动，个体将纯粹的个人化情感体验转化为被他者感知的社会化情感，因此个体的情感不仅面向自身，也面向他者。个体可以通过提升自身的情感控制能力，从而展现出情感的积极性。情感劳动在增加文化产物价值中扮演核心角色。社交媒体用户进行的情感劳动，是在公共领域中的自我呈现，这是社交媒体获取利益的方式。因此，特定的情感表达形式在结构上受到鼓励，而其他形式则受到制约。

情感的社会化调控，是随社会形态的变化而发展的。不同的社会形

---

① 郭景萍：《情感控制的社会学研究初探》，《社会学研究》2003年第4期，第36~50页。

态，创造出不同的社会情感，因而社会情感的调控手段也不同。例如，在传统社会形态中，强调家庭、宗教和传统价值观的情感可能更为突出，情感表达往往受到严格的限制。而在现代社会形态中，由于科技、全球化和个人主义的崛起，情感表达更加多样化，个体更加注重情感自由和个性化的表达。再如，在西方社会的中世纪时期，教会把人们的情感视为原罪，国家是政教一体的形态，社会通过教会与教义控制着人们的情感。在早期资本主义时期，人们的情感是克己禁欲的，国家以"利维坦"的方式控制着人们，实现资本的原始积累。在资本主义的中后期阶段，社会的结构不断固化，人们实现跨越阶层流动的可能性越来越小，人们在工作之余总是纵情享乐，并通过各种娱乐来发泄情感；而社会则需要通过法律、政治、消费、娱乐以及各类传播媒介等手段调控人们的情感，使社会的情感水平与社会形态相平衡。

　　因此，人类文明的进程也是情感文明的进程，社会分工化水平越高，人们情感的复杂化水平也就越高①。随着社会的不断发展和社会分工的深化，人们的情感体验和情感表达方式变得更加多样化与复杂化。这是因为社会分工的深化导致了人们在不同领域和职业中扮演着不同的角色与身份，而这些角色与身份往往伴随着特定的情感需求和情感表达方式。在高度分工的现代社会中，人们需要处理各种复杂的社会关系，与不同背景和价值观的人相互作用。这要求个体具备更强的情感智慧，能够满足不同情境下的情感需求，有效地表达自己的情感，并理解他人的情感体验。因此，社会分工的深化促使人们不断提升情感调控的能力，以适应多样性和复杂性的社会交往。同时，现代社会也提供了更多的情感表达和分享的渠道，如社交媒体、网络聊天和虚拟社交空间。这些平台为个体提供了更多展示情感、寻求支持和建立情感联系的机会，进一步促进了情感复杂化和情感文明的发展。如今，在高度发达的分工社会，情感的社会化调控能力达到了前所未有的高度。

　　情感的社会化调控手段，主要有媒介化的情感调控和社会化的情感调控。媒介化的情感调控是指通过媒体和通信技术来引导、影响或管理

---

① 诺贝特·埃利亚斯：《文明的进程——文明的社会发生和心理发生的研究》，王佩莉、袁志英译，上海译文出版社，2018，第109~120页。

社会成员的情感体验、表达和情感行为。随着信息技术的飞速发展，媒介化的情感调控在当今社会变得越发重要。大众媒体、社交媒体平台、电视、广播和在线新闻等媒介成了塑造公众情感的重要渠道。政府、政治团体、商业机构和社会运动都利用媒体来传播情感信息、引导公众情感，以实现其目标。例如，政治领袖通过演讲、在社交媒体上发布的信息来塑造选民的情感，商业广告通过情感营销来吸引消费者。媒体还可以传播社会问题和慈善活动的情感信息，激发公众的情感参与。

社会化的情感调控则是指社会和文化背景对情感体验与情感表达的塑造和规范作用。每个社会都有自己的情感文化，包括情感表达的方式、情感的社会接受度和情感规范。社会化的情感调控涵盖了家庭、学校、宗教、文化传统和价值观等多个层面。例如，不同文化对于哀悼的方式和期望可能存在差异，某些文化可能鼓励公开表达哀伤，而另一些文化可能更注重内在情感表达。此外，社会化的情感调控还涉及性别、年龄、种族和社会地位等因素，这些因素会影响个体的情感表达。

如前文所述，媒介化生活兼具公共性与个体性，已经变成一种具有全球化、网络化和人类共同体性质的生存方式，对人类的生活进行着前所未有的媒介化塑造。网络空间的开放性，赋予了空间技术以自己的思维，并产生了开放和单一思维之间的对立。它暗示了需要一种在允许自由表达负面情感和创造开放宽容的讨论条件之间的必要平衡。由于人们担心网络上反社会情感表达的有害后果，围绕情感表达该如何规范的问题一直是社交媒体中的核心问题。

因此，需要用现实社会的规范来引导网民进行文明的互动，这是为了确保积极和具有建设性的社会情感占主导地位。尤其是网络社交媒体平台有其特殊的情感互动形式和情感结构，对公共领域起到了塑造的作用，并使网络时代公众参与的性质发生了变化。网络社交媒体平台决定着什么样的情感能够进入公共领域，并使之成为政治的情感或道德的情感，甚至对非合理的社会存在发起挑战。因此，进行媒介化的情感调控是至关重要的。网络世界虽然是虚拟的，但其中的参与者都是现实社会的一部分。因此，现实社会的道德价值观和行为准则同样适用于网络。鼓励网民遵循诚实、尊重、公平和负责任的原则，有助于降低网络冲突和不良行为的发生率，创建更加友好和有益的在线环境。

　　情感的社会化调控，更需要国家以合法的形式，升华社会的积极情感，抑制社会的消极情感。霍布斯最早提出了社会的情感应该由国家来调控的论断。他认为，激情与贪婪是人的自然本性，只有国家能让人们克服人性中自甘堕落的情感状态，只有国家代表理性，并行使着人们的权利，才能防止"一切人反对一切人的战争"①。因此，只有国家控制好人类情感中的负面因素，社会才能获得长足的发展与进步。国家通过法律和政府的行动来规范与管理人们的情感行为。这包括对罪行的制裁和对公共利益的维护。国家的存在使人们在社会中有了一个中立的调解者，能够通过法律和政策来平衡与协调不同的情感利益。这种国家所进行的情感社会调控，便是曼海姆所谓的情感升降机，国家要把情感整合在社会结构之中，利用各种合法的手段，如法律法规、政策制定、教育体系和舆论引导，来控制好社会的情感的升降状态②。在这一过程中，国家需要确保情感调控是公平和正义的，不侵犯个体的权利和自由。同时，由于情感调控涉及伦理、政治和社会权力的问题，国家的情感管理也需要适应社会的变化，在实践中需要进行慎重考虑和平衡，以保持社会的稳定和适应性。

---

① 霍布斯：《利维坦》，黎思复、黎廷弼译，杨昌裕校，商务印书馆，1985，第16~20页。
② 卡尔·曼海姆：《重建时代的人与社会：现代社会结构的研究》，张旅平译，生活·读书·新知三联书店，2002，第235~241页。

第十四章　个体层面的网络社会情感治理

个体网民的情感唤醒与情感交换，伴随着网民偏低的情感素质与较差的情感自律意识，这是导致个体化网络社会情感负功能生成的关键因素。因而提升网民自我的情感素质，是实现网络社会情感治理的有效手段，这既需要增强网民自我的情感辨伪能力，还要增强网民自我的情感自律意识。然而，目前网民素质参差不齐，网民的信息素养有限，其辨伪能力亟待增强。在这个大数据的时代，湮没在网络信息之中的绝大部分网民并不具备甄别信息真伪、进行理性判断的能力。他们在网络互动中表现欲极强，急于评论、乐于批判、好于发泄，也常常以谩骂、讽刺等方式进行发言。总之，我们应在网络社会分化、网民生活经验和网络语言暴力或冲突的文化实践中对网络社会情感加以主体建构。

第一节　个体情感管理

在线空间的独特性使得网络社会情感的传播往往呈几何级增长态势。从情感信息的数字化角度来看，情感信息可以通过文字、图片、音频和视频等形式在网络上快速传播，与传统媒体相比，传播的时效性更强、覆盖范围更大。从情感互动角度来看，社交媒体和在线社区为人们提供了沟通和交流的平台，人们可以通过分享情感内容、点赞、评论等方式来参与情感传播。这种社交网络效应可以迅速扩大情感的传播范围。从情感传播角度来看，在网络空间中，人们可以匿名发表和传播情感内容，不受地理位置的限制。这使得情感传播的障碍减少，信息可以跨越国界和文化传播。在匿名化的影响下，不少网民将网络空间视为"法外之地"或放肆发泄情感的场域，从而增强了网络社会情感本身的情感能量。因此，适当的个体情感管理和情绪调节对于营造积极向上的社会情感氛围和促进社会的健康发展至关重要。

　　个体情感管理是指个人在面对各种情感和情绪时，采取一系列的策略和技巧来识别、理解、表达和调控自己的情感的过程。这包括处理积极情感（如喜悦、兴奋）和负面情感（如愤怒、焦虑）的能力。个体情感管理的目标是促进情感健康，使情感能够有益于个人的生活和人际关系，而不是对其产生负面影响。反之，当情感管理能力不足或情感应对策略不当时，就会出现个体情感失控的现象。

　　网络事件的演化会引发个体情感的波动。随着某一事件的发生、演化、高潮与消退，参与事件的个体需要做好情感管理。情感管理在事件的不同阶段都是必要的，它有助于个体更好地应对事件带来的情感波动，保持心理健康，以及适应复杂的情境。情感管理是个体情感智慧的一部分，它涉及个体对自己情感的认知、理解和调节能力，以及在不同情境下有效处理情感的技能。良好的情感管理可以提高个体的情感应对能力并增强适应性。

　　面对网络社会的情感失控，个体情感管理变得尤为重要。在网络社会中，情感失控往往导致个体在社交媒体或网络平台上发表冲动言论或进行激烈情感表达，而不是进行有建设性的对话并解决问题。这既不利于争端的和平解决，也会将个体投放在一个更容易受到虚假信息、极端观点或谣言影响的情感环境之下。

　　因此，个体情感管理在网络社会中具有关键的作用，可以帮助人们更好地适应这个复杂的情感环境，保持冷静和理性，促进建设性的社交互动，以及提高信息辨识能力。

　　首先，增强自我情感与社会主流情感文化的一致性①。对于主流价值观的情感忠诚（emotional loyalty）是集体行动具有合法性与有序性的有效保障②。人们的情感表达往往置身于某一社会情境之中，而该情境在历史上一般有章可循，因而该情境与某种社会情感文化相联系，将唤起人们相似的社会情感。这种社会情境和文化的联系可以使情感表达更具共性和可预测性，这说明了为什么情感在社交媒体和网络上能够迅速

---

① Hochschild, A. R. *The Managed Heart*：*Commercialization of Human Feeling*. Berkeley and Los Angeles：University of California Press，1983：7-8.

② Robnett, B. *How Long? African-American Women in the Struggle for Civil Rights*. New York：Oxford University Press，1997：34.

传播并产生共鸣，因为人们在共享相似的社会情境和文化时，更容易理解他人的情感。

　　然而，个体与社会情感之间的关系是复杂多变的，并不总是同频或一致的。尽管社会情境和文化可以在某些情况下引导个体情感的表达，但个体的情感体验受到多种因素的影响，包括个人经历、性格特点、价值观等。当个人情感与社会情感相悖时，需要反思异常情感产生的根源。从自身方面来看，可能出现如信息缺失或存在误解、评价带有偏见而失之偏颇、认知能力的局限性、利益分歧等因素；从大众层面来看，亦可能出现群体性的认知偏见、非正义的价值文化等因素。对于前者，需要通过加强"共情"以纠正情感偏差；对于后者则应该以更加理性的方式逐渐修正文化偏见，即使这是一个漫长的过程。例如，据"Metoo"事件中的一些受害者所述，性别偏见使得人们同情"完美受害者"，而对于过于冷静、强势的女性产生不信任感①。这种截然相反的态度与情感表达结果正是被偏见裹挟的负面产物。而正是有无数受害者以冷静的方式进行情感表达，才有了对"谈性色变""拿有色眼镜看待女性"的社会文化的变革。

　　其次，个体应该创造持续性的、理性的情感来参与社会治理。情感是人们参与社会治理的动力。无论是为了自身利益还是由共情而"发声"，都需要完成个体与事件中利益相关者的情感互动。例如，面对医疗、教育、食品制造、养老等领域的不良现象，个体会产生强烈的共情感，因为这些行业与每个人的日常生活息息相关，倘若任其恶性发展，可能会危及公众的切身利益。因此，由共同利益形成的社会情感会成为一股强大的网络监督力量，如屡立奇功的"朝阳群众"。同时，个体的情感生成亦要"坚守初心"，不应轻易被利益或非理性情感所裹挟。如"职业打假人"的出现原本是为了维护公众利益，其原生情感是对假冒伪劣生产商的谴责、愤怒以及对消费者的同情、支持。然而，伴随着利益的诱导与立场的不坚定，打假成为他们谋取"灰色利益"的工具，贪婪、嫉妒、睚眦必报、愤恨等情感取代了原生情感，使得事件本身偏离

---

①　成伯清：《当代情感体制的社会学探析》，《中国社会科学》2017年第5期，第83～101页。

了初衷，而公众对这一群体的社会情感也由崇拜变为厌恶。

再次，个体应该锻炼情绪调节能力。了解自己的情绪是情感调节的第一步，根据自身情感变化的规律学会以健康和适当的方式表达与调节情感。没有一种"好"或"坏"的情绪，就像没有一种"正确"或"错误"的方式来调节情绪一样[1]。个人必须灵活应对不断变化的情境需求，以适当的方式表达与情境相适应的情绪。灵活应对情绪需求的能力是心理健康的关键指标[2]。事实上，情绪僵化和无法改变情绪心态是许多心理障碍的特征[3]。这要求公众在进入网络空间并参与到社会事件的讨论过程中时，不断地审视自身的情感状态，学习并锻炼情绪适应能力，在社会文化与规则的限制下妥善地进行情感表达。

最后，加强辨别真实信息与虚假信息的能力至关重要。在网络世界中，信息泛滥，虚假信息和谣言传播迅速，很容易让一般网民难以分辨真伪。这种信息洪流可能导致消极情感在网络空间蔓延，使普通网民情绪失控，表达不满和愤怒。因此，面对那些宣称是"头条消息"、"紧急通知"或"机密要闻"的信息，网民应该保持清醒头脑和独立思考，增强对网络谣言和虚假信息的警觉性。应该坚决反对盲目传播不经核实的信息，让理性和真实的情感占据主导地位。为了做到这一点，网民需要增强辨别信息真伪的能力，培养理性思维，小心谨慎对待网络上传播的消极情感。在面对负面情感时，要采取"小心假设，大胆求证"的原则，不轻信猜测，不随意宣泄情感，而是积极去验证情感的真实性和可信度。只有如此，才能赋予情感以真正的意义和价值，让网络空间充满更多理性和积极的声音。

因此，从个体层面而言，网络社会情感的个体化治理一方面需要培养网民的情感素养，以理性的情感看待突发事件，并以一致性的社会情感为目标。个体需要建立良好的自我认知，明晰自己与突发事件之间的

---

[1]　Bonanno, G. A., and Burton, C. L. "Regulatory Flexibility: An Individual Differences Perspective on Coping and Emotion Regulation." *Perspectives on Psychological Science*, 2013, 8: 591-612.

[2]　Kashdan, T. B., and Rottenberg, J. "Psychological Flexibility as a Fundamental Aspect of Health." *Clinical Psychology Review*, 2010, 30: 865-878.

[3]　Aldao, A. "The Future of Emotion Regulation Research: Capturing Context." *Perspectives on Psychological Science*, 2013, 8: 155-172.

关系，有秩序、有节制、有活力地参与事件治理之中。另一方面，在当今充满复杂性和敏感性的风险社会，个体情感管理的有效性取决于认知素养的提升。这种素养包括对信息的分辨能力、对事件的客观认知，以及对不同观点和立场的理解与尊重。网民需要具备足够的智力和思维素养，以更好地应对信息洪流和社交互动中的情感压力。

第二节　个体情感释放

个体情感释放指的是个体通过各种方式表达和宣泄其情感和情绪的过程。情感释放是符合自然规律的情感互动过程。个体可以选择直接的互动方式释放情感，如对话与倾诉、社交互动、身体接触、运动、表演等；同时，个体也可以采用间接的方式达到释放情感的目的，如写作或创作、冥想、网络表达等。情感释放可以是积极的，例如通过笑、欢呼和庆祝来表达快乐和兴奋；它也可以是消极的，如通过哭泣、发火来表达悲伤、愤怒或失望。如一些键盘侠常常宣泄自己的情感，表面上他们标榜正义，以侠义自居，事实上却裹挟着道德的外衣随心所欲地对他者实施审判，对他人进行侮辱诽谤，曝光他人隐私，以及做出其他的网络暴力行为。

在网络社会中，个体情感表达和情感管理的方式会直接影响整个网络社会的情感氛围和健康性。首先，个体在社交媒体上的情感表达和释放会对社交媒体的氛围产生重大影响。举例来说，在社交媒体上，如果一位用户发表了大量充满愤怒和仇恨的言论，这些负面情感可能会传染其他用户，引发激烈的争论和对立。这种情感的传播和累积可能会导致社交媒体上的紧张氛围，让人们感到不适和疲惫。这种情况下，其他用户可能会选择减少在社交媒体上的互动，或者避开具有负面情感的内容，从而影响社交媒体平台的活跃度和健康性。

其次，情感的释放与接收是网络社群互动的基础。这种非正式组织的维系依赖于成员的高频度互动，即基于共同话题与情感基础的内容创作与传播，这背后隐藏着较为一致的网络社会情感。换言之，没有情感的互动，无形的组织难以续存。回顾娱乐圈粉丝群体的活动方式，粉丝只有参与粉丝群内部的打榜、做数据、内容生产等活动才能保有"粉籍"，而这些行为是基于对某一明星的喜爱与推崇，同时在共同的行动中以明星为核心又滋生了群体成员彼此之间的认同感与获得感。再如，在线支持小组如今也是网络社会中比较活跃的社群形式，旨在帮助那些遭受心理困扰或面临生活挑战的个体。在在线支持小组的互动活动中，某些成员会分享他们的情感、经历和困难，而其他成员则提供支持、理解和建议。如此往复，每一个人都可能是求助者，也可能是援助者。这不仅有助于个体情感的宣泄，也提供了情感支持和心理康复的途径。因此，个体情感的释放在很大程度上是社会互动的必然结果，也是维持社交网络群体凝聚力和认同感的关键要素。

最后，伴随着情感的释放，个体会对某一与自身关联度不高的事件产生持续性的关注。社会普遍的同理心、共情感需要个体情感的支撑。例如，2008 年汶川大地震，近 7 万名同胞遇难，巨大的悲情感牵动了国人的心。在灾后救援与重建时期，国人众志成城，在不同的领域为灾区提供援助，包括心理咨询、物资捐赠、线上补习、创作支援性作品等。每年的 5 月 12 日，相关部门以及自媒体公众号都会以各种方式缅怀遇难者，举行线上祭奠活动，向死难者、英雄致敬。在面对如此巨大的悲剧时，人们的情感被触动，激发了他们的同情心和共情感。这种情感支持在灾后救援和重建过程中起到了关键作用。民众只有投入真挚真切的情感，才能真正地铭记历史。对于全球性的人道主义危机，如难民危机，个体的情感释放和共鸣亦起到了关键作用。人们可能在社交媒体上分享关于难民遭遇的故事，或者参与慈善活动，为难民提供支持和帮助。这些情感的释放不仅展示了人们的同情心和共情感，也促使更多人关注和关心全球难民问题，从而推动国际社会采取行动，提供更多的援助和资源。

此外，情感释放需要遵循适度原则。适度原则指的是在情感表达和释放过程中保持适当的平衡与控制。无论是歇斯底里地输出情感，还是或煽情或卖惨地夸大情感，均会造成对于个体情感的浪费与消耗，与实际想达成的目标渐行渐远。短暂的情绪爆发会对个体的行为决策产生非理性的影响，如激情犯罪往往是由强烈的情感驱动的。即使是出于"正义的愤怒"，也要保持冷静[1]。在情感释放中，适度的情感表达通常是建

---

[1]　Goodwin, J., Jasper, J. M., and Polletta, F. "Why Emotions Matter." in Jeff Goodwin, James M. Jasper and Francesca Polletta. *Passionate Politics: Emotions and Social Movements*. Chicago: The University of Chicago Press, 2001: 8.

立积极和健康社交关系的关键。这包括在社交媒体上发布内容时避免使用攻击性言辞，避免与他人陷入激烈的争吵或争执，以及尊重他人的情感和观点。它需要个体在情感表达时保持平衡，遵循社会规范，并考虑特定情境的要求。因此，个体化的情感治理始于情感驱动，但终于理性表达，要推动情感与理性的有机统一①。

因此，个体情感释放与情感宣泄之间存在着重要的区别。情感释放是一种积极的情感表达方式，有助于个体与社会互动，促进情感共鸣和社会参与。它建立在情感管理和情感自律的基础上，能够推动社会的和谐与发展。相反，情感宣泄往往是一种负面的情感表达方式，常常伴随着情感失控和冲动行为。这种宣泄可能会导致争吵、冲突、恶意言论，甚至暴力行为，对社会和个体都造成伤害。因此，加强自律意识、提高情感修养、遵循社会规范和法律法规，是保持情感表达健康和积极的重要途径。在信息纷繁复杂的网络环境中，个体要保持独立性和判断性，不传播虚假信息，不参与网络暴力行为。只有这样，网络社会情感的释放才能真正发挥积极作用，以促进社会的稳定和和谐。

第三节　个体情感自律

对于个体网民而言，进行情感管理、理性释放情感是为了提升个体的情感素质，实现情感自律。个体的情感自律是从个人层面实现网络社会情感治理的关键。情感自律涉及个体对自己情感的认知、管理和表达方式的控制。如果每一位网民都能以情感理性的方式参与社会治理，网络社会将呈现更加健康、积极和包容的面貌。这意味着理性的对话、高质量的信息传播、社交媒体环境的改善、情感支持网络的强化、社会参与的增加以及文化水平的提升。每个个体都有责任和机会，通过情感自律和理性参与，成为网络社会的积极推动者，为社会的进步和发展贡献力量。这种积极影响将渗透到整个社会，推动社会迈向更美好的未来。

---

① 郭小安：《社会抗争中理性与情感的选择方式及动员效果——基于十年 120 起事件的统计分析（2007-2016）》，《国际新闻界》2017 年第 11 期，第 107~125 页。

　　这需要每位网民在网络空间内保持头脑清醒，培养辨析是非、筛选信息的能力。同时，要将互联网中的自我与现实社会相联系，保持自我身份感的一致性，自律自觉地遵循国家法律法规与基本道德规范。更进一步，应该将更高层次的道德感、价值观、正义感引入网络空间之中，自我约束言行和情感，实现从他律到情感自律的转向。这种情感自律将有助于构建更加健康、积极和有益的网络社会，以更好地满足人们情感交流与社会治理的需要。

　　那么，个体如何做到情感自律？首先，增强自律意识，要保持自身情感的前台后台一致性。个体网民需要在社交媒体的缺场匿名化互动中，保持前台后台的一致性，不做两面人，拒绝做表演化的自我呈现。网络社会特殊的时空结构，使网络互动成为一种共时与异时交错、身体缺场和意识在场的互动方式，致使网民的行动变得匿名化和责任分散化。这种匿名化与责任分散化，会让自律意识水平低、道德意识水平低、法律意识淡薄的网民误以为网络空间存在着自我的第二身份或多重身份，并误以为网络空间是法外之地，并且在互联网的违法行为可能会出现法不责众的可能性，进而肆无忌惮地突破自身道德的底线和法律的红线[1]。

　　其次，在保持个体自律的基础上进一步推进所属群体（网络社群、兴趣组、同事、同学、亲属等）的自律。研究表明，与社交距离较远的其他人相比，人们更有可能与社交距离近的人分享他们的情绪状态，并且群体内的人对这种情绪的解释很可能取决于人际关系的性质[2]。因此，群体间的情感可以传染，对情感的控制会起到示范效应。而合作式社交环境的营造也是积极情感滋生并发挥正效应的土壤。在一个合作式的社交环境中，积极的情感更容易滋生，并发挥正向效应。因此，通过共同努力，形成互相支持和理性情感表达的社群文化，有助于创造更加健康、积极的网络社交环境，同时也有助于更好地满足情感交流和社会治理的需求。

---

① 　王中军、曾长秋：《网络先进文化建设与网民自律意识培育》，《中州学刊》2010 年第 6 期，第 256~258 页。

② 　Rimé，B. "Emotion Elicits the Social Sharing of Emotion：Theory and Empirical Review." *E- motion Review*，2009，1（1）：60-85.

　　最后，在增强自律意识的同时，还要向社会传播正能量。在网络社会中传播正能量，是既有利于他人的道德行为，也是有益于自身的情感修养。公众利用互联网社交媒体来进行自我呈现，抒发自我内心中压抑的情感，释放情感的压力，还有助于维持身心健康。但是，如果总是借一些突发公共事件来释放压抑的情感，一味地在互联网中进行消极的情感宣泄，虽然会让自身获得情感宣泄的暂时快意，但是情感宣泄过后，换来的却是意志消沉，甚至形成一种抱怨的情感惯习。这不仅会增加网络社会的负能量，也会污染网络空间的环境，甚至会给看到信息的他人增加精神的压力和负担。

　　有效的情感自律，是避免情感宣泄的有效路径。通过情感自律，可以使自我的情感受到一定约束，减少情感的暴力与情感的宣泄，不仅有利于自身的身心健康，也有利于维护互联网的清朗空间。在这种情感自律的过程中，也会创造出传播正能量的情感效应。多进行正能量的情感传播，既是一种对自我的肯定，也是自我情感自律的表现，同时更是一种利他的精神体现。这不仅可以使自身的获得感、满足感、存在感更加强烈，也会使受到这种情感氛围传染的他人积极向上。

　　综上所述，个体情感管理、个体情感释放和个体情感自律三者相互影响，共同构成了个体在网络社会中情感互动和治理的综合体系。

　　个体情感管理涵盖了个体对自己情感的认知、表达和控制。它是个体主动管理自身情感的过程，包括情感的自我认知、情感表达方式的选择以及情感的调节和控制。个体情感管理能力的提高可以帮助个体更好地理解自己的情感状态，选择合适的情感表达方式，并在需要时进行情感的调节，以适应不同的社会情境。

　　个体情感释放是情感互动的一部分，通常是指个体将情感表达出来的过程。这可以通过言语、行为、表情、文字、图像等方式进行。个体情感释放的方式和内容可能受到社会情境、个体特质和文化因素的影响。情感释放是个体与他人进行情感互动的方式之一，它可以引发情感共鸣、传播情感，并在社会互动中起到重要作用。

　　个体情感自律则是指个体在情感释放和互动中的自我控制和约束能力。这包括了个体对情感的合理管理，避免情感的过度宣泄或失控，以及在情感表达中遵循社会规范和法律法规。情感自律有助于维持社会秩序，避免情感的滥用和情感表达的不当行为。

表 14-1　个体情感管理、个体情感释放和个体情感自律的情感治理逻辑

类别	情感治理逻辑	释义
个体情感管理	情感的自我认知	个体需要通过增强情感智慧和强化情感认知，更好地了解自己的情感状态，包括情感的性质、来源和影响
	情感表达方式的选择	了解自己的情感后，个体应学会选择适当的情感表达方式，包括文字、言语、行为等，以确保情感的表达方式合适并符合社会规范
	情感的调节和控制	情感管理还包括情感的调节和控制，个体需要学会在情感过于激烈或不适宜的情境下进行情感的自我调整，以维护自身和他人的情感健康
个体情感释放	合理的情感表达	个体在情感释放时应考虑情感的真实性和合理性，不过度宣泄，不采取激烈或暴力的情感表达方式
	尊重社会规范	情感释放需要符合社会和网络平台的规范与法律法规，避免散播虚假信息、侵犯他人隐私或进行恶意攻击
	引发情感共鸣	通过情感释放，个体可以引发情感共鸣，但应该注意情感共鸣的方向，以建设性和积极的方式影响他人
个体情感自律	遵守法律法规	个体应当在情感表达和互动中遵守国家的法律法规，不参与违法活动，不散布虚假信息或令人恶心的内容
	自我约束	情感自律需要个体有自我约束的能力，不轻易陷入情感宣泄的陷阱，避免过度情感表达或情感失控
	社会参与	个体情感自律也包括积极参与社会活动和网络社群，以有助于社会情感的正向传播和实现情感共鸣

　　这三个方面相互关联，个体情感管理能力的提高有助于更有效地进行情感释放，同时也有助于更好地实现情感自律。情感释放的方式和内容受到情感管理和情感自律的影响，从而更符合社会规范和期望。在网

络社会中，个体情感管理、情感释放和情感自律的协调发挥着重要的作用，有助于维护社会和谐和网络秩序。总体而言，这三者的治理逻辑在于平衡个体的情感自由表达和社会的秩序维护，以确保网络社会中的情感互动能够健康、有益地进行，有助于社会的和谐与发展。

第十五章 媒介层面的网络社会情感治理

正如当代西方社会学大师吉登斯所认为的，现代生活方式的特质在于普遍的全球化联系以及我们日常生活中最本质的变革。全球化的联系与日常生活方式的变革，无不透露着媒介化、网络信息化的内涵。媒介化生活方式的现代性，就其表象形式而言就是信息化生活的不断超越。现代生活方式不仅仅是现代性的后果①，是媒介化的结果，更是网络化的后果。同时，网络信息化作为一种现代社会的结构性要素，衡量着国家社会发展的质量与人民幸福的尺度。而网络社会出现的种种问题，如网络社会情感的社会效应、网络霸凌、虚假传播等问题都影响着人们网络社会生活的幸福程度。所以，深化媒介化治理的重要性不言而喻。作为网络社会情感存在的重要场域，加强网络社群、自媒体平台等虚拟场域的价值引领、舆论控制与法律监管是媒介化治理、规范情感分析技术的重要路径。

第一节 加强网络空间的思想引领

人们对网络空间的兴趣推动了一种新的与技术相关的生活方式的出现，网络社会的兴起引发了新的社会问题，既有全新出现的问题，也有老问题因为新技术而呈现新的特征②。当涉及全新问题时，一个明显的例子是网络欺凌和网络骚扰。随着社交媒体的兴起，这些问题不仅更加突出，而且在虚拟世界中采用了新的形式。例如，人们可以匿名地进行网络欺凌，使用假名或虚假账户发表恶意言论，对他人进行骚扰，而且信息可以在瞬间传播到全球，对受害者造成更大的伤害。这是一个全新

---

① 安东尼·吉登斯：《现代性的后果》，田禾译，译林出版社，2011，第26~40页。
② Hakken, D. "The Cultural and Social Correlates of Advanced Information Technology—A Working List of Priority Research Issues." *Social Science Computer Review*, 1996, 14（1）: 39-42.

的问题，需要社会采取措施来解决。再如，隐私问题也是一个老生常谈的社会问题。随着数字技术的发展，特别是大数据分析和个人信息收集技术的广泛应用，隐私问题变得更加复杂。个人信息可以被广泛收集和分析，以用于商业广告、政府监控等目的。这引发了关于如何保护个人隐私的新问题，以及如何在数字时代平衡隐私权和数据共享的问题。网络空间是信息传播和交流的重要场所，通过思想引领可以塑造积极向上的价值观念，弘扬社会主义核心价值观，传播正能量，推动社会主义核心价值体系在网络空间的落地和实践。因此，网络社会不仅引发了全新的社会问题，还使一些传统问题变得更加复杂和紧迫。社会需要适应这些新挑战，制定相关政策和法规，以确保网络社会的稳定和健康发展。

在网络空间中，乐趣、情感、理性和推理各自起着不同但密切相关的作用，它们共同塑造了人们在互联网上的行为和互动方式。

乐趣在网络空间中起着重要的娱乐和吸引作用。用户在互联网上寻找有趣、愉悦的体验，如观看搞笑视频、参与社交媒体挑战或在线游戏等。这些乐趣可以提供消遣、放松和愉悦感，吸引用户参与并促进互联网内容的分享和传播。情感在网络空间中是社交互动和内容传播的驱动力。人们在社交媒体上分享情感体验，如喜悦、愤怒、伤心或惊喜。这可以引发共鸣，促使其他用户参与评论、点赞或分享，形成情感联结和社交互动。情感也可以影响决策，如购买决策受到广告中的情感吸引影响。

在网络空间里，乐趣和情感比理性、推理更重要①。对许多人来说，网络是一个娱乐和放松的场所。在线游戏、社交媒体、音乐和视频等都可以带来乐趣和情感满足。人们在网络上寻找乐趣，追求愉悦的情感体验。故而，对于网络平台来说，吸引用户的关键因素之一是内容的情感吸引力。具有情感共鸣的内容更容易引起用户的注意并激发其情感反应。这包括各种类型的内容，从有趣的视频到感人的故事，都能够激发用户的情感，并因此而更具吸引力。

但这不意味着网络空间排斥理性与推理。理性在网络空间中被用于信息搜索、事实核查和决策制定。用户在互联网上寻找信息、参与学习

---

① Hwang, Min-Sun, and Nam, Seoksoon. "A Study on Parody Types in Connection with Characteristics of Cyberspace." *Journal of Digital Design*, 2007, 7 (3): 109-118.

和研究，使用理性思维来评估信息的真实性和可信度。理性在解决问题、做出决策和参与有理性讨论方面起着关键作用，尤其是在新闻阅读、学术研究和专业交流等方面。推理是理性的一部分，它涉及分析、推测和判断。在网络空间中，推理被用于思考和解决问题，例如，用户可能会根据信息进行推理，形成自己的观点和论证。推理还可以被用于参与辩论、评论和分析，促进理性讨论和知识交流。

总的来说，乐趣和情感在网络空间中吸引用户，促使他们参与互动和分享内容。然而，理性和推理在网络空间中则被用于思考、评估信息和做出决策。这四个因素共同塑造了人们在网络空间中的行为和决策，而思想引领可以影响和引导这些行为与决策的方向。

同时，人类社会积累起来的文化传统正借由互联网向日益专业化和多样化的方向转变①。随着世界各国人民通过网络空间进行日常交流的趋势的不断上升，这种跨国的文化渗透伴随着兴趣、网络社群、在线讨论小组（online discussion groups）、自媒体等渠道不断扩散。随着网络空间实践的不断发展，围绕网络空间风险的问题已经达成了国际共识，需要针对该问题建立新的规范机制②。故而，对网络空间进行引导与监管的呼声逐渐从政治领域走向不同的行业，需要从各个维度进行有效引导，规范网络空间中各主体的言谈举止，为构建网络文明社会奠定基础。思想引领对于媒介的作用主要体现在立法和政策制定、审查和审批机制、监督和管理机构、自律和行业规范、舆论引导和宣传教育等方面，以实现对媒介内容的规范和引导。

首先，需要推动网络媒体的身份认知转变，提升网络媒体的素养。在当今社会，网络参与已成为不可避免的行为。因此，我们应该采取更加开放的态度，不仅要避免过度的屏蔽和限制，还应鼓励公众积极参与网络活动。对于网络社会中出现的情感问题，我们需要采取的是疏导而不是堵塞的策略③。网络媒体在信息传播和社交互动方面具有巨大的影

①　Kottak, C. P. "Integration, Disintegration, and Reintegration Via Advanced Information Technology." *Social Science Computer Review*, 1996, 14 (1): 10-15.

②　Deibert, R. J., and Rohozinski, R. "Risking Security: Policies and Paradoxes of Cyberspace Security." *International Political Sociology*, 2010, 4 (1): 15-32.

③　Hope, A. "Seductions of Risk and School Cyberspace." *Australasian Journal of Educational Technology*, 2010, 26 (5): 690-703.

响力，因此，网络媒体从业者应该承担更多的社会责任，积极推动网络素养的提升。这包括教育公众如何辨别虚假信息、鼓励理性的讨论和辩论，以及培养网络公民的社交情感智慧。同时，政府、学校和社会组织也应该加强网络素养的教育和培训，以帮助人们更好地适应网络社会，更加健康、平衡地参与在线互动。

其次，学会运用科学的方法批判、鉴别、创新引领方式。网络空间思想价值的有效引领，要在比较中鉴别、在批判中构建、在实践中检验、在创新中引领①。在这个过程中，批判性思维意味着审视信息来源、评估论据和证据、分析逻辑结构、考察背景和动机、寻找反例和异议并进行比较分析。通过对信息、观点和理论的鉴别，理解和评估不同的网络思想和观念，考察信息之间的一致性和相互印证性，从而确定信息的真实性、可行性、时效性与价值性。举例来说，人们对于一件事的理解与反应已经在短视频时代悄然改变。比如，一个工厂老板在抖音视频里跪下磕头，声泪俱下地表达自己工厂产品滞销、工人生计难题，呼吁观众购买产品以支持他们。尽管第一个视频可能是真实的，但后续出现的类似视频中，可能会有模仿者利用同样的方式吸引关注，但他们的情况可能并不真实。这种现象使得观众在面对类似视频时，可能产生怀疑和审慎，不再轻信所有呼吁行为。与此同时，创新也是至关重要的。面对快速发展的网络社会，需要构建符合时代特点的新网络价值观念，包括尊重网络自由、保护用户隐私、促进信息共享和互助合作等。应不断寻求新的方法和方式来引领网络社会的发展。这包括创新性地构建新的网络价值观念、提出解决网络问题的新方法，并在实践中检验它们的可行性。

最后，以网络空间命运共同体思想为根本指引与行动指南。网络空间命运共同体思想是应对当下网络空间治理问题、完善全球治理体系而应运而生的中国智慧与中国方案②。对内而言，这一思想体现了我国网络社会发展与治理过程中多元主体参与的新思路，传统媒体、新兴媒介、

① 骆郁廷、李恩：《论网络思想政治教育的作用机理》，《马克思主义与现实》2021 年第 5 期，第 178~184 页。
② 代金平、朱国卿：《网络空间命运共同体思想视域下网络思想政治教育的优化》，《思想政治教育研究》2019 年第 1 期，第 144~148 页。

意见领袖、普通网民既是网络价值观念与道德情感的创造者、传播者，也是网络互动交往过程中整合后的网络社会情感与价值共识的被教育对象；对外而言，这一思想反映了我国致力于将网络空间打造为实现平等尊重、创新发展、开放共享、安全有序的全球网络文化发展与网络文明建设新场域的目标。

第二节　培育并监督网络社会意见领袖

随着后真相政治（post-truth politics）现象的兴起[①]，公众对真相的追求需求空前旺盛。后真相政治指的是政治领域中，真相和客观事实似乎不再是政策制定和政治辩论的核心，而更多地依赖于感情、情感和激情的驱动，甚至包括虚假信息、偏见和谎言的传播。这种现象引发了广泛的担忧，包括公众对政府和政治家的信任下降、社会分裂加剧，以及决策的质量受到威胁。在后真相政治的背景下，公众对真相的追求越发重要。人们开始更加关注事实核查、可信的信息来源，以及政治言论的真实性。

但相应地，随着对真相的表述越宽泛、越精细，真相可能演化为虚幻的理想[②]，即真实既容易被感受到，又容易被主观影响而变为"决断性问题"。有关隐秘真相（esoteric truths）的揣摩助长了谣言、虚幻、误解[③]，而在信息不对称的影响下，真相的每一个"拼图"都可能建构一种对人、事物、实践活动的解读[④]，即掌握了真实（facts）但并不意味着揭开了事实（reality）的面纱。特别是谣言在网络空间中的传播更加肆无忌惮[⑤]。基于部分真实而形成的观念在一定程度上符合"眼见为实"的经验主义（epirical truths）[⑥]，因此观点的持有者往往异常"固执己见"。群体立场数量增多、对立性增强、媒体公信力与影响力下降导致群

① 亓光：《后真相政治的本性：概念演进、话语图景与叙事逻辑》，《江苏行政学院学报》2022 年第 3 期，第 89~95 页。

② 杨玉成：《奥斯汀：语言现象学与哲学》，商务印书馆，2002，第 153 页。

③ Baggini，Julian. A Short History of Truth. London：Quercus Editions Ltd.，2017：39.

④ 安德瑞·马默：《解释与法律理论》，程朝阳译，中国政法大学出版社，2012，第 42 页。

⑤ 巢乃鹏、黄娴：《网络传播中的"谣言"现象研究》，《情报理论与实践》2004 年第 6 期，第 586~589、575 页。

⑥ Israel，Jonathan. A Revolution of the Mind. Princeton：Princeton University Press，2010：36.

体之间因观念相左或利益相悖而滋生的敌意凸显①。

　　然而，这种敌意情感特别容易被利益群体所利用。例如，当下，社交媒体（特别是 Facebook 和 Twitter）上面充斥着激进言论，某些活跃分子通过苛刻、分化和性别化的语言，以传播激进的、通常是反女性主义的观点来塑造公共话语②。因此，通过社交媒体，极右翼民粹主义者可以通过加强对公民、社区、组织和选民的误导，利用已经岌岌可危的社会政治环境。极右翼民粹主义者和虚假信息的传播已经成为当今世界各地政治和社会领域的挑战。这一势头看似离中国十分遥远，但借由网络的情感渗透可以在须臾之间产生极其恶劣的影响。再比如，在新冠疫情期间，网络中充斥着各种谣言，无论是因无知而建构的群体化断言③，还是"以为是真相"的主观臆断④，都严重加剧了社会恐慌、厌世、不信任、厌恶、憎恨等消极情感。时至今日，政府依旧在大规模使用网络社交平台促进积极的行为和打击虚假信息的传播，特别是依法惩治制造并传播谣言的行为，并将这一行为定性为反爱国主义（anti-patriotic）和非公民主义（non-civic）。

　　由此可见，意见领袖在社交网络时代对于信息的加工与传播过程起着举足轻重的作用⑤，特别是在突发事件爆发过程中，意见领袖的话语容易左右舆论走向、煽动网民情绪⑥。

---

① 张轩宇、陈曦、肖人彬：《后真相时代基于敌意媒体效应的观点演化建模与仿真》，《复杂系统与复杂性科学》2023 年第 3 期，第 1~14 页。

② Agius, C., Bergman, Rosamond A., and Kinnvall, C. "Populism, Ontological Insecurity and Gendered Nationalism: Masculinity, Climate Denial and Covid-19." *Politics*, *Religion and Ideology*, 2020, 21 (4): 432-450; Benkler, Y., Faris, R., and Roberts, H. *Network Propaganda: Manipulation, Disinformation and Radicalization in American Politics*. Oxford: Oxford University Press, 2018.

③ Proctor, R. N. "Agnotology: A Missing Term to Describe the Cultural Production of Ignorance." in R. N. Proctor and L. Schiebinger (eds.). *Agnotology: The Making and Unmaking of Ignorance*. California: Stanford University Press, 2008: 4.

④ Beckert, J. "Capitalism as a System of Expectations: Toward a Sociological Micro-Foundation of Political Economy." *Politics & Society*, 2013 (3).

⑤ 段震、倪云鹏、陈洁、张燕平、赵姝：《基于多关系网络的话题意见领袖挖掘》，《数据采集与处理》2022 年第 3 期，第 576~585 页；孟旭阳、徐雅斌：《社交网络中的敏感内容检测方法研究》，《现代电子技术》2019 年第 15 期，第 72~78 页；殷红、孙凯、王长波：《基于多源数据的教育网络舆情分析》，《东华大学学报》（自然科学版）2018 年第 4 期，第 586~589 页。

⑥ 万钰珏、李世银、房子豪、折亚亚、王雨秋、王帆、景兴鹏：《基于 SNA 的突发事件网络舆情意见领袖传播影响力》，《西安科技大学学报》2022 年第 2 期，第 290~298 页。

在突发事件中，意见领袖动员广大受众达到情感同一，这会加剧公众的情感宣泄。新媒体中的意见领袖作为多级传播中信息加工的重要枢纽，他们对媒介的接触频率和接触量都远远高于一般人，作为话题的发起者、情感基调的设定者，活跃于各大网络平台之中。他们的态度倾向能够左右舆论方向，他们用偏激的情感与激烈的言辞来影响网络受众，进而把个人意见发展成为集体共识，把个体负面情感演变成网络负面情感。明星、公知、网红等公众人物作为活跃于各大网络平台的意见领袖是多级传播中信息加工的重要枢纽，往往是网络热门话题的发起者与情感基调设定者，他们利用情感对受众进行动员，通过符号互动，使受众与自己的情感达到同一，从而赚取流量甚至操控舆论。

值得注意的是，由于公众在网络空间中更青睐于社会冲突、阶级冲突等议题，并会在情感表达上对弱势群体持有支持态度，而媒体、意见领袖为了迎合网民的心理特质，在相关议题的传播中，会运用贴标签的形式强化"强势群体"与"弱势群体"之间的冲突①。因此，即使公众习惯于通过自嘲、诙谐的方式建构"弱势感"，其本意是为了维护公平与正义，对特权、阶层固化、贫富悬殊、铺张浪费、社会暴力等现象表示不满与批判②。但在"娱乐至死"的社会环境下，这一方面会引发情绪激化，如人肉搜索、恶意评论、扭曲的怨恨感、反智行为等③，另一方面会对网络社会环境造成不良后果，如恶意炒作、蓄意煽情、无脑狂欢等④。这种趋势将加剧群体非理性，不利于公民道德、社会共识的培育。

在社交媒体的情感动员过程中，受众会与动员主体达到情感的同一，这种情感的同一是自我与他者情感的极端一致的情感现象。在情感同一的关系中，客体出现了自身的感性感受向主体的道德感受的过渡，客体的主体性暂存于主体的主体性之中，客体的自我完全地沉醉于主体的自

---

① 袁光锋：《公共舆论建构中的"弱势感"——基于"情感结构"的分析》，《新闻记者》2015 年第 4 期，第 47~53 页。

② 袁光锋：《同情与怨恨：从"夏案"、"李案"报道反思"情感"与公共性》，《新闻记者》2014 年第 6 期，第 11~16 页。

③ 成伯清：《"体制性迟钝"催生"怨恨式批评"》，《人民论坛》2011 年第 18 期，第 20~21 页；Szablewicz, M. "The Losers of China's Internet: Memes as 'Structures of Feeling' for Disillusioned Young Netizens." *China Information*, 2014, 28（2）：259-275.

④ 白红义：《从倡导到中立：当代中国调查记者的职业角色变迁》，《新闻记者》2012 年第 2 期，第 9~14 页。

我，客体的情感被主体所主宰。粉丝对意见领袖的情感完全陷入了宗教性的崇拜和狂热之中，他们短暂性地放弃对自身存在的世俗性关注，以致他们的个性和情感都屈服于某一种至高无上的情感。在社交媒体中，网民会因意见领袖的高兴而欣喜，因意见领袖的悲伤而哭泣，因意见领袖的不满而愤怒，甚至网民会带有极强的排他性与攻击性，一些网络社会情感便是网民依意见领袖的情感而形成的。

可见，意见领袖天然的草根性在诞生之初即与官方媒体形成不同的"阵营"，一旦被网民所接受（成为其"粉丝"）就会影响受众的认知与情感。许多意见领袖始于普通网民，因而被认为更加独立和真实。这种独立性赋予他们更高的信任度。在某些情况下，意见领袖可能与传统媒体形成对抗关系，特别是在争议性议题上。需要谨慎对待意见领袖的言论，因为他们并不是专业记者或评论员，其观点可能带有主观色彩。因此，需要特别注重对意见领袖的培育与监督。具体而言，包括以下举措。

第一，重点追踪核心意见领袖群体，提升意见领袖的自我修养。互联网的普及实现了"去中心化"，但也推动了新的"再中心化"的产生[①]。随着越来越多的网民在互联网上分享观点并参与网络互动（如点赞、转发、评论、模仿等），意见领袖也出现了分层与权力结构[②]。越处于核心圈层，意见领袖越具备情感影响的能量，这种能量往往也是"跨圈"的（不同网络群体之间的壁垒）。能够成为意见领袖的人往往是某一领域的社会精英，其言行举止会改变某些人的情感倾向与行为选择。从某种意义上说，意见领袖即"公众人物"或"榜样"，任何言行都会在互联网的情绪框架作用下"放大"或"重新解构"其中的情感[③]。故而，无论从情理还是法律层面来说，意见领袖应当承担一定的社会责任，包括引领正确的价值观、具备较高水平的道德修养、谨言慎行、伸张正义、知法守法等。因此，应该从政府评价（社会影响）、网民评价（受

①　徐翔：《社交网络意见领袖"同心圈层"：现象、结构及规律》，《深圳大学学报》（人文社会科学版）2022 年第 1 期，第 133~148 页。

②　徐翔：《社交网络意见领袖的内容特征影响力及其传播中的趋同性》，《上海交通大学学报》（哲学社会科学版）2021 年第 2 期，第 89~104 页。

③　吴华、于海英、闫冬：《危机事件中意见领袖情绪框架对受众认知偏差的影响研究》，《情报杂志》2022 年第 7 期。

众影响）和行业评价（传播者影响）三个层面建立评价体系①，重点评估意见领袖承担社会责任的能力、服务大众的能力、传播社会正能量的能力、挖掘社会问题的能力、影响社会情感的能力。

第二，从技术层面进一步识别、评估和预判意见领袖的舆论情感倾向②。通过语义与情感分析方法③，针对不同圈层、不同领域的意见领袖建立专项数据库④，并根据网络术语与流行语的结构建立并扩充情绪词典⑤，以文字、图片、视频、评论、弹幕等为数据源⑥，通过神经网络分析文本数据的情感倾向⑦，从而判断与甄别舆论的倾向、势头、功能以及可能产生的影响⑧。同时，根据该方法也能更好地从动态的角度甄别意见领袖是否故意左右舆论、利用网民引战或过度消费网民情感。此外，还应该重视相关案例研究，特别是网络论战中意见领袖的立场与情感的建构、转化及其对派系成员的影响⑨，从而在未来的网络舆论演进过程中更加精准地捕捉并引导网络社会情感。

第三，增进民间意见领袖与官方部门的理解、认同与互信，为稳定民众的情感贡献力量。从法律层面而言，意见领袖必须遵循"七条底线"⑩，

---

① 俞定国、刘良模、朱琳：《意见领袖社会责任传播效能评价体系构建》，《青年记者》2021 年第 18 期，第 53~55 页；靖鸣、朱燕丹、冯馨瑶：《微博意见领袖影响力生成模式研究》，《新闻大学》2021 年第 7 期，第 1~13 页。

② 宋振、徐雅斌：《社交网络中意见领袖的敏感舆论倾向识别》，《计算机工程与设计》2021 年第 11 期，第 3293~3301 页。

③ 孙羽、裘江南：《基于网络分析和文本挖掘的意见领袖影响力研究》，《数据分析与知识发现》2022 年第 1 期，第 69~79 页。

④ 叶健、赵慧：《基于大规模弹幕数据监听和情感分类的舆情分析模型》，《华东师范大学学报》（自然科学版）2019 年第 3 期，第 86~100 页。

⑤ 余珊珊、苏锦钿、李鹏飞：《一种基于自注意力的句子情感分类方法》，《计算机科学》2020 年第 4 期，第 204~210 页。

⑥ 李扬、潘泉、杨涛：《基于短文本情感分析的敏感信息识别》，《西安交通大学学报》2016 年第 9 期，第 80~84 页。

⑦ 李超、柴玉梅、南晓斐、高明磊：《基于深度学习的问题分类方法研究》，《计算机科学》2016 年第 12 期，第 115~119 页。

⑧ 明弋洋、刘晓洁：《基于短语级情感分析的不良信息检测方法》，《四川大学学报》（自然科学版）2019 年第 6 期，第 1042~1048 页。

⑨ 王东、刘雪琳：《转基因论战中的偏见同化与敌意感知：意见领袖对派别成员的影响》，《国际新闻界》2021 年第 2 期，第 47~60 页。

⑩ 一是法律法规底线，二是社会主义制度底线，三是国家利益底线，四是公民合法权益底线，五是社会公共秩序底线，六是道德风尚底线，七是信息真实性底线。

配合政府的相关工作，积极与官方开展宣传合作，提升主流媒体的影响力，消除网络空间中的"噪声"①；从社会治理层面而言，意见领袖应该利用自身的优势，通过正式或非正式的渠道向政府传递民意，为优化政府治理建言献策②；从情感供给与整合层面而言，意见领袖应该关注自身所辐射网民的情感状态，及时解决粉丝群体中出现的价值偏见、意识形态偏差、非理性言论问题，维持网络舆论场和情感场的秩序③。

第四，积极培养具有国际影响力的意见领袖，向世界诉说当代中国的社会情感故事④。作为国际话语权博弈的重要载体，意见领袖在网络空间中的影响力呈现跨国界的趋势。对于"粉丝"的争夺不再局限于一种商业行为，而是逐渐演化为意识形态的斗争。一方面，作为文化呈现与传承渠道，意见领袖能够传播具有正向功能的草根文化作品，如传统工艺、美食、音乐、风景、旅拍传记等⑤，其中蕴含的文字、图片、乐曲等可以无国界地唤醒世界各地网民的情感，如儿时的美好记忆、旅行中的愉快、家人朋友的陪伴、对生活的热爱等，这种积极情感的链接可以增进彼此的认同感。另一方面，当遭遇外界的诋毁、误解甚至攻讦时，意见领袖将承担社会情感动员的关键作用。对外，意见领袖是传播有关中国问题真相的最广泛的群众力量；对内，意见领袖是凝聚中国民众社会认同与爱国主义情感的"网络节点"。

第三节　优化主流媒体的情感引导功能

新媒体与传统媒体要实现优势互补，形成融媒体，共同发挥好社会

①　曾茜：《监管的制度化与信息传播的有序化：我国互联网治理的变化及趋势分析》，《新闻记者》2014年第6期，第87~92页；宋辰婷：《网络时代的感性意识形态传播和社会认同建构》，《安徽大学学报》（哲学社会科学版）2015年第1期，第149~156页。

②　郭小安：《从运动式治理到行政吸纳：对网络意见领袖专项整治的政治学反思》，《学海》2015年第5期，第161~167页。

③　魏国强、杨晓璇：《自媒体时代"意见领袖"的影响力与责任研究》，《出版广角》2021年第17期，第82~84页。

④　杨慧民、陈锦萍：《网络意见领袖建构网络意识形态的逻辑理路及其应用》，《理论导刊》2022年第4期，第53~58页。

⑤　汪雅倩：《从名人到"微名人"：移动社交时代意见领袖的身份变迁及影响研究》，《新闻记者》2021年第3期，第27~39页。

舆论引导与社会情感疏导的功能作用，要优化新时代传媒的质与量。要在明确网络社会情感生成逻辑的基础上，将媒介话语与官方话语进行联结。媒介话语与官方话语的联结和互补，是网络社会情感治理的有效途径，是建立在官方话语与民间话语之间的桥梁。尤其是主流媒体要立场鲜明，利用官方话语以正视听，利用情感话语展开动员[1]，对复杂的公共情感环境进行有效引导[2]。利用好互联网这个媒介，将负面情感疏导成正向情感，既要加强对自身层面的情感管控，也要加强对不良信息的传播管控[3]。

网络社交媒体平台现在需要作为一个重要的新闻机构被认真对待，它正在塑造我们共享的对话，虽然各类社交媒体的功能和焦点有所不同，但它们都强调与网络中的其他人的互动，与他人分享观点和信息，以及在对话中给人们带来反馈[4]。网络社交媒体平台不仅是最突出的新闻来源，是人们进行互动的平台，同时也是一个通过对情感表达的精心监管而盈利的模式。无论是通过可见的反应、表情符号、评论和其他功能等，还是通过看不见的算法管理，都是向积极的、亲社会的方向管理和利用用户的情感。

要深刻认识融媒体时代的挑战和机遇，全面把握媒体融合发展的趋势和规律。因此，优化媒介的情感调控，打造主流舆论，创新正面宣传，是当下面临的一项紧迫课题。网络空间作为维护和巩固社会主义意识形态领导权的主战场，多元化的传播方式既是机遇也是挑战，新媒体要发出更为理性、真实的声音，传统媒体要更加抓取人心，贴近实际。

只有打造主流媒体的舆论阵地，增强媒体的社会责任感，坚持据实发声，才能掌握舆论的主动权和主导权，才能实现媒介的情感调控。例如，目前，主流媒体不再局限于解释性报道的叙事方式，而是更多地倾

---

① 陈丽芳：《从"侠客岛"看新媒体平台的情感治理》，《传媒》2020年第1期，第42~44页。

② 徐翔：《从"议程设置"到"情绪设置"：媒介传播"情绪设置"效果与机理》，《暨南学报》（哲学社会科学版）2018年第3期，第82~89页。

③ 李梅：《新媒体时代的社会心态与情感治理》，《探索与争鸣》2016年第11期，第32页。

④ 蒋建国：《微信成瘾：社交幻化与自我迷失》，《南京社会科学》2014年第11期，第96~102页。

向于在新闻报道中使用新的结构模式①，如"提出问题-解释问题-推导问题""事件原因归因-启发式进一步抛出问题""解释事件背景-扩充事实-引导公众讨论"等模式②，这种变化既是主流媒体应对传播科技发展的策略③，也是主流媒体对公众情感与价值引导的责任所在④。在媒体势力群雄割据的时代，话语主体的多元化稀释了主流意识形态话语的吸引力和影响力，话语情境的碎片化分割了主流意识形态话语的整体性和凝聚力，话语倾向的娱乐化消解了主流意识形态话语的解释力和批判力，话语方式的局限性制约了主流意识形态话语的国际传播力和竞争力。因此，打造主流舆论至关重要，要增强媒体的社会责任感，坚持以事实发声。

媒体要增强社会责任感。当下，有些网站一味地追求点击率，而成为吸引流量却毫无实际内容的标题党，甚至捏造虚假消息博人关注；有些搜索引擎以广告商的赞助费的多少为排序的标准，更有甚者，直接屏蔽掉了真实的网站链接，让虚假骗人的网站大行其道；有些社交平台为了赚足流量，成了传播低俗文化、社会谣言的工具；有些自媒体、公众号则编造故事，歪曲事实，直接成了动员网民宣泄消极情感的意见领袖。这些唯利是图、金钱至上的新媒体已成为危害网络空间环境的毒瘤，必须被肃清。媒体要坚持实事求是，担当起信息"把关人"的责任，要把讲好中国故事当作初心，要把维护网络空间的清朗健康当作使命，要把建设美好的网络社会生活当作目标。只有这样才能形成主流舆论，才能实现舆论引导、思想引领、文化传承和服务人民的功能。

媒体要坚持据实发声。无论是相关事件的报道事实不清，还是消息的封锁、言路的阻塞，都会导致谣言四起，积蓄不满的社会情感。媒体

① 刘海龙：《大众传播理论：范式与流派》，中国人民大学出版社，2008，第17页。
② 罗以澄、王继周：《网络社交媒体的新闻文体"杂糅"现象分析——以〈人民日报·海外版〉微信公众账户"侠客岛"为例》，《现代传播（中国传媒大学学报）》2016年第2期，第32~35页。
③ 孙发友：《传播科技发展与新闻文体演变》，《现代传播（中国传媒大学学报）》2004年第1期，第33~35页。
④ 宋辰婷：《网络戏谑文化冲击下的政府治理模式转向》，《江苏社会科学》2015年第2期，第85~91页；刘少华、申孟哲：《"侠客岛"的新媒体实践》，《青年记者》2015年第9期，第11~12页。

要搭建好社会化、互动化、商业化的传播平台，既要坚持公正客观的态度，用真相和事实发声，也要坚持理性原则，无论是在即时报道中，还是在新闻时评中，都要呈现事实真相，只有确保源头信息的真实性，才能不让公众猜疑和揣测，才能维持好自身的公信力，形成强大的影响力和传播力，从而把社会情感功能最大化，以实现广泛的社会团结和情感凝聚。

媒体要创新正面宣传，传递社会真情大爱。当下各类娱乐新闻大行其道，明星话题长期占据热搜榜首，而时事政治要闻却鲜为人知，社会真情大爱事件不被报道。无论是某某明星结婚、某某明星出轨，还是某某网红的狗丢了，新媒体都会争相报道，一时使之成为全网的热议话题，讨论关注的人数之多、流量之大甚至造成了公共资源的滥用。媒体不能做"娱乐至死"和传递社会负能量的帮凶，而要真实反映社会现实，坚持深入人民群众，唱响主旋律，传播正能量。新媒体要传递好社会的真情大爱，要用真情大爱营造良好的舆论氛围，要用真情大爱凝聚社会的浩然正气，更要用真情大爱激发全国各族人民团结奋斗的信心和力量。

正面宣传要与社会公众的价值理念保持一致，只有这样正能量才会更强劲，主旋律才能更高昂。创新正面宣传，是意识形态话语权顺应信息化时代传播关系变革和媒介话语转型的必然要求。要把讲好中国故事、传播好中国声音当作初心，把维护网络空间的清朗健康当作使命，把建设美好的网络社会生活当作目标。要合理设置媒体话语议题，拓展话语载体和渠道，改进话语方式和风格。要增强主流意识形态话语的传播力、亲和力和公信力，强化主流意识形态话语的提问权、阐释权和批判权。

要通过改进互联网的内容生产方式，创新正面宣传。随着5G、大数据、云计算、物联网、人工智能等技术的不断发展，移动媒体进入加速发展新阶段。要把人工智能运用于新闻的采集、生产、分发、接收、反馈之中。要用主流价值导向驾驭"算法"，充分让媒体参与意识形态话语权的建构；要运用先进算法，创新正面宣传过程；要通过理念、内容、形式、方法、手段等创新，使正面宣传质量和水平得到明显提高。

第四节 规范情感分析技术

当下，基于人工智能的情感分析依旧面临诸多挑战，如情感分类的语义鸿沟问题、情感计算的主观性问题、数据标注的可靠性问题等[①]。解决好这些问题是情感分析技术发展的关键，而情感计算理论的准确性和可靠性取决于数据的质量与特征提取的准确性。因此，在构建情感分类模型时，需要考虑数据采集、特征提取和算法调优等方面的因素，以增强模型的准确性并提高泛化能力。同时，在应用情感计算理论进行情感分析时，还需要对模型的结果进行有效性验证和分析，以确保分析结果的可靠性和正确性。

更为重要的是，情感分析技术的进一步发展面临着人文性桎梏。一方面，情感计算的精度难以达到"完美状态"[②]。对于情感不能进行简单的正负二元判断，因为其包含多种状态和复杂交互的过程。人工情感的计算依托于对情感的匹配程度、反应强度和控制程度的量化分析，这不仅将情感简易化，也将其映射到一一对应的模型中[③]。另一方面，情感分析高度依赖情境而忽视个体主观性与跨文化差异。人类情感的复杂性还体现在其具有高度主观性，文化和语言、个体性格和能力禀赋、家庭生活和身份地位、社会环境和经济水平等因素的差异可能会导致截然相反的情感反馈。因此，需要更加深入地理解和探索情感的本质、情感的语言表达与情感的社会化影响等方面的问题，如此才能更好地促进情感计算的发展。

虽然情感分析在近年来得到了很大的发展，但仍然存在一些屏障阻碍其进一步发展。在技术层面，大规模数据的获取和处理受限于训练数据的质量与规模，而人工智能情感分析模型的可解释性有限。在人文层

---

① Arya, R., Singh, J., and Kumar, A. "A Survey of Multidisciplinary Domains Contributing to Affective Computing." *Computer Science Review*, 2021, 40: 100399.

② Paltoglou, G., Theunis, M., Kappas, A., and Thelwall, M. "Predicting Emotional Responses to Long Informal Text." *IEEE Transactions on Affective Computing*, 2013, 4 (1): 106–115.

③ Yu, H., Bae, J., Choi, J., and Kim, H. "LUX: Smart Mirror with Sentiment Analysis for Mental Comfort." *Sensors*, 2021, 21 (9): 3092.

面，情感的复杂性和多样性、语言和文化的差异、隐私和伦理问题对情感分析的准确性与泛化能力提出了挑战。这些问题都值得进一步深思。

情感分析依据多种计算方法与情感理论，在这个过程中它既依赖于语言学、数学和计算机科学，也依赖于人类学和社会学的理论。但是，很多关于情感原理的认识论之间都存在冲突，如情感究竟是客观建构的，还是主观的心理体验的结果。如何对情感原理进行取舍，如何为人工智能建立合理的情感理论基石，至关重要。

不可否认的是，情感不仅是客观的、被社会建构的，还是主观的、是个人的体验。同时，情感分析依赖于语义分析技术来识别文本中的情感词语。情感词语的含义往往是模糊的，很难确定具体的情感类别。情感词语会随着时间、地点、文化和社会背景的变化而变化。因此，随着情感识别对象的变化，情感分析的结果存在较大的偏差。无论是情感的主观性，还是词语的复杂模糊性，都是情感分析技术面临的挑战。

为此，在技术层面，可以做出如下尝试。第一，进行海量的情感标注。可以收集更多用户对同一文本的情感反应，并用他们的反应作为标注数据来训练情感分析算法。这种方式可以增强数据的多样性，从而增强情感分析算法的准确性和适应性，减少主观偏差[①]。第二，加强对文化背景与文本语境的分析。情感的定义和表达方式在不同语言与文化中可能会有所不同。因此，需要针对不同的语言和文化环境进行适当的调整与处理，以更好地理解和识别情感。同时，要通过分析文本内容的具体语境，结合上下文来更好地理解情感。第三，训练个性化模型。由于每个人对相同事件的情感反应可能会不同，因此可以根据个人的历史数据和反馈来构建个性化的情感分析模型，从而更好地分析个体的情感。

除了情感分析的真实性问题之外，情感分析的应用层面也面临诸多伦理挑战。情感分析已被应用于广泛的领域，包括社交媒体监管、市场营销、政治宣传等。那如何在道德和隐私方面保持透明与负责？如何权衡情感技术的便利和社会的公正？

情感分析技术可能会侵犯个人隐私。情感分析需要访问个人信息，

---

① 范炜昊、徐健：《基于网络用户评论情感计算的用户痛点分析——以手机评论为例》，《情报理论与实践》2018 年第 1 期，第 94~99 页。

如社交媒体帖子或电子邮件等，这可能涉及隐私保护问题。在进行情感分析时，需要采取有效的隐私保护措施，例如对个人数据进行加密、匿名化或脱敏等，以避免未经授权的访问和滥用。同时，需要遵循相关隐私法规和道德准则，确保数据的保密性和安全性。

首先，情感分析的结果可能会影响人们的情感状态和情绪体验。如果情感分析的结果不准确或有误导性，可能会给人们带来负面的情感影响。因此，在使用情感分析技术时，需要进行充分的验证和测试，以确保其准确性和可靠性。此外，还应该提升相关分析结果的透明度并增强解释性，让用户了解结果的来源和可信度，并提供相应的解决方案和支持，以减少可能的负面影响。

其次，情感分析技术在应用中可能存在偏见和歧视。这主要是因为该技术往往基于先前的数据集进行训练，如果数据集存在偏见或歧视，那么模型就会受到这种偏见或歧视的影响。基于某些情感标签的分类器可能倾向于对某些人群进行歧视，这可能会导致错误的分类结果和社会不公。例如，当情感分析技术被用于分析招聘广告中的语言时，可能会发现某些词语对男性和女性的情感倾向有不同的影响。如果招聘广告包含一些更具男性特征的词语，那么情感分析技术可能会更倾向于推荐男性申请该职位。在开发情感分析技术时，需要注意减少偏见和歧视的风险。

最后，情感分析技术可能会影响人们的生活决策。例如在职业选择方面，情感分析技术可以分析求职者的简历和社交媒体资料，评估他们的情感状态和情感倾向，从而推断他们是否适合某个职位；在婚恋选择方面，情感分析技术可以通过分析社交媒体上的聊天记录和互动行为，评估两个人之间的情感关系，从而为他们提供更准确的婚恋建议。因此，在开发和使用情感分析技术时，需要承担相应的伦理责任，确保技术的正确使用并避免不当的影响。要制定相关法规和道德准则，明确情感分析技术的伦理责任和义务。同时，需要采用透明度和解释性的方法，让用户了解技术的使用方式和可能的影响，以便他们做出自己的决策。

综上所述，在开发和使用情感分析技术时，需要注意情感分析可能涉及的伦理问题，如隐私保护、情感影响、偏见和歧视、伦理责任等。可以采取隐私保护、验证和测试、数据审查、制定相关法规和道德准则等一些解决方案。这些方案有助于确保情感分析技术的准确性、公正性和道德性，提高技术的可信度并增强可持续性。

当然还有一个重要的问题，机器是否可以真正拥有人类的情感能力，并真正地理解和表达情感与情绪感受？ChatGPT 的横空出世使人们看到了人工智能的人性化和情感化特征，那这是否预示着人工智能能够"进化"出自由意志与真正的情感？显然，人工情感与人类情感之间的关系是一个复杂而有趣的问题。

首先，情感是人类特有的心理现象，它们的产生和发展是由人类大脑结构和生理机制决定的，而人工智能无法具备完全相同的结构和机制。情感是一种基于身体的感觉和反应的经验，这些感觉和反应是由我们对世界的感知和理解产生的。这种观点可以追溯到古希腊哲学家亚里士多德。在他的著作《情感论》中，他认为情感是由感觉、思想和身体反应组成的，是一种反映我们与外界互动关系的方式。情感是我们在世界上行动的动力和指导，它们形成了我们的意向和价值观。从这个角度来看，人工情感可能会缺乏这种基于身体的感觉和反应，因此无法完全模拟人类情感。

其次，人工情感是固定的，而人类情感是可变的。情感是人对事物的直接反应，它与推理或逻辑推导无关，而是一种与道德、伦理和文化价值观密切相关的现象。情感主义代表人物之一的休谟在《人性论》中指出，情感是道德和伦理判断的基础，不同的文化和社会有不同的情感价值观念。这些价值观念是通过社会化和文化传承而形成的。虽然人工智能可以使用算法来模拟情感，但这种模拟只是从表象层面进行的，缺乏情感的真正本质。考虑到这种社会建构的因素，人工情感可能无法完全模拟人类情感。

最后，人工情感是程序化的，而人类情感是有机的。如果仅仅依靠程序和算法，一台计算机很难模拟人类的感官感觉，因为它是基于智力原则的、程序化的"响应"①。计算机似乎只能使用已知的规则来识别并提取有关文本情感内容的特征，而 AR 和机器学习技术只能解决认知层

---

① 阙玉叶：《人工智能实现完全意向性何以可能？——人机融合智能：未来人工智能发展方向》，《自然辩证法研究》2022 年第 9 期，第 55~61 页。

面的问题。也就是说，它们只能根据我们提出的量化参数，建立足够精确的模型，以判断文本的情绪色彩。现有的大多数方法要么侧重于利用单个词的社会情感，要么侧重于将社会情感与正常文档中的潜在主题联系起来[1]。故而，人工智能的情感表达具有一定的模式化特质与鲜明的逻辑性。人工智能无法从本质上理解文本的情感内容，也不能拥有表达情感的自由意志。在当前技术层面，计算机虽然能模拟人类的情感体验，但它只是基于纯粹技术算法的一些正确的预测和识别处理，而不能自主表达丰富的情感内容。因此，只有更多地参照人类的情感实践，并开发更具有人类学意味的算法，才能让人工智能与人类情感实现真正的联结[2]。

[1]　Rao, Y. H. , Xie, H. R. , Li, J. , Jin, F. M. , Wang, F. L. , and Li, Q. "Social Emotion Classification of Short Text Via Topic-Level Maximum Entropy Model. " *Information & Management*, 2016, 53（8）：978-986.

[2]　易显飞、胡景谱：《人工情感技术的不确定性及引导机制构建》，《吉首大学学报》（社会科学版）2023年第1期，第124~133页。

第十六章　社会层面的网络社会情感治理

社会层面的网络社会情感治理旨在实现多方协同，首要任务是提升公民的情感思辨能力，通过构建全生命周期的教育体系，使公众能够更好地分辨信息的真伪并发现信息操纵的迹象，从而降低被虚假信息和情感煽动欺骗的可能性。此外，规范网络社群互动也是至关重要的，制定明确的网络平台规则，限制不良行为的发生和消极情感的传播，有助于维护网络社交环境的健康和和谐。最终，各个社会主体应当齐心协力，共同推动网络社会情感的积极发展，促进社会的稳定和繁荣。这个过程需要协调、共识和努力，以建设更具情感智慧的社会。

第一节　培养公民情感思辨能力

当今社会，情感信息素养成为公民的基本能力之一[①]。被网络社会情感控制的人往往深陷于他者在网络社会中构建的图景与幻想之中[②]。然而，"幻想只不过是隐藏某些东西的屏幕"[③]。它是通过话语体系建构出来的虚拟产品，一方面是为了迎合人类的基本需求，即把主观性附加到提供"真实体验"感觉的叙事上；另一方面，它使其追随者对从统一性、同质性和可预测性角度看待世界的缺点视而不见[④]。因此，陷入网络幻想世界中的个体呈现一种情感防御状态，从本质上来说这种状态是

[①] Guo, Y. R., Goh, D. H. L., Luyt, B., Sin, S. C. J., and Ang, R. P. "The Effectiveness and Acceptance of an Affective Information Literacy Tutorial." *Computers & Education*, 2015, 87: 368–384.

[②] Kinnvall, C., and Svensson, T. "Exploring the Populist 'Mind': Anxiety, Fantasy, and Everyday Populism." *The British Journal of Politics and International Relations*, First Published February 24, 2022. https://doi.org/10.1177/13691481221075925.

[③] Leeb, C. "Mystified Consciousness: Rethinking the Rise of the Far Right with Marx and Lacan." *Open Cultural Studies*, 2018, 2 (1): 236–248.

[④] Richards, B. "Psychological Underpinnings of Post-Truth Politics." *International Journal of Media & Cultural Politics*, 2018, 14 (3): 401–406.

为了抵御个体的缺陷（如焦虑、恐慌、自卑、不满、失落、愤恨等）而竖立起来的围墙。在这一过程中，情感不再是人与人、人与社会之间的桥梁与连接网络，而是封闭自身的砖瓦。这就需要公众在步入网络社会之前学会正确认识自身的情感，克服情感障碍，并在网络社会中不断锻炼批判性情感思辨能力。

就一般意义而言，传统的教育并不重视情感的效能。教育的历史常常被说成是情感不断被压制（subdued）、被疏散（evacuated）或被转化（transformed）为其他东西的历史①。理性是普遍的认识论，理性的主体是理想的结果。正如福柯在《性史》中所展示的，压抑的假说掩盖了一个有力的、生产性的过程，通过这个过程，性被积极地生产出来；同样，教育中的理性历史也掩盖了一个通过学校教育纠正、胁迫和塑造情感的复杂过程。正如卢茨所写的，"情感和性都是由生物医学模式主导的领域，两者都被视为普遍的、自然的冲动，两者都被谈论为以'健康'和'不健康'的形式存在，并且两者都在医学或准医学专业（主要是精神病学和心理学）的控制之下"。这产生了对教育中的情感的描述，认为它是被压制和转化的东西。在这一思想的指引下，传统的教育理念远离了对情感的嵌入。

但实际上情感无处不在。随着越来越多由情感引发的社会问题的爆发，如自杀、激情谋杀、抑郁、暴力冲动等，这使得各国政府纷纷开始开展情感教育。结合我国的教育实践与基本国情，应该将情感因素融入全过程教育之中。情感教育的核心关注点在于基于生命周期理论，对不同阶段人的情感能力的发展②，体现国家与社会对公民精神状态的关注以及对个体情感发展的人文关怀③，即从情感的视野重新审视"人的自由而全面的发展"何以推进的现实问题。

在幼年与初等教育阶段，在树立正确价值观的同时应该着重提升青少年的情感识别能力，积极营造一个良好的情感环境氛围，引导孩童进

---

① Gagen, E. "Exiles of Anger: The Spatial Politics of Difficult Emotions in Contemporary Education." *Emotion Space and Society*, 2019, 31: 41~47.

② 刘慧、刘次林、王玉娟、马多秀、王平：《指向生命完整发展的情感教育研究（笔谈）》，《教育科学》2020年第5期，第1~10页。

③ 朱小蔓、王平：《情感教育视阈下的"情感-交往"型课堂：一种着眼于全局的新人文主义探索》，《全球教育展望》2017年第1期，第58~66页。

行正确的情感倾诉①。这一阶段的情感教育被强调为使个人准备好应对日常生活问题的一种手段，以及通过教育工作者的教学实践来发展它②。毋庸置疑，在这一时期，学校教育与家庭教育发挥着举足轻重的作用，特别是通过家庭支持积累最初的情感能量③。由于这一时期的孩童模仿能力较强，亦具备较强的情绪感染力，家庭与学校之间应该形成合力，通过学生"模仿"发挥榜样的作用。研究表明，对于情感能力的培养有利于促进学生的整体发展④。主要的培养方式包括对元情感的识别、认识情感与行动之间的简单联系、学会正确处理不良情绪以及促进积极情绪的持续生成等。

在中等教育阶段，青少年的社交圈逐步建立并扩大，开始通过人际交往来学习如何对待情感问题。由于这一时期的学生主要生活与成长的空间在学校，应该鼓励在校园里创建积极的情感环境，并致力于了解、表达和正确管理个人情绪，从集体角度学习如何融入集体、在集体中成长、从集体中汲取感情以及向集体表达情感。在这一时期，与外界构建联系的实践也应该有序⑤，如认识自然界（如将宠物纳入情感教育的课堂实践中）⑥、认识人与社会的关系（如去敬老院做志愿者等），以多元化的社会活动充实青少年的生活，帮助其正确树立世界观、人生观、价值观、情感观。

在高等教育阶段，应该将认知、情感与教育相结合，注重基于情感的思考与评价。情感需求的多样性、情感体验的矛盾性、情感取向的单

---

① 李亚娟：《情感教育视域下幼儿园课程设计与实施反思》，《教育科学研究》2019 年第 11 期，第 76~81 页。

② Cardona, L. M. G. "Early Childhood and Emotional Education." *Revista Virtual Universidad Catolicadelnorte*, 2017, 52: 174-184.

③ 钟芳芳：《减负增效格局下有温度的家庭教育生态重构》，《中国教育学刊》2022 年第 4 期，第 29~34 页。

④ Llamazares, M. D. E., Cruz, T. D., Garcia, J. H., and Camara, C. P. "Emotional Education in Early Childhood Education Teachers: A Key Aspect in Teaching Performance." *Contextos Educativos-Revista De Educacion*, 2017, 20 (SI): 113-125.

⑤ 赵雅卓、李晋男：《学校仪式在情感教育中的价值实现》，《教学与管理》2020 年第 24 期，第 34~37 页。

⑥ Baibiene, M. M. M., Silva, L., Tomassi, A., Borrino, L., and Hocicos, E. L. Y. "Emotional Education Assisted by Dogs, as a Bridge to Well-Being in the Classroom." *Calidad De Vida Y Salud*, 2020, 13: 144-165.

一性、消极情绪的普遍性，都是当代大学生情感发展的新特征[①]。特别是随着网络参与的加强，大学生群体暴露在冲突、陌生、稀奇、光怪陆离、情感交织、鱼龙混杂的网络社会环境之中[②]。与此同时，青年群体逐步开始有了新的烦恼，如恋爱、就业、人际交往、工作关系、家庭关系甚至健康问题。在这个情感转型的时期，更应该加强对青年群体的情感关注。一方面，进一步结合青年群体特性加强爱国主义、劳动价值观、社会主义核心价值观、法治思想等教育，使其学习正确的分析事情、评价人与事物的方式方法；另一方面，应该在课堂思政教育过程中[③]，结合最新的网络事件引导学生进行综合分析，在观点分享、讨论、事件总结的过程中，模拟情感融入、理解与体验[④]，帮助学生理解不同的情感在网络事件演化过程中的作用，疏导学生可能产生的不良情绪，并积极动员学生尝试采用合理的方法应对相似事件。此外，政府应该主导建立情感教育系统性评估体系，通过多元化、多渠道的方式了解青年群体的情感状态[⑤]，定期开展情感能力测评并建立个人档案与数据库[⑥]。

值得注意的是，对公民批判性情感思辨能力的培养并不止于青年阶段。情感教育通过发展与情感能力有关的方面，从意识、表达和镇定到责任、同情和亲社会态度，促进个人身份的构建。毋庸置疑，青年时期的情感教育对于个人进行情感调控具有重要影响。但当个人步入社会之后，甚至迈入老年时期，情感教育依然发挥着至关重要的作用。这个时

① Wang, Z. F., and Wang, J. H. "Analysis of Emotional Education Infiltration in College Physical Education Based on Emotional Feature Clustering." *Wireless Communications & Mobile Computing*, 2022, doi: 10.1155/2022/7857522.

② 解登峰：《情感教育视角下青少年网络社会责任感培养》，《中国教育学刊》2017年第6期，第97~102页。

③ 许瑛乔：《高职院校教师运用情感教育开展学生思想政治教育的研究》，《教育与职业》2021年第10期，第91~95页。

④ 王平：《课堂教学设计如何通达价值观——基于情感教育的探索》，《中国教育学刊》2021年第6期，第76~81页。

⑤ 李亚娟：《从情感教育视角审视学校德育课程——基于300所学校德育课程文本的分析》，《教育发展研究》2019年第18期，第71~77页。

⑥ 兰国帅、周梦哲、魏家财、曹思敏、张怡、黄春雨：《社会和情感教育评估：内涵、框架、原则、工具、指标及路径——基于欧盟的框架》，《开放教育研究》2021年第6期，第24~36页。

期的情感教育责任从学校转移到了社会①，教育主体也由教师变为公民自身，即通过成长时期掌握的社会互动与情感交流技能，在建构社会联系的过程中，妥善地应对个体的情感危机、冷静地面对网络事件中的极化情绪，合理地运用情感工具。

第二节　规范网络社群互动

网络社群主要靠"圈子"内部的交流与互动而形成。网络社群形塑了一个全新的场景（context）。在日常生活中，人们一般会经历两个层次的场景：一是"不可及场景"，如法律、政策、国际局势、社会形势等，这些场景不受个体行为的影响，但会限制个体行为的边界；二是"可及场景"，如住宅、办公室、公共场所、人际关系网等。其中可及场景又可分完全在场环境与不完全在场环境，而网络社群正是不完全在场环境下人际关系的拓展。

情感依恋很大程度上源于"参与的人如何发展共同的情感储备"。这种相互的情绪主要是通过发生在日常环境中的"生活中的社会互动"发展起来的。愤怒、羞辱、怨恨等消极情感是"亲密的、私人的、主观生动的社会世界的跨主观属性"②。从这个意义上说，认同或主观性并不是最重要的一个私人和认知的问题——它被嵌入更广泛的情感循环中。

情感认同是网络社群形成的基石，在互动的过程中这种认同更加深化，将个体（"我"）聚合为群体（"我们"）③。在超越现实的空间中，网络社群的出现形塑了一个新的社会形态④，其成员、活跃分子、管理员、群主等个体的社会角色发生了变化，依托于数据、符号，在内容生产的过程中将关系数字化甚至资本化。因此，网络社群的形成不仅是其

---

① 刘振：《阙如与重构：社会工作情感教育研究》，《华东理工大学学报》（社会科学版）2021 年第 2 期，第 86~94 页。

② Ross, A. A. G. *Mixed Emotions: Beyond Fear and Hatred in International Conflict*. Chicago, IL: The University of Chicago Press, 2014: 1-26.

③ 张航瑞：《网络社群的类聚与群分——以"漫威影迷"为个案》，《社会学评论》2020 年第 4 期，第 104~114 页。

④ 丁元竹：《超越现实与虚拟：网络环境下的新社会形态及其治理研究——以微信读书社群为例》，《电子政务》2022 年第 4 期，第 29~40 页。

成员开始新的社会化的过程，也是成员再学习的过程①，即通过群体一致性，在参与的过程中接受群体的观念，并与群体构建情感共同体。

网络社群虽然聚焦于不同的领域，比如读书、游戏、美妆、萌宠、健身、二次元等，但在社群活动中都存在一个共同的互动仪式过程，即"焦点关注-情感共享-集体兴奋"②。建立在个体文化发展、信息共享、关系重塑、互信合作基础上的网络社群互动对增进群体文化认同与促进情感交融具有强大的能量③。同时，这种能量并非完全可控的。网络社群多元话语的碰撞、个人主义的发酵、社群参与者自我建构与呈现之间的矛盾、网络社群组织关系的权力结构与变化等因素都会导致社群结构的不稳定性④，从而滋生非理性情绪与行为。并且，网络社群和睦或抗争的氛围也会影响到旁观者（如路人、潜水者、吃瓜群众）的情感体验⑤。因此，需要规范网络社群的关系建构过程，并加强差异化群体之间的情感共识。

首先要建立综合性、系统性治理思维，加强网络社群民众自我治理的能力。网民不仅是网络社群运行的主体，也是社群治理的主体，应该转变身份角色定位，引导网民积极主动地正视并预防可能出现的情感偏差，承担社会参与与网络治理的责任，以自我监管、自我调控、自我提升为原则，结合国家大政方针、社会主义核心价值观推动网络社群制定符合自身定位、发展需求的制度体系，如群内表彰、积分奖励、建立声誉体系等激励措施，或如限制用户权限、禁言、封号等惩罚措施⑥，从而以制度机制规范网络社群的言论发表、集体讨论、线上线下或联合活

---

① 刘征驰、李文静、黄雅文：《网络社群学习效应：理论机制与实证检验》，《管理评论》2022 年第 4 期，第 131～139 页。

② 王晓晨、付晓娇：《健身、社交、情感：运动健身 App 网络社群的互动仪式链》，《沈阳体育学院学报》2022 年第 3 期，第 64～70 页。

③ 王友良：《网络社会要素、空间和交往过程的层级关系建构》，《浙江大学学报》（人文社会科学版）2022 年第 4 期，第 163～173 页。

④ 周宣辰、王延隆：《"个体化"网络场域中青年社群的样态、风险与进路——以 B 站为考察对象》，《中国青年社会科学》2021 年第 4 期，第 63～73 页。

⑤ 高俊、王新新：《网络社群成员的共睦态体验对潜水意向的影响研究》，《南开管理评论》2022 年第 2 期，第 179～192 页。

⑥ 张彦华、崔小燕：《网络社群行为规范对公共政策的影响及其风险治理——基于传播政治经济学的分析视角》，《青海社会科学》2021 年第 6 期，第 62～70 页。

动开展，以达到适时调控群体内部不同情感结构以及情感倾向的目的。

其次，网络社群的治理需要线上线下相结合。一方面，网络社会情感的生成根植于现实社会生活，虽然其演化离不开互联网领域，但最终依然会回归现实世界，因此，只有从网络空间与现实维度综合辨析才能科学化管理群体聚集行为。另一方面，网络社会情感背后的网络现象往往与社会结构中的利益关系、权力关系相联系①，网络社群的聚集同样离不开权力逻辑。因此，对于网络社群的管理往往是网络舆论空间、网络情感空间、网络社会空间与现实空间多重情境的相互影响、相互渗透与相互推动。此外，网络社群还可以与社区联合开展相关活动，建立基于地理范畴的网络子社群，充分发挥准社会组织的功能。

再次，形成明确的网络社群准则和规则。为了维护互联网社交平台的秩序和保障用户体验，明确的社区准则和规则是至关重要的。这些准则和规则包括要求用户在互动中使用礼貌的语言，禁止发布恶意攻击、仇恨言论、虚假信息、成人内容、淫秽材料、暴力恐吓、垃圾信息、侵犯隐私、侵犯知识产权以及煽动仇恨或暴力行为的内容。此外，用户必须遵守当地和国家的法律，不得在平台上从事非法活动。这些准则和规则旨在创建一个文明、安全、尊重和合法的互联网社交环境，加强用户体验，降低不良互动的发生率，同时保护个人隐私和知识产权。通过明确规则，社交平台能够有效地管理社群互动，营造和谐的社会情感环境，使用户能够更好地参与互动。

最后，将网络社群打造为社会主义核心价值观培育的新场景。情感会影响道德内容在社交网络中的传播。由于道德感染力受群体成员身份的限制，应该有针对性地进行引导②。一般而言，网络社群可以分为四种基本类型，包括因某个具体的兴趣爱好而形成的兴趣社群（如豆瓣读书、豆瓣电影等）、因分享经历而形成的关系社群（如小红书、抖音等）、因幻想而形成的新世界的幻想社群（如漫威迷、星际迷、哈

---

① 陈氚：《构建创新型网络社会治理体系——以网络社群治理为分析对象》，《中国特色社会主义研究》2017 年第 6 期，第 86~91 页。

② Brady, W. J., Wills, J. A., Jost, J. T., Tucker, J. A., and Van Bavel, J. J. "Emotion Shapes the Diffusion of Moralized Content in Social Networks." *Proceedings of the National Academy of Sciences of the United States of America*, 114 (28): 7313-7318.

利·波特迷等），以及以物品、资源交换为主的交易社群（如同城闲置、知乎等）①。针对不同的网络社群应该采用不同的培育策略。一是面向兴趣社群，应该推动传统文化的回潮，以中华传统文化底蕴激活公众的文化自信、文化认同，在文化熏陶中促进个体的情感自律。二是面向关系社群，引导人们关注社会现实，从不同群体、阶层和视野对社会进行现实批判②，积极挖掘和回应现实问题，并运用网络语言进行事实阐释和情感表达③。三是面向幻想社群，由于幻想往往建立在夸张的情感表达基础之上，其情绪传染力较强，应该加强官方的文化宣传，通过媒体叙事塑造美好的世界观，并通过故事的形式对现实进行警示。四是面向交易社群，应该倡导理性消费观念，努力克服消费主义利用社会情感建构的消费陷阱，回归实用主义消费观④。

第三节　营造和谐的网络社会情感环境

网络是现实社会的延伸。随着社会不平等、失业和经济不景气现象的加剧，人们对现实的期望越来越难以实现。这种失落感、不安全感反映在网络社会中则激化了群体之间的矛盾，如职业不平等、性别不平等、地区发展不均衡等，特别是人们对财富分配不均、特权等问题的强烈不满，越发影响了社会的和谐稳定。

一个稳定的社会情感环境可以帮助公众建立对周围世界的信心和信任感，并产生一种连续性、稳定性和秩序感⑤。极右翼势力、分裂分子、非法组织等正是利用了人们追求安稳与发展的心态，通过构建一个可以让人们摆脱目前困境的想象中的安全未来来获得民众的支持（如特朗普

①　Armstrong, A., and Hagel, J. "The Real Value of Online Communities." *Harvard Business Review*, 1996, 74 (3): 134-141.

②　程润峰、谢晓明：《论网络语言的社群化》，《语言战略研究》2022 年第 3 期，第 23~33 页。

③　刘东锋、张琪：《网络青年亚文化现象梳理与特点探析》，《学校党建与思想教育》2020 年第 10 期，第 19~21 页。

④　唐军、周忠贤：《消费主义逆行者：网络社群中青年的消费观呈现——以"豆瓣"消费社群为例》，《中国青年研究》2022 年第 6 期，第 85~91 页。

⑤　Ejdus, F. "Critical Situations, Fundamental Questions and Ontological Insecurity in World Politics." *Journal of International Relations and Development*, 2018, 21 (4): 883-908.

呼吁"让美国再次伟大"),特别是处于社会弱势地位、边缘化的群体会因为自身的被剥夺感而响应他们的号召,成为其拥趸。因此,现实社会的安全感会打破人们在网络社会中被消极情感影响的幻想叙事(fantasy narratives)①,从而克服网络社会情感的负面因素。

一个强大的情感防御体系离不开社会各个主体的积极支持。在社会维度,需要调动各方参与力量,以营造更加积极、理性和具有情感智慧的社会氛围,具体措施包括三个方面。

第一,提升社交互动的质量。社交媒体和互联网已经成为人们日常社交的重要平台。积极的社交互动有助于促进社会的文化多样性和包容性。通过情感管理,个体更容易理解和尊重不同背景与观点的人,从而减少社会中的歧视和偏见。在具有建设性对话和共情的社交互动中,信息更容易得到准确传递,公众更愿意接受各种观点,并能更好地辨别虚假信息。此外,通过建设性的对话和合作,个体和组织可以更好地共同面对复杂的社会挑战,如气候变化、贫困、健康危机等。社交互动的质量决定了社会成员能否团结一致,共同追求目标。

第二,加强情感引导与心理健康支持。一方面,情感引导应该润物细无声,蕴藏于每一个参与主体之中。例如,媒体应该扮演积极的引导角色,传播积极情感和情感管理的信息,以帮助人们更好地理解和面对自己的情感。教育机构可以在教育课程中加入情感管理和心理健康的内容,培养学生的情感智慧。社交媒体平台可以提供有关情感管理和心理健康的资源与支持,为用户提供应对情感困扰的工具和建议。另一方面,心理健康支持是关键,特别是对那些可能面临情感问题的人。政府、社会组织和医疗机构可以提供心理治疗、咨询和支持热线等服务,以帮助那些需要帮助的人获得及时的支持。此外,心理健康教育也是重要的,可以帮助人们更好地理解和管理自己的情感,减轻情感困扰。

第三,形塑"以情治情"的网络社会情感文化。这一过程需要各方通力合作,共同努力,以实现网络社会情感治理的目标。首先,通过引导积极的情感文化传播,鼓励媒体、艺术家和文化创作者以积极、建设

---

① Browning, C. S. "Brexit, Existential Anxiety and Ontological (in) Security." *European Security*, 2018, 27 (3): 336-355; Browning, C. S. "Brexit Populism and Fantasies of Fulfilment." *Cambridge Review of International Affairs*, 2019, 32 (3): 3222-3244.

性的情感为主题，创作和传播作品，从而影响社会的情感氛围。其次，情感教育在学校和社会机构中的普及至关重要，帮助人们培养情感智慧、情感自律和情感释放的技能，使他们能够更好地理解和管理自己的情感，以及理解他人的情感需求。再次，社会情感价值观的传递需要政府、社会组织和媒体的共同努力，通过倡导共情、同理心和积极情感的核心价值观，引导社会各界形成积极的情感文化。最后，进一步打造"物化"的情感情境①。利用网络社会情感符号化的特征，使用更加丰富、生动和多样化的文本、图片、音频、视频等方式，创造更具情感共鸣与趣味性的网络空间。只有通过这些综合性的措施，我们才能共同建立一个充满共情、理解和积极情感的网络社会环境，为社会的和谐与繁荣创造有利条件。

---

① 刘世清：《教育情感治理：何以可能？如何可行？》，《南京师大学报》（社会科学版）2021 年第 5 期，第 35~45 页。

第十七章　政府层面的网络社会情感治理

在当前全面深化改革的时代背景下，面对复杂多变的社会环境，实现情感的社会化调控关键在于发挥政府的导向作用。政府在引导社会情感方面扮演着至关重要的角色，其导向作用不仅需要在法律法规层面明确规范社会情感的表达和传播，还需要积极主导积极向上的情感文化，营造积极、健康、和谐的社会情感氛围。这需要政府加速完善网络社会的法治工作，实现对网络社会情感的监测，以社会矛盾为导向，实现网络社会情感的源头治理，坚持以人民为中心，促进政府与群众的情感联系。通过这些方式，国家可以引领社会情感的积极方向，促进社会情感的健康发展，为国家治理现代化奠定坚实的情感基础。

第一节　加速完善网络社会的法治工作

网络社会日新月异，新鲜事物纷至沓来，互联网立法和普法工作绝不能滞后于时代的发展，更要保有前瞻性和预判性。如关于网约车乱象的治理，我国的相关法律就出现了严重的滞后性，没有及时避免一件件因网约车而引发的刑事案件的悲剧发生。其实，早在2010年网约车就在我国普及开来，而直至2016年有关部门才陆续出台了相关的指导意见和管理办法。2018年，在两起危机事件的网络舆论的影响下，交通运输部出台全面叫停顺风车并进行安全专项整治的政策①，但时至今日相关法律法规还在不断地完善。除了立法滞后性的问题，互联网空间还存在着一些法律的空白。法治工作需要及时关注网络乱象，也要关注资本势力垄断网络话语权的问题。

虽然势如破竹的自媒体似乎使人人都拥有了一定的话语权，但是话

---

① 陈贵梧、林晓虹：《网络舆论是如何形塑公共政策的？一个"两阶段多源流"理论框架——以顺风车安全管理政策为例》，《公共管理学报》2021年第2期，第58~69页。

语权的大小、传播能力的强弱却是由媒体平台决定的。网络中的热门话题大多为新媒体精心设置的议题，公众的关注点与舆论的中心点会聚焦在其预设的范围之内，从而使网民往往表达与媒体相一致的意见。随着网络传媒企业变得更加集中化、集权化和垄断化，网络空间公共领域的自由和价值日益受到威胁，有些舆论在很大程度上不是通过公开的理性辩论而形成的，而是被私人资本操纵和控制的产物。

垄断化的传媒或随意地删除网民的言论，或利用意见领袖和精心设置的框架议题来操控大众舆论，甚至倡导与主流意识形态相悖的言论。这不仅威胁到人们的言论自由与网络信息安全，更有可能对国家的利益和安全造成危害。因此，法律作为衡量是非曲直的准绳，也是悬于一切违法者之上的达摩克利斯之剑，建立和完善相关的互联网法律法规是网络社会情感社会化治理的重器。

我国应该广泛借鉴国外的互联网法律和网络治理的先进经验，结合我国的基本国情和实际问题来增强法律的适用性和合理性，建立中国特色"互联网＋"法律体系。这需要深入了解互联网行业的特点和需求。通过广泛听取互联网从业者、学者、用户等各方的意见和建议，形成更加符合实际情况的法律体系。这意味着法律要能够灵活适应技术的变化、新业态的涌现，同时也要保障公平竞争、维护网络安全、保障用户权益。同时，中国特色"互联网＋"法律体系构建亦需要政府、企业和社会各界的共同努力。政府应该积极引导和支持互联网行业的发展，同时也要加强监管，防范潜在的风险。企业应该遵守法律法规，维护用户数据安全，推动产业的可持续发展。社会各界要共同呼吁互联网行业的自律和规范，共同维护互联网空间的和谐与稳定。相信，随着《中华人民共和国网络安全法》的正式实施与深入实践，以及其他互联网法规的制定，网络行为与网络治理必将有法可依，网络社会的乱象必将得到治理。

网络立法要有前瞻性，网络执法工作更要尊重法的精神。这是因为互联网技术的迅猛发展和社会的持续变革使得互联网领域面临新的挑战和问题，这可能导致执法不当行为。因此，法律应预测并适应这些变化，坚守法治精神，以确保互联网空间的健康发展和社会的稳定。

第一，执法必须遵循法律和法规，保证公平和公正。政府机构和执法部门必须严格遵守国家法律与法规，确保执法行为的合法性，不受政治或经济压力的干扰或影响。只有在法律框架下进行执法，才能维护社会的秩序和公平，保障公民的合法权益。此外，公正也是执法的基本原则，执法部门应当对所有个体一视同仁，不偏袒任何一方，确保每个人都能在法律面前平等受到保护。只有在合法性和公正性的基础上进行执法，网络社会治理才能取得积极成果，取得公众对执法机构的信任。

第二，执法行为应该是透明的，可以被监督和审查。在网络社会治理中，确保执法机构的行为公开透明，可以有效减少滥用职权、腐败行为以及其他不当行为的发生。透明的执法过程能够取得公众对执法机构的信任，使执法更具合法性和公信力。此外，执法机构也应该对其行为负起责任，并接受问责制的约束。这意味着当执法行为出现问题或违反法律规定时，执法机构需要承担相应的法律责任，而不应该免予追责。问责制的存在可以有效遏制执法滥权行为，确保执法机构依法行事。

第三，在执法活动中，必须保护个人的基本权益。虽然确保网络安全至关重要，但执法机构在执行任务时必须充分尊重个人的隐私权。这包括在数据收集、监控和调查等活动中，必须遵循法定程序和程序正义原则，确保不侵犯个人的隐私权。只有在合法的情况下，执法机构才能采取必要的措施来维护网络安全，同时保护个人的基本权益。言论自由和信息自由也是网络社会治理中不可或缺的价值观念。执法机构在处理网络言论和信息传播问题时，应该遵循法律规定，确保言论自由和信息自由的权利不受侵犯。这需要执法机构具备辨别何种言论和信息可能构成违法行为的能力，同时避免滥用权力，限制非法的言论和信息传播。

第二节　实现对网络社会情感的监测

要重视网络社会情感的监测工作与情感分析的人才培养机制，加大对各大科研院所舆情实验室、各地市舆情分析室的扶持力度，建立起一批批舆情工作队伍。更要不断地普及、利用、开发自然语言处理、情感分类、主题词提取等先进计算机情感分析技术，对网络大数据中的文本进行网络社会情感、态度、立场的研判，掌握网络社会的情感动态。特别是在重大公共政策和重大公共事件转向的特殊关键时期，更要关注大众网民的情感水平，对网络社会情感实施动态监测与跟踪，实时抓取，实时分析，把握网络舆论战的先机和主动权，对不同类型的网络社会情感进行针对性的疏导。

第一，对于突发事件的社会情感即时监测。通过大数据技术，对关键性的突发事件在网络平台上引发的民众热议进行实时监测[①]。例如，在新冠疫情期间的社会情感监测可以运用大数据采集的方法，建立新型主流媒体关于抗疫新闻报道的数据库。然后，通过自然语言处理技术，对数据进行噪声、分词、向量化的预处理。最后，利用基于深度学习的双向长短期记忆网络建立情感分类模型，从情感的强弱程度、情感极性、情感相似性、情感差异性对抗疫新闻报道中的情感文本进行分类与归纳，并形成可视化的情感词云图、情感热力图等，构建抗疫新闻报道的情感知识图谱，进而捕捉强烈的（正面的/负面的）社会情感。

第二，对于极化网络社会情感的宏观监测。网络空间相对自由的状态，使得网络社交媒体平台可能成为网络串联示威的聚集地，从而影响国家政治安全与社会稳定[②]。作为国家总体安全的重要组成部分，政府需要注意网络空间中的极化情绪、极端言论、煽动言论与反动言论，特别是一直处于活跃状态的藏独分子、港独分子、疆独分子等分裂国家的不法团体也借由互联网与外部反华势力勾结，不仅影响了中国对外国家形象的建构，也通过扭曲事实、激发不满等方式煽动群众的情绪[③]。除了在互联网接入层面实施"信息把关"以外，政府应该采取更加积极的应对策略，将网络社交媒体平台作为重要的战略资源，促进监管融入网络之中[④]，综合运用网络舆情演化模型、科学技术、政策工具等方式[⑤]对

---

① 杨洸：《社交媒体网络情感传染及线索影响机制的实证分析》，《深圳大学学报》（人文社会科学版）2020 年第 6 期，第 115~126 页。

② 魏超：《网络社交媒体传播的负面功能探析》，《科技传播》2010 年第 4 期，第 77~78 页。

③ 相喜伟、王秋菊：《网络舆论传播中群体极化的成因与对策》，《新闻界》2009 年第 5 期，第 94~95 页。

④ Lee, E. "Deindividuation Effects on Group Polarization in Computer-Mediated Communication: The Role of Group Identification, Public-Self-Awareness and Perceived Argument Quality." *Journal of Communication*, 2007, 57（2）：385~403.

⑤ 丁菊玲、勒中坚、王根生、周萍：《一种面向网络舆情危机预警的观点柔性挖掘模型》，《情报杂志》2009 年第 10 期，第 152~154 页；王根生、勒中坚、陆旭、黄玉波、丁菊玲、杨波：《迁移元胞自动机网络舆情演化模型（M2CA）》，《情报学报》2011 年第 6 期，第 570~576 页；贾仁安、伍福明、徐南孙：《SD 流率基本入树建模法》，《系统工程理论与实践》1998 年第 6 期，第 18~23 页。

微博、微信、bilibili、快手、优酷、百度贴吧、豆瓣、Facebook、YouTube 和 Twitter 等中外有代表性的网络社交媒体平台发布的内容及转发、评论（包括词语、图像、声音）进行重点监测，发现潜在问题时迅速建立专项舆情数据库，并通过多元化的网络表达与情感疏导抑制网民的群体极化[1]，促使网络的使用者、参与者进一步成长[2]，以传播的形式对抗传播中的"敌人"[3]。

第三，对于意见领袖的言行及情感倾向的监督。在社交媒体时代，意见领袖通常也充当着"情感领袖"的角色[4]，即明星、社交平台的大V、草根网红等意见领袖的"情感偏向"能够影响普通网民的判断力与基本情感[5]。在突发事件的舆论引导中，政府或官媒甚至会借用民间自媒体平台对公众极化的情感进行引导[6]。意见领袖在内容生产的过程中掺杂对大众意识形态、认知与情感的误导，产生了极其恶劣的后果。

第四，对于青年群体思潮的监测。青年群体是国家最具活力的组成部分，也是未来文化的创造者。他们是社交媒体的主要用户，容易成为被大量似是而非的信息淹没的受害者。这些信息可能对他们的思维方式、价值观和情感产生深远的影响，甚至导致他们走向极端或持不健康的观点。社交媒体平台和社会应该关注并监测青年群体在网络上的思潮和行为，给他们提供必要的教育和引导，以帮助他们更好地辨别真实和虚假信息，培养批判性思维能力，强调信息的来源和可信度。同时，鼓励青年积极参与社会、文化和政治讨论，使他们成为具有社会责任感的积极分子，为社会和国家的发展贡献智慧与力量。坚持以人民为中心的发展思想，提升全民网络文明素养，以人类优秀文明成果滋养网络空间，使

① Rodrigues, E. A., and Costa, L. F. "Surviving Opinions in Sznajd Models on Complex Networks." *International Journal of Modern Physics C*, 2005, 16 (11): 1785-1792.

② 李佳洋、郭东强：《信息生态学——现代企业信息管理的新模式》，《情报科学》2005年第5期，第673~677页。

③ 史波：《网络舆情群体极化的动力机制与调控策略研究》，《情报杂志》2010年第7期，第50~53页。

④ 徐翔、夏敏：《从"意见领袖"到"情感领袖"：微博意见领袖的情感特征研究》，《重庆邮电大学学报》（社会科学版）2021年第6期，第157~169页。

⑤ 喻国明、李彪：《舆情热点中政府危机干预的特点及借鉴意义》，《新闻与写作》2009年第6期，第57~59页。

⑥ 高萍、吴郁薇：《从议程设置到情绪设置：中美贸易摩擦期间〈人民日报〉的情绪引导》，《现代传播（中国传媒大学学报）》2019年第10期，第67~71页。

得网络空间成为青年情感教育的新场域①。

第三节　以社会矛盾为导向，实现网络社会情感的源头治理

社会冲突，是导致负面网络社会情感产生的根源。社会冲突是社会的本质属性②，不断缓解和平息社会冲突的过程也是社会历史发展进步的历程。网络社会情感的产生既源于现实性的社会冲突，也源于非现实性的社会冲突。现实性的社会冲突体现于主体对自身利益的诉求之中，主体希望通过自身的行动来改变现实的处境③，现实性的社会冲突造成的社会情感危机、社会心态失序是直接的。而非现实性的社会冲突一般来源于相对剥夺感，当主体对自身或社会拥有较高的价值预期和利益期待，而其自身能力或社会环境无法提供满足其愿望的条件时，相对剥夺感便会由高度期待变成低度满足。这种消极的情感甚至可能形成一种结构性怨恨④。无论是现实性的社会冲突还是非现实性的社会冲突，都会给公众造成一种情感伤害，积蓄的负面情感会被偶然性的网络事件激发，从而形成广泛的社会愤恨。伴随着社会冲突的加剧、情感伤害的加深，网络社会情感也会随之不断高涨，甚至逐渐发展成社会运动和政治性反抗。

社会冲突，不仅是实现人民美好生活的重要阻碍，也构成了一种社会文化心态，从而积蓄了民愤民怨。社会矛盾导致了公众负面情感的积蓄，并构建了一种宏观水平上的社会情感。这种情感可能影响整个社会的稳定和和谐。例如，社会中普遍存在的不满和不信任情感可能导致社会紧张局势的升级，而公共示威、抗议活动、社会冲突等可能成为它的表现形式。同时，社会的情感水平不是静态不变的，不同的时代有不同

---

① 刘笠萍：《亚文化视阈下当代青年的情感价值与国家认同建构——基于高校思想政治理论课教学改革的思考》，《河南社会科学》2021年第8期，第117~124页。

② L. 科塞：《社会冲突的功能》，孙立平等译，华夏出版社，1989，第56~67页。

③ 李元书：《重新认识和正确处理当代中国社会的利益冲突》，《武汉大学学报》（哲学社会科学版）2010年第2期，第172~180页。

④ 王俊秀：《不同主观社会阶层的社会心态》，《江苏社会科学》2018年第1期，第24~33页。

的特征①。举例来说，不同历史时期的社会情感可能会受到政治、经济、科技等方面的影响。在经济繁荣的时期，人们可能更倾向于积极、乐观的情感；而在经济不景气或政治动荡的时期，人们可能更容易感到焦虑、不安。社会事件如自然灾害、战争、大规模流行病等也会显著影响社会的情感状态，引发恐慌、担忧或团结、共鸣等不同情感反应。

随着中国现代化进程的不断加快，中国特色社会主义进入新时代，社会主要矛盾发生了新的变化。中国当前主要矛盾已经发生了根本性的变化，这个矛盾便是人民日益增长的美好生活需要和不平衡不充分的发展之间的矛盾②。社会经济发展的不平衡，导致了社会分化趋势加剧，利益多元化格局更加明显，社会生活领域中出现了一些新的矛盾问题，例如环境污染、资源短缺、城市化带来的问题等。这些新问题可能会导致人们对未来的担忧和恐慌情感，并造成社会情感的积蓄。因此，从情感源头层面化解社会矛盾迫在眉睫。

第一，在政务治理的层面，对网络社会情感进行有效的回应。其治理方式主要是根据突发事件的进展情况，进行事实性回应，如及时发布透明的事件信息，提高政府的公信力，做好网络言论的导向工作③。但是，有限的、冰冷的回应有时也会展现出信息不对称与情感偏差的问题，导致社会情感不能有效疏导，反而激化矛盾，衍生出更多的社会冲突。因此，在政务舆情中，社会情感的治理要追求共识的最大化，要在事实回应的基础上关注情感与价值的维度，在疏导策略上兼施法治、德治与情治。

第二，强化社会调解和冲突解决机制，通过调解和协商解决社会矛盾。首先，政府应该建立专业的调解机构，聘请和培训专业的调解员，他们具备情感管理的能力，能够有效地化解争端和冲突，提供中立的、公正的调解服务。其次，政府应制定相关的法律法规，规范社会调解和冲突解决的程序与标准，以确保其合法性和公正性，同时明确调解员的资格和行为准则。再次，政府需要为社会调解机构提供必要的资源支持，

① 姜涛：《情感认同与社会主义法治文化培育》，《理论探索》2018 年第 1 期，第 104~113 页。

② 唐魁玉：《创造美好生活应从寻找生活真相开始》，《哈尔滨工业大学学报》（社会科学版）2017 年第 6 期，第 12~14 页。

③ 殷飞、张鹏、兰月新、夏一雪、张琦、李增：《基于系统动力学的突发事件网络谣言治理研究》，《情报科学》2018 年第 4 期，第 57~63 页。

包括经费、培训和技术设备，以确保其有效运作；还可以建立冲突解决基金，资助无力支付调解费用的人。最后，政府应建立监督和评估机制，定期审查社会调解和冲突解决的效果，并对机构的表现进行评估，以不断改进和提升调解服务的质量。通过这些措施，政府可以在社会调解和冲突解决领域发挥积极作用，帮助社会更好地理解和应对情感需求，推动社会矛盾的和平解决，促进社会的稳定和和谐。

第三，倡导社会中的共情文化。这有助于减少冷漠和敌对情感，促进社会的和谐。通过鼓励人们更多地关注他人的情感需求，社会可以营造一种互相理解和支持的氛围①。这需要从教育开始，培养民众的共情能力，教导他们如何倾听和关心他人的感受。此外，媒体和社交媒体平台可以发挥积极作用，通过传播正能量的故事和信息，引导人们关注社会上的困难和需求。政府和社会组织也可以发起相关活动，鼓励人们参与志愿者服务和社区建设，增强对他人的关怀意识。总之，倡导共情文化有助于减少冷漠和敌对情感，促进社会的和谐和互助，为解决社会问题和矛盾提供了一种积极的路径。

简而言之，只有化解各类社会矛盾，才能从根源上治理网络社会情感。社会冲突是普遍的，但社会冲突长期得不到关注和解决，轻则积累民愤民怨，重则引发群体性事件②。网络社会中网民普遍反映的社会问题，一定是根植于社会现实问题之中的。网络社会情感从根本上说源于现实社会的矛盾和冲突。网络社会情感涉及经济、政治、社会、文化、生态等诸多领域，无论是公众对政策制度的担忧，抑或对自身安全和利益的焦虑，都会成为网络社会情感产生的根源。

第四节　坚持以人民为中心，促进政府与群众的情感联系

政府开展社会治理工作时，应当以社会情感状态为根据，从消极的网

---

① 袁光锋：《数字媒介、不确定性与风险传播中的情感治理》，《理论与改革》2023年第3期，第134～143、160页。

② 刘英基：《大数据时代的社会冲突治理创新研究》，《中国特色社会主义研究》2016年第1期，第84～88页。

络社会情感中发现问题①，以重大社会变迁为现实基础，从社会现实的根本上解决社会矛盾。随着改革开放的不断深入，虽然一些社会矛盾更加突出，可能会激起一时的民愤，但只要想群众之所想、急群众之所急、解群众之所困，实现社会的公平、正义、法治，民众的非理性情感很快就会消解。

只有增强政府与人民群众的情感联结②，才能更好地形成高认同度的生活共同体，实现国家的长治久安③。第一，对网络社会情感的疏导要建立在尊重网络生态赋予的异质共同体价值之上，在具体的情境中追求正义的观念与正义的实践④。国家对于网络社会情感的监测的目的不在于控制舆论，而是了解群众的根本诉求，实现自下而上的民意传递。例如，在"996"引发网民对于劳动权益的讨论之后，人力资源和社会保障部、最高人民法院联合发布超时加班劳动人事争议典型案例，明确指出"996"工作制严重违法，政府迅速反应的行动与积极响应的态度践行了其作为人民利益的代言者维持社会公平正义的使命。

第二，要积极引导公众参与网络社会情感自主治理，利用网络的自检与监督机制，发动广大群众成为网络社会情感治理的"守门员"⑤。随着公民素养与公众理性水平的提升，在国家、意见领袖的引导之下，网民逐渐具备了不被极化情绪左右、能够理性分析事件始末、正确地抒发自身的情绪，甚至利用网络社会情感发起社会动员的能力，例如在"杭州飙车肇事案"⑥"PX词条保卫战"⑦"江歌案""泉州欣佳酒店坍塌事故"等事

---

① 刘少杰：《网络化时代的社会治理创新》，《中共中央党校学报》2015年第3期，第36~40页。

② 何雪松：《情感治理：新媒体时代的重要治理维度》，《探索与争鸣》2016年第11期，第40~42页。

③ 郑杭生、黄家亮：《论我国社区治理的双重困境与创新之维——基于北京市社区管理体制改革实践的分析》，《东岳论丛》2012年第1期，第23~29页。

④ 师曾志、杨睿：《新媒介赋权下的情感话语实践与互联网治理——以"马航失联事件"引发的恐惧奇观为例》，《探索与争鸣》2015年第1期，第41~44页。

⑤ 托克维尔：《论美国的民主》（全两卷），董果良译，商务印书馆，1988，第37页；董阳：《Web2.0时代的维基网络科普新模式——以互动百科为例》，《科普研究》2011年第S1期，第46~55页。

⑥ 王军、李王颖：《互联网信息时代的舆论监督与司法——以"杭州飙车肇事案"为例》，《现代传播（中国传媒大学学报）》2009年第4期，第42~44页。

⑦ 董阳、陈晓旭：《从"极化"走向"理性"：网络空间中公共舆论的演变路径——百度百科"PX词条保卫战"的启示》，《公共管理学报》2015年第2期，第55~67页。

件中，网民逐渐从非理性走向理性，从"情感沸点"转变为"情感动员"，并推动了舆论监督、科学传播、司法公正、人权保护等领域的发展。

第三，要设置网络社会情感诉求与公共权力的界限，用正义情感化解敌对网络社会情感①。这要求政府积极采取情感动员策略，引导正面的社会情感，加大对优秀草根群众典型事例的宣传力度，以"砥砺前行""工匠精神""创新精神""最美逆行者""中国制造"等话语培养大众的爱国热情、身份认同、民族自信与自豪感。近年来，官方媒体开始转发并点评自媒体平台上来自知名 up 主或草根群众发布的制作优良的传承文化、科普知识等各式视频作品，这体现了政府对大众内容生产的支持，亦以人民喜闻乐见的方式进一步推动了政府与公众、现实与网络之间的情感沟通。

第四，疏导网络社会情感要实现线上线下联动，既要做好线上的疏导工作，也要做好线下治理工作，尤其要关注社会现实问题，治理现实问题②。以问题为导向一直是社会治理的重要方法论。人民群众反映的问题，特别是能够引发公众热评的问题就是当下国家治理的主要方向③。

现实社会情感的凝聚能够缓解网络社会情感危机，反过来，网络社会情感的凝聚也会滋养现实社会情感。国家与社会的团结和统一建立在巩固的社会情感、共同的奋斗经历、相似的文化传承等基础之上。从历史维度、理论维度、现实维度出发，坚持以人民为中心，关注人的真实的体验感、获得感与幸福感，将每个个体的情感汇聚成一致性的社会情感，如此才能促进民族团结，才能在重大灾情、危机面前实现情感动员，才能众志成城地创造辉煌的历史与人类文明。只有一切以人民为中心，才能逐步实现国家治理体系和治理能力现代化，才能使社会情感发挥出最大的效能④，以实现广泛的社会情感凝聚。

---

① 张爱军：《"后真相"时代的网络意识形态诉求与纷争》，《学海》2018 年第 2 期，第 82~89 页。

② 桂勇：《高度关注"高表达"的网络社会心态》，《探索与争鸣》2016 年第 11 期，第 52~53 页。

③ 王德新、李诗隽：《新时代公众参与的社会治理创新》，《哈尔滨工业大学学报》（社会科学版）2022 年第 2 期，第 66~72 页。

④ 马超峰、薛美琴：《社会治理中的情感回归与张力调适》，《兰州学刊》2018 年第 2 期，第 181~189 页。

参考文献

阿莉·拉塞尔·霍克希尔德：《心灵的整饰：人类情感的商业化》，成伯清、淡卫军、王佳鹏译，上海三联书店，2020。

埃德蒙德·胡塞尔：《现象学的观念》，倪梁康译，商务印书馆，2017。

安德瑞·马默：《解释与法律理论》，程朝阳译，中国政法大学出版社，2012。

安东尼奥·R.达马西奥：《寻找斯宾诺莎——快乐、悲伤和感受着的脑》，孙延军译，教育科学出版社，2009。

安东尼·吉登斯：《现代性的后果》，田禾译，译林出版社，2011。

安璐、胡俊阳、李纲：《基于主题一致性和情感支持的评论意见领袖识别方法研究》，《管理科学》2019年第1期。

白红义：《从得导到中立：当代中国调查记者的职业角色变迁》，《新闻记者》2012年第2期。

白淑英：《事缘共同体：新媒体事件的组织机制与治理策略》，《浙江社会科学》2020年第1期。

白淑英、肖本立：《新浪微博中网民的情感动员》，《兰州大学学报》（社会科学版）2011年第5期。

柏格森：《时间与自由意志》，吴士栋译，商务印书馆，2009。

柏拉图：《柏拉图全集》（第2卷），王晓朝译，人民出版社，2003。

布尔迪厄：《文化资本与社会炼金术——布尔迪厄访谈录》，包亚明译，上海人民出版社，1997。

蔡骐、刘瑞麒：《网络"树洞"：一种古老传播形式的媒介化重生》，《湖南大学学报》（社会科学版）2022年第3期。

蔡志强：《社会动员论：基于治理现代化的视角》，江苏人民出版社，2015。

常江、金兼斌：《米兔运动、介入式文化研究与知识分子的社会责任——〈全球传媒学刊〉对话常江副教授》，《全球传媒学刊》2018年第3期。

巢乃鹏、黄娴：《网络传播中的"谣言"现象研究》，《情报理论与实践》2004 年第 6 期。

陈安繁、金兼斌、罗晨：《奖赏与惩罚：社交媒体中网络用户身份与情感表达的双重结构》，《新闻界》2019 年第 4 期。

陈氚：《构建创新型网络社会治理体系——以网络社群治理为分析对象》，《中国特色社会主义研究》2017 年第 6 期。

陈贵梧、林晓虹：《网络舆论是如何形塑公共政策的？一个"两阶段多源流"理论框架——以顺风车安全管理政策为例》，《公共管理学报》2021 年第 2 期。

陈杰、马静、李晓峰、郭小宇：《基于 DR-Transformer 模型的多模态情感识别研究》，《情报科学》2022 年第 3 期。

陈静编《叔本华文集》（悲观论集卷），青海人民出版社，1996。

陈丽芳：《从"侠客岛"看新媒体平台的情感治理》，《传媒》2020 年第 1 期。

陈盼、钱宇星、黄智生、赵超、刘忠纯、杨冰香、杨芳、张晓丽：《微博"树洞"留言的负性情绪特征分析》，《中国心理卫生杂志》2020 年第 5 期。

陈素君、蔡文菁：《情感与自欺：萨特的情感现象学》，《华侨大学学报》（哲学社会科学版）2020 年第 3 期。

陈甜甜：《环境传播中的媒介动员——以我国雾霾事件为例（2000-2017 年）》，南京师范大学博士学位论文，2018。

陈真：《何为情感理性》，《道德与文明》2018 年第 2 期。

陈志远：《情感内容是概念性的吗？——一种现象学的路径》，《哲学动态》2018 年第 1 期。

成伯清：《当代情感体制的社会学探析》，《中国社会科学》2017 年第 5 期。

成伯清：《"体制性迟钝"催生"怨恨式批评"》，《人民论坛》2011 年第 18 期。

程润峰、谢晓明：《论网络语言的社群化》，《语言战略研究》2022 年第 3 期。

崔丽萍：《中西情感与理性的异同——从中西德性的角度进行的诠释》，《社会科学家》2011 年第 11 期。

达尔文:《人类和动物的表情》,周邦立译,北京大学出版社,2019。

代金平、朱国卿:《网络空间命运共同体思想视域下网络思想政治教育的优化》,《思想政治教育研究》2019年第1期。

邓昕:《被遮蔽的情感之维:兰德尔·柯林斯互动仪式链理论诠释》,《新闻界》2020年第8期。

丁菊玲、勒中坚、王根生、周萍:《一种面向网络舆情危机预警的观点柔性挖掘模型》,《情报杂志》2009年第10期。

丁元竹:《超越现实与虚拟:网络环境下的新社会形态及其治理研究——以微信读书社群为例》,《电子政务》2022年第4期。

董阳:《Web2.0时代的维基网络科普新模式——以互动百科例》,《科普研究》2011年第S1期。

董阳、陈晓旭:《从"极化"走向"理性":网络空间中公共舆论的演变路径——百度百科"PX词条保卫战"的启示》,《公共管理学报》2015年第2期。

段震、倪云鹏、陈洁、张燕平、赵姝:《基于多关系网络的话题意见领袖挖掘》,《数据采集与处理》2022年第3期。

E.迪尔凯姆:《社会学方法的准则》,狄玉明译,商务印书馆,1995。

范炜吴、徐健:《基于网络用户评论情感计算的用户痛点分析——以手机评论为例》,《情报理论与实践》2018年第1期。

费多益:《认知视野中的情感依赖与理性、推理》,《中国社会科学》2012年第8期。

高俊、王新新:《网络社群成员的共睦态体验对潜水意向的影响研究》,《南开管理评论》2022年第2期。

高萍、吴郁薇:《从议程设置到情绪设置:中美贸易摩擦期间〈人民日报〉的情绪引导》,《现代传播(中国传媒大学学报)》2019年第10期。

戈夫曼:《日常生活的自我呈现》,徐将敏、余伯泉译,云南人民出版社,2009。

耿绍宁:《试析网络"树洞"应用对高校和谐稳定的影响——以"树洞"微博为例》,《思想理论教育》2013年第15期。

龚纲、朱萌:《社会情绪的结构性分布特征及其逻辑——基于互联网大数据 GDELT 的分析》，《政治学研究》2018 年第 4 期。

古斯塔夫·勒庞：《乌合之众：大众心理研究》，冯克利译，中央编译出版社，2005。

古斯塔夫·勒庞：《乌合之众：大众心理研究》，王浩宇译，北京联合出版公司，2016。

管健、乐国安：《社会表征理论及其发展》，《南京师大学报》（社会科学版）2007 年第 1 期。

管健：《社会表征理论的起源与发展——对莫斯科维奇〈社会表征：社会心理学探索〉的解读》，《社会学研究》2009 年第 4 期。

桂勇：《高度关注"高表达"的网络社会心态》，《探索与争鸣》2016 年第 11 期。

郭根、李莹：《城市社区治理的情感出场：逻辑理路与实践指向》，《华东理工大学学报》（社会科学版）2021 年第 2 期。

郭景萍：《情感控制的社会学研究初探》，《社会学研究》2003 年第 4 期。

郭未、沈晖：《重大突发公共卫生事件中的网络社会心态：一个整合分析框架》，《西南民族大学学报》（人文社会科学版）2020 年第 12 期。

郭小安：《从运动式治理到行政吸纳：对网络意见领袖专项整治的政治学反思》，《学海》2015 年第 5 期。

郭小安：《社会抗争中理性与情感的选择方式及动员效果——基于十年120 起事件的统计分析（2007-2016）》，《国际新闻界》2017 年第 11 期。

郭小安：《网络抗争中谣言的情感动员：策略与剧目》，《国际新闻界》2013 年第 12 期。

何明修：《社会运动概论》，台北：三民书局，2005。

何雪松：《情感治理：新媒体时代的重要治理维度》，《探索与争鸣》2016 年第 11 期。

何炎祥、孙松涛、牛菲菲、李飞：《用于微博情感分析的一种情感语义增强的深度学习模型》，《计算机学报》2017 年第 4 期。

何跃、朱婷婷：《基于微博情感分析和社会网络分析的雾霾舆情研究》，《情报科学》2018 年第 7 期。

贺爱忠、龚婉琛：《网络购物体验对顾客行为倾向的作用机理与模型初探》,《华东经济管理》2010 年第 3 期。

胡明辉、蒋红艳:《构建网络群体极化与约束机制》,《学术交流》2015
　　年第 6 期。

胡盛澜:《人工情感智能体的道德赋能问题探析》,《自然辩证法研究》
　　2023 年第 2 期。

华吴:《社交媒体空间女性声音的政治意涵》,《现代传播(中国传媒大
　　学学报)》2017 年第 12 期。

黄裕生:《论意志与法则——卢梭与康德在道德领域的突破》,《哲学研
　　究》2018 年第 8 期。

霍布斯:《利维坦》,黎思复、黎廷弼译,杨昌裕校,商务印书馆,1985。

计彤、李傲挺:《科学方法论视野中"生命共同体"的创新性研究》,
　　《自然辩证法研究》2021 年第 11 期。

贾谋:《情感主义者为什么要谈理性——简析亚当·斯密伦理学之中的理
　　性概念》,《天津大学学报》(社会科学版)2019 年第 6 期。

贾仁安、伍福明、徐南孙:《SD 流率基本人树建模法》,《系统工程理论
　　与实践》1998 年第 6 期。

简·梵·迪克:《网络社会》(第 3 版),蔡静译,清华大学出版社,2020。

姜红、印心悦:《"讲故事";一种政治传播的媒介化实践》,《现代传播
　　(中国传媒大学学报)》2019 年第 1 期。

姜涛:《情感认同与社会主义法治文化培育》,《理论探索》2018 年第
　　1 期。

蒋长好、赵仑:《悲伤及其应对的研究进展》,《首都师范大学学报》(社
　　会科学版)2006 年第 2 期。

蒋建国:《网络社交媒体的角色展演、交往报酬与社会规范》,《南京社
　　会科学》2015 年第 8 期。

蒋建国:《微信成瘾:社交幻化与自我迷失》,《南京社会科学》2014 年
　　第 11 期。

蒋晓丽、杨珊:《虚拟社会安全阀:树洞类 UGC 平台的宣泄功能研究》,
　　《新闻界》2017 年第 6 期。

解登峰:《情感教育视角下青少年网络社会责任感培养》,《中国教育学
　　刊》2017 年第 6 期。

靖鸣、朱燕丹、冯馨瑶：《微博意见领袖影响力生成模式研究》，《新闻大学》2021年第7期。

卡尔·曼海姆：《重建时代的人与社会：现代社会结构的研究》，张旅平译，生活·读书·新知三联书店，2002。

凯斯·桑斯坦：《网络共和国：网络社会中的民主问题》，黄维明译，上海人民出版社，2003。

康德：《纯粹理性批判》，蓝公武译，商务印书馆，1960。

旷剑敏：《语言主体间性及其发展的价值理想》，《求索》2007年第4期。

L. 科塞：《社会冲突的功能》，孙立平等译，华夏出版社，1989。

兰德尔·柯林斯：《互动仪式链》，林聚任、王鹏、宋丽君译，商务印书馆，2009。

兰国帅、周梦哲、魏家财、曹思敏、张怡、黄春雨：《社会和情感教育评估：内酒、框架、原则、工具、指标及路径——基于欧盟的框架》，《开放教育研究》2021年第6期。

兰月新、董希琳、苏国强、赵红培：《公共危机事件网络谣言对网络舆情的影响研究》，《图书情报工作》2014年第9期。

雷蒙德·威廉斯：《马克思主义与文学》，王尔勃、周莉译，河南大学出版社，2008。

雷蒙德·威廉斯：《漫长的革命》，倪伟译，上海人民出版社，2013。

李兵：《青年参与网络政治活动的理论基础与政治稳定》，《中国青年研究》2014年第12期。

李超、柴玉梅、南晓斐、高明磊：《基于深度学习的问题分类方法研究》，《计算机科学》2016年第12期。

李春雷、姚群：《"情绪背景"下的谣言传播研究》，《广州大学学报》（社会科学版）2018年第10期。

李芳、朱昭红、白学军：《高兴和悲伤电影片段诱发情绪的有效性和时间进程》，《心理与行研究》2009年第1期。

李华君、曾留馨、滕姗姗：《网络暴力的发展研究：内涵类型、现状特征与治理对策——基于2012-2016年30起典型网络暴力事件分析》，《情报杂志》2017年第9期。

李佳洋、郭东强：《信息生态学——现代企业信息管理的新模式》，《情报科学》2005 年第 5 期。

李梅:《新媒体时代的社会心态与情感治理》,《探索与争鸣》2016 年第 11 期。

李娜、曹茹:《突发公共卫生事件中短视频的情感动员机理研究》,《新闻与传播评论》2021 年第 6 期。

李珊珊、刘丁宁、祁瑞华、于莹莹:《基于文本挖掘的重大公共卫生事件网络舆情特征分析及治理探索》,《情报探索》2021 年第 12 期。

李亚娟:《从情感教育视角审视学校德育课程——基于 300 所学校德育课程文本的分析》,《教育发展研究》2019 年第 18 期。

李亚娟:《情感教育视域下幼儿园课程设计与实施反思》,《教育科学研究》2019 年第 11 期。

李艳丽、杨华军:《我们心底的怕:恐惧的政治功能及其启示》,《武汉理工大学学报》(社会科学版) 2017 年第 2 期。

李扬、潘泉、杨涛:《基于短文本情感分析的敏感信息识别》,《西安交通大学学报》2016 年第 9 期。

李元书:《重新认识和正确处理当代中国社会的利益冲突》,《武汉大学学报》(哲学社会科学版) 2010 年第 2 期。

列维-布留尔:《原始思维》,丁由译,商务印书馆,1981。

林聚任等:《西方社会建构论思潮研究》,社会科学文献出版社,2016。

林南:《社会资本:关于社会结构与行动的理论》,张磊译,上海人民出版社,2005。

林崇德、杨治良、黄希庭主编《心理学大辞典》,上海教育出版社,2004。

刘聪慧、王永梅、俞国良、王拥军:《共情的相关理论评述及动态模型探新》,《心理科学进展》2009 年第 5 期。

刘丛、谢耘耕、万旋傲:《微博情绪与微博传播力的关系研究——基于 24 起公共事件相关微博的实证分析》,《新闻与传播研究》2015 年第 9 期。

刘东锋、张琪:《网络青年亚文化现象梳理与特点探析》,《学校党建与思想教育》2020 年第 10 期。

刘海龙:《大众传播理论:范式与流派》,中国人民大学出版社,2008。

刘慧、刘次林、王玉娟、马多秀、王平:《指向生命完整发展的情感教育研究（笔谈）》，《教育科学》2020 年第 5 期。

刘佳：《"国家—社会"共同在场：突发公共卫生事件中的全民动员和治理成长》，《武汉大学学报》（哲学社会科学版）2020 年第 3 期。

刘雷、史小强：《刘畊宏现象的背后：明星直播健身对受众健身行为意向的影响机制》，《武汉体育学院学报》2022 年第 11 期。

刘笠萍：《亚文化视阈下当代青年的情感价值与国家认同建构——基于高校思想政治理论课教学改革的思考》，《河南社会科学》2021 年第 8 期。

刘能：《社会运动理论：范式变迁及其与中国当代社会研究现场的相关度》，《江苏行政学院学报》2009 年第 4 期。

刘少华、申孟哲：《"侠客岛"的新媒体实践》，《青年记者》2015 年第 9 期。

刘少杰：《网络化时代的社会治理创新》，《中共中央党校学报》2015 年第 3 期。

刘世清：《教育情感治理：何以可能？如何可行?》，《南京师大学报》（社会科学版）2021 年第 5 期。

刘太刚、向肪：《"以规治情"与"以情治情"：社区情感治理的再认识》，《中国行政管理》2021 年第 6 期。

刘秀秀：《走进人类学的新田野：互联网民族志调查》，《中国社会科学报》2013 年 11 月 15 日，第 A08 版。

刘英基：《大数据时代的社会冲突治理创新研究》，《中国特色社会主义研究》2016 年第 1 期。

刘悦笛：《人工智能、情感机器与"情智悖论"》，《探索与争鸣》2019 年第 6 期。

刘振：《阙如与重构：社会工作情感教育研究》，《华东理工大学学报》（社会科学版）2021 年第 2 期。

刘征驰、李文静、黄雅文：《网络社群学习效应：理论机制与实证检验》，《管理评论》2022 年第 4 期。

卢梭：《社会契约论》，何兆武译，商务印书馆，2003。

卢祥波、邓燕华：《乡村振兴背景下集体与个体的互惠共生关系探讨——基于四川省宝村的个案研究》，《中国农业大学学报》（社会科学版）

2021 年第 3 期。

卢英俊、戴丽丽、吴海珍、秦金亮：《不同类型音乐对悲伤情绪舒缓作用的 EEG 研究》，《心理学探新》2012 年第 4 期。

吕宇翔、纪开元：《流动的身份展演——重访社交媒体演进史》，《现代传播（中国传媒大学学报）》2021 年第 5 期。

罗伯特·所罗门、凯思林·希金斯：《大问题：简明哲学导论》（第十版），张卜天译，清华大学出版社，2018。

罗昊、李薇：《找回情感：国家治理的情感脉络及其当下进路》，《领导科学》2023 年第 5 期。

罗森林、潘丽敏：《情感计算理论与技术》，《系统工程与电子技术》2003 年第 7 期。

罗以澄、王继周：《网络社交媒体的新闻文体"杂糅"现象分析——以〈人民日报·海外版〉微信公众账户"侠客岛"为例》，《现代传播（中国传媒大学学报）》2016 年第 2 期。

骆郁廷、李恩：《论网络思想政治教育的作用机理》，《马克思主义与现实》2021 年第 5 期。

马超峰、薛美琴：《社会治理中的情感回归与张力调适》，《兰州学刊》2018 年第 2 期。

马丁·海德格尔：《现象学之基本问题》（修订译本），丁耘译，商务印书馆，2018。

《马克思恩格斯全集》第 39 卷，人民出版社，1974。

马克思·舍勒：《道德意识中的怨恨与羞感》，林克等译，北京师范大学出版社，2014。

马克思·舍勒：《同情感与他者》，朱雁冰、林克译，北京师范大学出版社，2017。

马克斯·舍勒：《伦理学中的形式主义与质料的价值伦理学》，倪梁康译，商务印书馆，2011。

马克斯·舍勒：《人在宇宙中的地位》，李伯杰译，刘小枫校，贵州人民出版社，1989。

马征、卢佩：《网络悼念的传播学解读》，《青年记者》2007 年第 14 期。

迈克尔·毕利希：《论辩与思考》（新版），李康译，中国人民大学出版社，

2011。

迈克尔·豪格、多米尼克·阿布拉姆斯：《社会认同过程》，高明华译，
　　中国人民大学出版社，2011。

毛延生：《以情致用：特朗普政治劝说话语中的恐惧驱动模式》，《深圳
　　大学学报》（人文社会科学版）2019年第3期。

孟博、刘茂、李清水、王丽：《风险感知理论模型及影响因子分析》，
　　《中国安全科学学报》2010年第10期。

孟天广、李锋：《网络空间的政治互动：公民诉求与政府回应性——基于
　　全国性网络问政平台的大数据分析》，《清华大学学报》（哲学社会
　　科学版）2015年第3期。

孟旭阳、徐雅斌：《社交网络中的敏感内容检测方法研究》，《现代电子
　　技术》2019年第15期。

明弋洋、刘晓洁：《基于短语级情感分析的不良信息检测方法》，《四川
　　大学学报》（自然科学版）2019年第6期。

尼尔·J.斯梅尔塞：《集群行为的价值累加理论》，载周晓虹主编《现代
　　社会心理学名著菁华》，社会科学文献出版社，2007。

诺贝特·埃利亚斯：《文明的进程——文明的社会发生和心理发生的研
　　究》，王佩莉、袁志英译，上海译文出版社，2018。

诺尔曼·丹森：《情感论》，魏中军、孙安迹译，辽宁人民出版社，1989。

欧文·戈夫曼：《日常生活中的自我呈现》，冯钢译，北京大学出版社，
　　2008。

潘震：《情感表量构式的认知研究》，《现代外语》2015年第6期。

彭广林：《潜舆论·舆情主体·综合治理：网络舆情研究的情感社会学转
　　向》，《湖南师范大学社会科学学报》2020年第5期。

亓光：《后真相政治的本性：概念演进、话语图景与叙事逻辑》，《江苏
　　行政学院学报》2022年第3期。

乔纳森·H.特纳：《人类情感——社会学的理论》，孙俊才、文军译，
　　东方出版社，2009。

乔纳森·特纳、简·斯戴兹：《情感社会学》，孙俊才、文军译，上海人
　　民出版社，2007。

乔治·赫伯特·米德：《心灵、自我和社会》，霍桂桓译，译林出版社，

2012。

邱林川、陈韬文主编《新媒体事件研究》，中国人民大学出版社，2011。

阙玉叶：《人工智能实现完全意向性何以可能？——人机融合智能：未来人工智能发展方向》，《自然辩证法研究》2022年第9期。

让·鲍德里亚：《消费社会》，刘富、全志钢译，南京大学出版社，2014。

塞尔日·莫斯科维奇：《社会表征》，管健、高文珺、俞容龄译，中国人民大学出版社，2011。

尚智丛、闫奎铭：《"人与机器"的哲学认识及面向大数据技术的思考》，《自然辩证法研究》2016年第2期。

师曾志、杨睿：《新媒介赋权下的情感话语实践与互联网治理——以"马航失联事件"引发的恐惧奇观例》，《探索与争鸣》2015年第1期。

施瑞婷：《情感社会化：现有范式及其变革》，《江淮论坛》2020年第5期。

史波：《网络舆情群体极化的动力机制与调控策略研究》，《情报杂志》2010年第7期。

斯宾诺莎：《伦理学》，贺麟译，商务印书馆，1983。

宋辰婷：《网络时代的感性意识形态传播和社会认同建构》，《安徽大学学报》（哲学社会科学版）2015年第1期。

宋辰婷：《网络戏谑文化冲击下的政府治理模式转向》，《江苏社会科学》2015年第2期。

宋振、徐雅斌：《社交网络中意见领袖的敏感舆论倾向识别》，《计算机工程与设计》2021年第11期。

孙发友：《传播科技发展与新闻文体演变》，《现代传播（中国传媒大学学报）》2004年第1期。

孙金燕、金星：《数字亚文化的建构及其价值——对虚拟偶像景观的考察》，《武汉大学学报》（哲学社会科学版）2022年第5期。

孙俊才、卢家楣：《情绪社会分享的研究现状与发展趋势》，《心理科学进展》2007年第5期。

孙俊才、卢家楣：《情绪社会分享的研究现状与发展趋势》，《心理科学进展》2007年第5期。

孙卫华、咸玉柱：《同情与共意：网络维权行动中的情感化表达与动员》，《当代传播》2020 年第 3 期。

孙毅：《核心情感隐喻的具身性本源》，《陕西师范大学学报》（哲学社会科学版）2013 年第 1 期。

孙羽、袁江南：《基于网络分析和文本挖掘的意见领袖影响力研究》，《数据分析与知识发现》2022 年第 1 期。

谭光辉：《情感先验与情感经验的本质与互动机制》，《南京社会科学》2017 年第 6 期。

汤景泰、陈秋怡、徐铭亮：《情感共同体与协同行动：香港"修例风波"中虚假信息的动员机制》，《新闻与传播研究》2021 年第 8 期。

唐超：《网络情绪演进的实证研究》，《情报杂志》2012 年第 10 期。

唐军、周忠贤：《消费主义逆行者：网络社群中青年的消费观呈现——以"豆瓣"消费社群为例》，《中国青年研究》2022 年第 6 期。

唐魁玉：《创造美好生活应从寻找生活真相开始》，《哈尔滨工业大学学报》（社会科学版）2017 年第 6 期。

唐魁玉、王德新：《网络社会的情感治理》，《甘肃社会科学》2019 年第 3 期。

唐魁玉、王德新：《微信作为一种生活方式—兼论微生活的理念及其媒介社会导向》，《哈尔滨工业大学学报》（社会科学版）2016 年第 5 期。

唐跃洛、王前：《从机体哲学视角看人类增强技术的社会风险》，《科学技术哲学研究》2020 年第 5 期。

陶日贵：《让恐惧漂浮的政治——鲍曼对当代资本主义政治的批判》，《深圳大学学报》（人文社会科学版）2015 年第 3 期。

田建民：《集体主义语境下的个性主义诉求——也论"延安文艺新潮"》，《河北大学学报》（哲学社会科学版）2021 年第 5 期。

托克维尔：《论美国的民主》（全两卷），董果良译，商务印书馆，1988。

万钰珏、李世银、房子豪、折亚亚、王雨秋、王帆、景兴鹏：《基于 SNA 的突发事件网络舆情意见领袖传播影响力》，《西安科技大学学报》2022 年第 2 期。

汪雅倩：《从名人到"微名人"：移动社交时代意见领袖的身份变迁及影响研究》，《新闻记者》2021 年第 3 期。

王翠玲、邵志芳：《国外关于情绪与记忆的理论与实验研究综述》，《心理科学》2004 年第 3 期。

王德新、李诗隽：《新时代公众参与的社会治理创新》，《哈尔滨工业大学学报》（社会科学版）2022 年第 2 期。

王迪、王汉生：《移动互联网的崛起与社会变迁》，《中国社会科学》2016 年第 7 期。

王东、刘雪琳：《转基因论战中的偏见同化与敌意感知：意见领袖对派别成员的影响》，《国际新闻界》2021 年第 2 期。

王根生、勒中坚、陆旭、黄玉波、丁菊玲、杨波：《迁移元胞自动机网络舆情演化模型（M2CA）》，《情报学报》2011 年第 6 期。

王鸿宇、蓝江：《数字资本主义时代的情感——从生活到生产，再到权力治理》，《国外理论动态》2021 年第 1 期。

王金红、黄振辉：《中国弱势群体的悲情抗争及其理论解释——以农民集体下跪事件为重点的实证分析》，《中山大学学报》（社会科学版）2012 年第 1 期。

王军、李王颖：《互联网信息时代的舆论监督与司法——以"杭州飙车肇事案"为例》，《现代传播（中国传媒大学学报）》2009 年第 4 期。

王俊秀：《不同主观社会阶层的社会心态》，《江苏社会科学》2018 年第 1 期。

王俊秀：《社会情绪的结构和动力机制：社会心态的视角》，《云南师范大学学报》（哲学社会科学版）2013 年第 5 期。

王俊秀：《社会心态的结构和指标体系》，《社会科学战线》2013 年第 2 期。

王平：《课堂教学设计如何通达价值观——基于情感教育的探索》，《中国教育学刊》2021 年第 6 期。

王文锋、姜宗德：《情感、技术与文化：情动劳动视域下虚拟直播用户体验真实的建构》，《科技传播》2023 年第 5 期。

王晓晨、付晓娇：《健身、社交、情感：运动健身 App 网络社群的互动仪式链》，《沈阳体育学院学报》2022 年第 3 期。

王晓东：《西方哲学主体间性理论批判：一种形态学视野》，中国社会科学出版社，2004。

王艺颖：《微博树洞的传播研究——以账号"走饭"为例》，《青年记者》2021 年第 10 期。

王友良：《网络社会要素、空间和交往过程的层级关系建构》，《浙江大学学报》（人文社会科学版）2022 年第 4 期。

王中军、曾长秋：《网络先进文化建设与网民自律意识培育》，《中州学刊》2010 年第 6 期。

威廉·詹姆斯：《心理学原理》（全 3 册），方双虎等译，北京师范大学出版社，2019。

魏超：《网络社交媒体传播的负面功能探析》，《科技传播》2010 年第 4 期。

魏国强、杨晓璇：《自媒体时代"意见领袖"的影响力与责任研究》，《出版广角》2021 年第 17 期。

魏南枝：《世界的"去中心化"：霸权的危机与不确定的未来》，《文化纵横》2020 年第 4 期。

沃尔特·李普曼：《舆论》，常江、肖寒译，北京大学出版社，2018。

吴华、于海英、闫冬：《危机事件中意见领袖情绪框架对受众认知偏差的影响研究》，《情报杂志》2022 年第 7 期。

武晓峰：《情感、理性、责任：个人慈善行为的伦理动因》，《道德与文明》2011 年第 2 期。

相喜伟、王秋菊：《网络舆论传播中群体极化的成因与对策》，《新闻界》2009 年第 5 期。

谢瑜、谢熠：《大数据时代技术治理的情感缺位与回归》，《自然辩证法研究》2022 年第 1 期。

谢韵梓、阳泽：《不同情绪诱发方法有效性的比较研究》，《心理与行为研究》2016 年第 5 期。

休谟：《人性论》（全两册），关文运译，郑之骧校，商务印书馆，1980。

修昔底德：《伯罗奔尼撒战争史》（全 2 册），谢德风译，商务印书馆，1960。

徐翔：《从"议程设置"到"情绪设置"：媒介传播"情绪设置"效果与机理》，《暨南学报》（哲学社会科学版）2018 年第 3 期。

徐翔：《社交网络意见领袖的内容特征影响力及其传播中的趋同性》，

《上海交通大学学报》（哲学社会科学版）2021年第2期。

徐翔：《社交网络意见领袖"同心圈层"：现象、结构及规律》，《深圳大学学报》（人文社会科学版）2022年第1期。

徐翔、夏敏：《从"意见领袖"到"情感领袖"：微博意见领袖的情感特征研究》，《重庆邮电大学学报》（社会科学版）2021年第6期。

徐向东：《康德论道德情感和道德选择》，《伦理学研究》2014年第1期。

许燕：《以近年热点事件及其应对为例看中国社会各阶层媒介话语重构（上）》，《新闻大学》2012年第6期。

许瑛乔：《高职院校教师运用情感教育开展学生思想政治教育的研究》，《教育与职业》2021年第10期。

亚里士多德：《灵魂论及其他》，吴寿彭译，商务印书馆，1999。

亚里士多德：《政治学》，吴寿彭译，商务印书馆，1965。

严泽胜：《巴迪欧论"存在"与"事件"》，《清华大学学报》（哲学社会科学版）2013年第6期。

燕道成、李菲：《"无处安放的青春"：网络树洞的传播表征与价值隐忧》，《传媒观察》2022年第2期。

杨峰、张月琴、姚乐野：《基于情景相似度的突发事件情报感知实现方法》，《情报学刊》2019年第5期。

杨洸：《社交媒体网络情感传染及线索影响机制的实证分析》，《深圳大学学报》（人文社会科学版）2020年第6期。

杨国斌：《悲情与戏谑：网络事件中的情感动员》，《传播与社会学刊》（香港）2009年第9期。

杨慧民、陈锦萍：《网络意见领袖建构网络意识形态的逻辑理路及其应用》，《理论导刊》2022年第4期。

杨立公、朱俭、汤世平：《文本情感分析综述》，《计算机应用》2013年第6期。

杨玉成：《奥斯汀：语言现象学与哲学》，商务印书馆，2002。

杨昭宁、顾子贝、王杜娟、谭旭运、王晓明：《愤怒和悲伤情绪对助人决策的影响：人际责任归因的作用》，《心理学报》2017年第3期。

杨昭宁、顾子贝、王杜娟、谭旭运、王晓明：《愤怒和悲伤情绪对助人决策的影响：人际责任归因的作用》，《心理学报》2017年第3期。

叶健、赵慧：《基于大规模弹幕数据监听和情感分类的舆情分析模型》，《华东师范大学学报》（自然科学版）2019年第3期。

易显飞、胡景谱：《人工情感技术的不确定性及引导机制构建》，《吉首大学学报》（社会科学版）2023年第1期。

殷飞、张鹏、兰月新、夏一雪、张琦、李增：《基于系统动力学的突发事件网络谣言治理研究》，《情报科学》2018年第4期。

殷红、孙凯、王长波：《基于多源数据的教育网络舆情分析》，《东华大学学报》（自然科学版）2018年第4期。

尤瓦尔·赫拉利：《未来简史》，林俊宏译，中信出版社，2017。

余红、王庆：《社会怨恨与媒介建构》，《华中科技大学学报》（社会科学版）2015年第3期。

余珊珊、苏锦钿、李鹏飞：《一种基于自注意力的句子情感分类方法》，《计算机科学》2020年第4期。

俞定国、刘良模、朱琳：《意见领袖社会责任传播效能评价体系构建》，《青年记者》2021年第18期。

喻国明、李彪：《舆情热点中政府危机干预的特点及借鉴意义》，《新闻与写作》2009年第6期。

袁光锋：《公共舆论建构中的"弱势感"——基于"情感结构"的分析》，《新闻记者》2015年第4期。

袁光锋：《互联网空间中的"情感"与诠释社群——理解互联网中的"情感"政治》，载巢乃鹏主编《中国网络传播研究》第8辑，南京大学出版社，2015。

袁光锋：《数字媒介、不确定性与风险传播中的情感治理》，《理论与改革》2023年第3期。

袁光锋：《同情与怨恨：从"夏案"、"李案"报道反思"情感"与公共性》，《新闻记者》2014年第6期。

袁光锋、赵扬：《"恐惧文化"的社会建构及其政治社会后果》，《南京大学学报》（哲学·人文科学·社会科学）2020年第3期。

约书亚·梅罗维茨：《消失的地域：电子媒介对社会行为的影响》，肖志军译，清华大学出版社，2002。

曾茜：《监管的制度化与信息传播的有序化：我国互联网治理的变化及趋

势分析》，《新闻记者》2014 年第 6 期。

张爱军：《"后真相"时代的网络意识形态诉求与纷争》，《学海》2018 年第 2 期。

张爱军、孙玉寻：《对微信"点赞"的政治心理分析》，《学术界》2021 年第 2 期。

张公让、鲍超、王晓玉、顾东晓、杨雪洁、李康：《基于评论数据的文本语义挖掘与情感分析》，《情报科学》2021 年第 5 期。

张航瑞：《网络社群的类聚与群分——以"漫威影迷"为个案》，《社会学评论》2020 年第 4 期。

张辉、杨琪：《从认知语言学到认知符号学》，《外语与外语教学》2022 年第 5 期。

张雷：《论网络政治谣言及其社会控制》，《政治学研究》2007 年第 2 期。

张伶俐、张文娟：《基于关键事件的云共同体群体情感连接研究》，《外语电化教学》2022 年第 6 期。

张奇勇、卢家楣、闫志英、陈成辉：《情绪感染的发生机制》，《心理学报》2016 年第 11 期。

张淑华：《节点与变量：突发事件网络"扩音效应"产生的过程考察和一般模式——基于对"鲁山大火"和"兰考大火"的比较研究》，《新闻与传播研究》2016 年第 7 期。

张轩宇、陈曦、肖人彬：《后真相时代基于敌意媒体效应的观点演化建模与仿真》，《复杂系统与复杂性科学》2023 年第 3 期。

张彦华、崔小燕：《网络社群行为规范对公共政策的影响及其风险治理——基于传播政治经济学的分析视角》，《青海社会科学》2021 年第 6 期。

张遥：《从"话语权利"到"话语暴力"——当下网络影评的情绪化生成及其思想价值》，《学习与探索》2018 年第 4 期。

赵鼎新：《社会与政治运动讲义》，社会科学文献出版社，2006。

赵国新：《情感结构》，《外国文学》2002 年第 5 期。

赵涵：《当代西方情感史学的由来与理论建构》，《史学理论研究》2020 年第 3 期。

赵雅卓、李晋男：《学校仪式在情感教育中的价值实现》，《教学与管理》

2020 年第 24 期。

郑杭生、黄家亮：《论我国社区治理的双重困境与创新之维——基于北京市社区管理体制改革实践的分析》，《东岳论丛》2012 年第 1 期。

郑丽娟、王洪伟、郭恺强：《中文网络评论的情感分类：句子与段落的比较研究》，《情报学报》2013 年第 4 期。

钟芳芳：《减负增效格局下有温度的家庭教育生态重构》，《中国教育学刊》2022 年第 4 期。

周刊：《雷蒙德·威廉斯的"情感结构"与几个相关概念的比较研究》，《社会科学论坛》2010 年第 4 期。

周立柱、贺宇凯、王建勇：《情感分析研究综述》，《计算机应用》2008 年第 11 期。

周宣辰、王延隆：《"个体化"网络场域中青年社群的样态、风险与进路——以 B 站为考察对象》，《中国青年社会科学》2021 年第 4 期。

朱小蔓、王平：《情感教育视阈下的"情感-交往"型课堂：一种着眼于全局的新人文主义探索》，《全球教育展望》2017 年第 1 期。

朱振明：《权力的消失：被扭曲的福柯——基于〈话语与社会变迁〉的分析》，《国际新闻界》2020 年第 4 期。

朱正威、吴佳：《适应风险社会的治理文明：观念、制度与技术》，《暨南学报》（哲学社会科学版）2020 年第 10 期。

茱迪·史珂拉：《政治思想与政治思想家》，斯坦利·霍夫曼编，左高山、李欢、左炬译，上海人民出版社，2009。

Agius, C., Bergman, Rosamond A., and Kinnvall, C. "Populism, Ontological Insecurity and Gendered Nationalism: Masculinity, Climate Denial and Covid-19." *Politics, Religion and Ideology*, 2020, 21 (4): 432-450.

Alberici, A. I., and Milesi, P. "The Influence of the Internet on the Psychosocial Predictors of Collective Action." *Journal of Community & Applied Social Psychology*, 2013, 23 (5): 373-388.

Aldao, A. "The Future of Emotion Regulation Research: Capturing Context." *Perspectives on Psychological Science*, 2013, 8: 155-172.

Algahtani, G., and Alothaim, A. "Predicting Emotions in Online Social Networks: Challenges and Opportunities. " *Multimedia Tools and Applications*, 2022, 81 (7): 9567-9605.

Algoe, S. B. , Fredrickson, B. L. , and Gable, S. L. "The Social Functions of the Emotion of Gratitude Via Expression. " *Emotion*, 2013, 13 (4): 605-609.

Armstrong, A. , and Hagel, J. "The Real Value of Online Communities. " *Harvard Business Review*, 1996, 74 (3): 134-141.

Arya, R. , Singh, J. , and Kumar, A. "A Survey of Multidisciplinary Domains Contributing to Affective Computing. " *Computer Science Review*, 2021, 40: 100399.

Averill, J. R. "Anger and Aggression: An Essay on Emotion. " *Contemporary Sociology*, 1984, 13 (2): 202.

Baggini, Julian. *A Short History of Truth*. London: Quercus Editions Ltd. , 2017: 39.

Baibiene, M. M. M. , Silva, L. , Tomassi, A. , Borrino, L. , and Hocicos, E. L. Y. "Emotional Education Assisted by Dogs, as a Bridge to Well-Being in the Classroom. " *Calidad De Vida Y Salud*, 2020, 13: 144-165.

Beckert, J. "Capitalism as a System of Expectations: Toward a Sociological Micro-Foundation of Political Economy. " *Politics & Society*, 2013 (3).

Beckett, C. , and Deuze, M. "On the Role of Emotion in the Future of Journalism. " *Social Media+ Society*, 2016 (10): 1-6.

Bell, D. (ed.) *Memory, Trauma, and World Politics: Reflections on the Relationship Between Past and Present*. New York: Palgrave Macmillan, 2006.

Benford, Robert D. , and David A. Snow. "Framing Processes and Social Movements: An Overview and Assessment. " *Annual Review of Sociology*, 2000 (26): 611-639.

Benkler, Y. , Faris, R. , and Roberts, H. *Network Propaganda: Manipulation, Disinformation and Radicalization in American Politics*. Oxford: Oxford University Press, 2018.

Berg, L. S. "Risk Perception, Emotion, and Policy: The Case of Nuclear

Technology. " *European Review*, 2003, 11 (1): 109-128.

Bidet-Ildei, C. , Decatoire, A. , and Gil, S. "Recognition of Emotions from Facial Point-Light Displays. " *Frontiers in Psychology*, 2020, 11: 1062.

Bleiker, R. , and Hutchison, E. "Theorizing Emotions in World Politics. " *International Theory*, 2014, 6 (3): 491-514.

Bonanno, G. A. , and Burton, C. L. "Regulatory Flexibility: An Individual Differences Perspective on Coping and Emotion Regulation. " *Perspectives on Psychological Science*, 2013, 8: 591-612.

Borchert, D. *Encyclopedia of Philosophy*. Farmington Hills, MI: Thomson Gale, 2006: 279-280.

Brady, W. J. , Wills, J. A. , Jost, J. T. , Tucker, J. A. , and Van Bavel, J. J. "Emotion Shapes the Diffusion of Moralized Content in Social Networks. " *Proceedings of the National Academy of Sciences of the United States of America*, 114 (28): 7313-7318.

Brosch, T. , and Sander, D. "Comment: The Appraising Brain: Towards a Neuro-Cognitive Model of Appraisal Processes in Emotion. " *Emotion Review*, 2013, 5 (2): 163-168.

Browning, C. S. "Brexit, Existential Anxiety and Ontological (in) Security. " *European Security*, 2018, 27 (3): 336-355.

Browning, C. S. "Brexit Populism and Fantasies of Fulfilment. " *Cambridge Review of International Affairs*, 2019, 32 (3): 3222-3244.

Butler, M. J. R. , and Senior, C. "Research Possibilities for Organizational Cognitive Neuro-Science. " *Social Cognitive Neuroscience of Organizations*, 2007, 1118: 206-210.

Cai, M. , Luo, H. , Meng, X. , and Cui, Y. "Topic-Emotion Propagation Mechanism of Public Emergencies in Social Networks. " *Sensors*, 2021, 21 (13): 4516.

Canales, L. , Daelemans, W. , Boldrini, E. , and Martinez-Barco, P. "Emo Label: Semi Automatic Methodology for Emotion Annotation of Social Media Text. " *IEEE Transactions on Affective Computing*, 2022, 13 (2): 579-591.

Cardona, L. M. G. "Early Childhood and Emotional Education." *Revista Virtual Universidad Catolicadelnorte*, 2017, 52: 174-184.

Castells, M. *Networks of Outrage and Hope: Social Movements in the Internet Age.* Cambridge: Polity Press, 2012.

Castro, V. L., Camras, L. A., Halberstadt, A. G., and Shuster, M. "Children's Prototypic Facial Expressions During Emotion-Eliciting Conversations With Their Mothers." *Emotion*, 2018, 18 (2): 260-276.

Chwilla, D. J. "Context Effects in Language Comprehension: The Role of Emotional State and Attention on Semantic and Syntactic Processing." *Frontiers in Human Neuroscience*, 2022, 16: 1014547.

Clark, M. S., and Monin, J. "Turning the Tables: How We React to Others' Happiness." pp. 323 - 344 in J. Gruber and J. T. Moskowitz (eds.). *Positive Emotion: Integrating the Light Sides and Dark Sides.* New York, NY: Oxford University Press, 2014.

Clore, G., and Ortony, A. "Appraisal Theories: How Cognition Shapes Affect into Emotion." pp. 628-639 in M. Lewis, J. Haviland-Jones, and L. Feldman Barrett (eds.). *Handbook of Emotions.* New York, NY: Guilford, 2008.

Collins, R. *Interaction Ritual Chains.* Princeton: Princeton University Press, 2004: 68-122.

Curnow, J., and Vea, T. "Emotional Configurations of Politicization in Social Justice Movements." *Information and Learning Sciences*, 2020, 121 (9-10): 729-747.

Dai, W. H., Han, D. M., Dai, Y. H., and Xu, D. R. "Emotion Recognition and Affective Computing on Vocal Social Media." *Information & Management*, 2015, 52 (7): 777-788.

Deibert, R. J., and Rohozinski, R. "Risking Security: Policies and Paradoxes of Cyberspace Security." *International Political Sociology*, 2010, 4 (1): 15-32.

Demo, Gisela, Silva, Talita Lima da, Watanabe, Eluiza, and Scussel, Fernanda Bueno Cardoso. 2018. "Credibility, Audacity and Joy: Brand Personalities that Connect Users to Social Media." *Brazilian Administration Review*, 15 (4): e180088.

Ejdus, F. "Critical Situations, Fundamental Questions and Ontological Insecurity in World Politics." *Journal of International Relations and Development*, 2018, 21 (4): 883–908.

Elfenbein, H. A., and Ambady, N. "On the Universality and Cultural Specificity of Emotion Recognition: A Meta-Analysis." *Psychological Bulletin*, 2002, 128 (2): 203–235.

Faroqi, H., and Mesgari, S. "Agent-Based Crowd Simulation Considering Emotion Contagion for Emergency Evacuation Problem." ISPRS Int. Arch. Photogramm. Remote Sens. Spat. Inf. Sci. 2015, XL–1–WS, 193–196.

Ferreira, S. "Violence and Its Representations on Twitter: The Case of #ChacinaEmBelem." *Revista Mediacao*, 2016, 18 (22): 153–172.

Fevry, S. "The Joyful Power of Activist Memory: The Radiant Image of the Commune in the Invisible Committee's Writings." *Memory Studies*, 2019, 12 (1): 46–60.

Finucane, A. M., Whiteman, M. d Power, M. J. "The Effect of Happiness and Sadness on Alerting, Orienting, and Executive Attention." *Journal of Attention Disorders*, 2010, 13 (6): 629–639.

Fischer, B., and Herbert, C. "Emoji as Affective Symbols: Affective Judgments of Emoji, Emoticons, and Human Faces Varying in Emotional Content." *Frontiers in Psychology*, 2021, 12: 645173.

Ford, B. Q., and Feinberg, M. "Coping with Politics: The Benefits and Costs of Emotion Regulation." *Current Opinion in Behavioral Sciences*, 2020, 34 (SI): 123–128.

Forgas, J. P. "When Sad is Better than Happy: Negative Affect Can Improve the Quality and Effectiveness of Persuasive Messages and Social Influence Strategies." *Journal of Experimental Social Psychology*, 2007, 43 (4): 513–528.

Fredrickson, B. L., and Levenson, R. W. "Positive Emotions Speed Recovery from the Cardiovascular Sequelae of Negative Emotions." *Cognition & E-*

motion, 1998, 12 (2): 191–220.

Fridlund, A. J. "Sociality of Solitary Smiling: Potentiation by an Implicit Audience." *Journal of Personality and Social Psychology*, 1991, 60: 229–240.

Gable, S. L., Reis, H. T., Impett, E. A., and Asher, E. R. "What Do You Do When Things Go Right? The Intrapersonal and Interpersonal Benefits of Sharing Positive Events." *Journal of Personality and Social Psychology*, 2004, 87: 228–245.

Gagen, E. "Exiles of Anger: The Spatial Politics of Difficult Emotions in Contemporary Education." *Emotion Space and Society*, 2019, 31: 41–47.

Gluck, A. "What Makes a Good Journalist? Empathy as a Central Resource in Journalistic Work Practice." *Journalism Studies*, 2016, 17 (7): 1–11.

Goel, V., and Vartanian, O. "Negative Emotions Can Attenuate the Influence of Beliefs on Logical Reasoning." *Cognition and Emotion*, 2011, 25 (1): 121–131.

Goodwin, J., and Jasper, J. M. *Passionate Politics: Emotions and Social Movements*. Chicago: The University of Chicago Press, 2008.

Goodwin, Jeff, and Jasper, James. "Caught in A Winding, Snarling Vine: The Structural Bias of Political Process Theory." *Sociological Fourum*, 1999 (1): 27–54.

Goodwin, J., Jasper, J. M., and Polletta, F. "Why Emotions Matter." in Jeff Goodwin, James M. Jasper and Francesca Polletta. *Passionate Politics: Emotions and Social Movements*. Chicago: The University of Chicago Press, 2001: 8.

Gordon, Stenen L. *Social Atructural Effects on Emotions*. Albary: State University of New York Press, 1990: 145–179.

Gore, A. *The Assault on Reason*. London: The Penguin Press, 2007: 107–133.

Greene, et al. "An fMRI Investigation of Emotional Engagement in Moral Judgment." *Science*, 2001, 293 (14): 2105–2108.

Grim, P. *Interview for Mind and Consciousness: 5 Questions*. Automatic Press, 2009: 20–88.

Gruber, J., Mauss, I. B., and Tamir, M. "A Dark Side of Happiness? How, When, and Why Happiness Is not Always Good." *Perspectives on Psychological Science*, 2011, 6: 222-233.

Guo, Y. R., Goh, D. H. L., Luyt, B., Sin, S. C. J., and Ang, R. P. "The Effectiveness and Acceptance of an Affective Information Literacy Tutorial." *Computers & Education*, 2015, 87: 368-384.

Gurr, T. R. *Why Men Rebel.* Princeton University Press, 1971: 167.

Hakken, D. "The Cultural and Social Correlates of Advanced Information Technology——A Working List of Priority Research Issues." *Social Science Computer Review*, 1996, 14 (1): 39-42.

Hao, S. L., Zhang, P., Liu, S., and Wang, Y. H. "Sentiment Recognition and Analysis Method of Official Document Text Based on BERT-SVM Model." *Neural Computing & Applications*, 2023, doi: 10.1007/s00521-023-08226-4.

Harding, J., and Pribram, E. D. (eds.) *Emotions: A Cultural Studies Reader.* London; New York: Routledge, 2009.

Hareli, S., Harush, R., Suleiman, R., Cossette, M., Bergeron, S., Lavoie, V., and Hess, U. "When Scowling May Be a Good Thing: The Influence of Anger Expressions on Credibility." *European Journal of Social Psychology*, 2009, 39: 631-638.

Harker, L., and Keltner, D. "Expressions of Positive Emotion in Women's College Yearbook Pictures and Their Relationship to Personality and Life Outcomes across Adulthood." *Journal of Personality and Social Psychology*, 2001, 80: 112-124.

Harrison, S. "4 Types of Symbolic Conflict." *Journal of the Royal Anthropological Institute*, 1995, 1 (2): 255-272.

Hasan-Aslih, S., Pliskin, R., van Zomeren, M., et al. "A Darker Side of Hope: Har-mony-Focused Hope Decreases Collective Action Intentions among the Disadvantaged." *Personality and Social Psychology Bulletin*, 2019, 45 (2): 209-223.

Heerdink, M. W., van Kleef, G. A., Homan, A. C., and Fischer, A. H.

"On the Social Influence of Emotions in Groups: Interpersonal Effects of Anger and Happiness on Conformity Versus Deviance. " *Journal of Personality and Social Psychology*, 2013, 105: 262-284.

Heffner, J., Vives, M. L, and Feldman Hall, O. "Emotional Responses to Prosocial Messages Increase Willingness to Self-Isolate during the COVID - 19 Pandemic. " *Personality and Individual Differences*, 2021 (170): 110420.

Hendseron, V. "Is There Hope for Anger? The Politics of Spatializing and (Re) Producing an Emotion. " *Emotion, Space and Society*, 2008, 1 (1): 28-37.

Higgs, R. *Crisis and Leviathan: Critical Episodes in the Growth of American Government*. Oxford University Press, 1987: 37-88.

Higgs, R. "The Political Economy of Crisis Opportunism. " in*Mercatus Policy Series*, *Policy Primer No. 11*, Mercatus Center, George Mason University, 2009.

Hochschild, A. R. *The Managed Heart: Commercialization of Human Feeling*. Berkeley and Los Angeles: University of California Press, 1983: 7-8.

Hope, A. "Seductions of Risk and School Cyberspace. " *Australasian Journal of Educational Technology*, 2010, 26 (5): 690-703.

Huddy, L., Mason, L., and Aaroe, L. "Expressive Partisanship: Campaign Involvement, Political Emotion, and Partisan Identity. " *American Political Science Review*, 2015, 109 (1): 1-17.

Hwang, Min-Sun, and Nam, Seoksoon. "A Study on Parody Types in Connection with Characteristics of Cyberspace. " *Journal of Digital Design*, 2007, 7 (3): 109-118.

Israel, Jonathan. *A Revolution of the Mind*. Princeton: Princeton University Press, 2010: 36.

Jasper, J. M. "The Emotions of Protest: Affective and Reactive Emotions in and around Social Movements. " *Sociological Forum*, 1998, 13 (3): 397-424.

Jupp, E. , Pykett, J. , and Smith, F. (eds.) *Emotional States*: *Sites and Spaces of Affective Governance.* Abingdon: Routledge, 2017: 3.

Kajic, I. , Schroder, T. , Stewart, T. C. , and Thagard, P. "The Semantic Pointer Theory of Emotion: Integrating Physiology, Appraisal, and Construction." *Cognitive Systems Research*, 2019, 58: 35-53.

Kashdan, T. B. , and Rottenberg, J. "Psychological Flexibility as a Fundamental Aspect of Health. " *Clinical Psychology Review*, 2010, 30: 865-878.

Katriel, T. "Memory to Action. " *Journal of International and Intercultural Communication*, 2016, 9 (3): 264-267.

Kertzer, D. I. "Politics and Ritual —Review Article. " *Journal of Ritual Studies*, 1990, 4: 349-354.

Kim, H. J. , Park, S. B. , and Jo, G. S. "Affective Social Network-Happiness Inducing Social Media Platform. " *Multimedia Tools and Applications*, 2014, 68 (2): 355-374.

King, P. E. , and Defoy, F. "Joy as a Virtue: The Means and Ends of Joy. " *Journal of Psychology and Theology*, 2020, 48 (4): 308-331.

Kinnvall, C. , and Svensson, T. "Exploring the Populist" Mind': Anxiety, Fantasy, and Everyday Populism. "*The British Journal of Politics and International Relations*, First Published February 24, 2022. https://doi. org/10. 1177/13691481221075925.

Klandermans, P. G. "The Social Psychology of Protest. " *Current Sociology*, 2013, 61 (5): 886-905.

Kottak, C. P. "Integration, Disintegration, and Reintegration Via Advanced Information Technology. " *Social Science Computer Review*, 1996, 14 (1): 10-15.

Krysinska, K. , and Andriessen, K. "Online Memorialization and Grief After Suicide: An Analysis of Suicide Memorials on the Internet. " *Omega-Journal of Death and Dying*, 2015, 71 (1): 19-47.

Lambert, N. M. , and Fincham, F. D. "Expressing Gratitude to a Partner Leads to More Relationship Maintenance Behavior. " *Emotion*, 2011, 11

（1）：52-60.

Lambert, N. M., Clark, M. S., Durtschi, J., Fincham, F. D., and Graham, S. M. "Benefits of Expressing Gratitude: Expressing Gratitude to a Partner Changes One's View of the Relationship." *Psychological Science*, 2010, 21 (4): 574-580.

Lantos, N. A., Kende, A., Becker, J. C., et al. "Pity for Economically Disadvantaged Groups Motivates Donation and Ally Collective Action Intentions." *European Journal of Social Psychology*, 2020, 50 (7): 1478-1499.

Leeb, C. "Mystified Consciousness: Rethinking the Rise of the Far Right with Marx and Lacan." *Open Cultural Studies*, 2018, 2 (1): 236-248.

Lee, E. "Deindividuation Effects on Group Polarization in Computer-Mediated Communication: The Role of Group Identification, Public-Self-Awareness and Perceived Argument Quality." *Journal of Communication*, 2007, 57 (2): 385-403.

Leong, C., Faik, I., Tan, F. T. C., et al. "Digital Organizing of a Global Social Movement: From Connective to Collective Action." *Information and Organization*, 2020, 30 (4): 100324.

Liu, B. T. "Research on Emotion Analysis and Psychoanalysis Application With Convolutional Neural Network and Bidirectional Long Short-Term Memory." *Frontiers in Psychology*, 2022, 13: 852242.

Li, X. T., Peng, Q. K., Sun, Z., Chai, L., and Wang, Y. "Predicting Social Emotions from Readers'Perspective." *IEEE Transactions on Affective Computing*, 2019, 10 (2): 255-264.

Llamazares, M. D. E., Cruz, T. D., Garcia, J. H., and Camara, C. P. "Emotional Education in Early Childhood Education Teachers: A Key Aspect in Teaching Performance." *Contextos Educativos-Revista De Educacion*, 2017, 20 (SI): 113-125.

Lordon, F. La société des affects. Pour un structuralisme des passions. Paris: Seuil, 2013.

Lou, A. "Viewpoint and Image Schemas in Multimodal Political Discourse." *Journal of Pragmatics*, 2017 (122): 77-90.

MAdam, Doug. *Political Process and the Development of Black Insurgency*, *1930–1970*. Chicago: University of Chicago Press, 1982.

Marcus, G. E. *Affective Intelligence and Political Judgment*. Chicago: Un-iversity of Chicago Press, 2000.

Matsumoto, D., Yoo, S. H., Hirayama, S., and Petrova, G. "Development and Validation of a Measure of Display Rule Knowledge: The Display Rule Assessment Inventory." *Emotion*, 2005, 5: 23–40.

Mauss, I. B., Shallcross, A. J., Troy, A. S., John, O. P., Ferrer, E., Wilhelm, F. H., and Gross, J. J. "Don't Hide Your Happiness! Positive Emotion Dissociation, Social Con-nectedness, and Psychological Functioning." *Journal of Personality and Social Psychology*, 2011, 100: 738–748.

McCarthy, John D. "Persistence and Change among Nationally Federated Social Movements." pp. 193 – 225 in *Social Movements and Organization Theory*. edited by G. F. Davis, D. McAdam, W. R. Scott, and M. N. Zald. Cambridge; New York: Cambridge University Press, 2005.

Megill, J. "Emotion, Cognition and Artificial Intelligence." *Minds and Machines*, 2014, 24 (2): 189–199.

Miller, D. A., Cronin, T., Garcia, A. L., et al. "The Relative Impact of Anger and Efficacy on Collective Action is Affected by Feelings of Fear." *Group Processes & Intergroup Relations*, 2009, 12 (4): 445–462.

Miranda, J. A., Rituerto-Gonzalez, E., Luis-Mingueza, C., Canabal, M. F., Barcenas, A. R., Lanza-Gutierrez, J. M., Pelaez-Moreno, C., and Lopez-Ongil, C. "Bindi: Affective Internet of Things to Combat Gender-Based Violence." *IEEE Internet of Things Journal*, 2022, 9 (21): 21174–21193.

Munro, E. "Feminism: A Fourth Wave?" *Political insight*, 2013 (2): 22–25.

Nandwani, P., and Verma, R. "A Review on Sentiment Analysis and Emotion Detection from Text." *Social Network Analysis and Mining*, 2021, 11 (1): 81.

Nguyen, T. L., Kavuri, S., and Lee, M. "A Fuzzy Convolutional Neural Network for Text Sentiment Analysis." *Journal of Intelligent & Fuzzy Systems*, 2018, 35 (6): 6025−6034.

Ni, X. Y., Zhou, H. J., and Chen, W. M. "Addition of an Emotionally Stable Node in the SOSa-SPSa Model for Group Emotional Contagion of Panic in Public Health Emergency: Implications for Epidemic Emergency Responses." *International Journal of Environmental Research and Public Health*, 2020, 17 (14.

Novakova, I. "Emotion Lexicon and the Construction of Meaning: Toward a Functional Model." *Langages*, 2018, 210 (2): 55−70.

Nussbaum, M. C. The Monarchy of Fear: A Philosopher Looks at Our Political Crisis. New York: Simon & Schuster, 2018: 15−33.

Ochsner, K. N., and Gross, J. J. "Cognitive Emotion Regulation: Insights from Social Cognitive and Affective Neuroscience." *Current Directions in Psychological Science*, 2008, 17 (2): 153−158.

Paltoglou, G., Theunis, M., Kappas, A., and Thelwall, M. "Predicting Emotional Responses to Long Informal Text." *TEEE Transactions on Affective Computing*, 2013, 4 (1): 106−115.

Peters, K., and Kashima, Y. "From Social Talk to Social Action: Shaping the Social Triad with Emotion Sharing." *Journal of Personality & Social Psychology*, 2007, 93 (5): 780.

Pickering, W. *Durkheim and Representations*. London: Routledge, 2000: 77−82.

Pober, J. "What Emotions Really Are (In the Theory of Constructed Emotions)." *Philosophy of Science*, 2018, 85 (4): 640−659.

Proctor, R. N. "Agnotology: A Missing Term to Describe the Cultural Production of Ignorance." in R. N. Proctor and L. Schiebinger (eds.). *Agnotology: The Making and Unmaking of Ignorance*. California: Stanford University Press, 2008: 4. 2008: 4.

Pun, N., and Qiu, J. "Emotional Authoritarianism': State, Education and the Mobile Working-Class Subjects." *Mobilities*, 2020, 15 (4): 620−634.

Pyszczynski, T. "Experimental Existential Psychology: Coping with the Facts of Life." in S. T. Fiske, D. T. Gilbert, and G. Lindzey. *Handbook of Social Psychology*, *5th ed.* New York: Wiley, 2010: 724-767.

Qu, Y., Tian, H. M., and Chen, H. "Research on the Emotional Evolution Mechanism of Network Public Opinion Based on an Information Ecosystem." *Discrete Dynamics in Nature and Society*, 2022, doi: 10.1155/2022/4875099.

Ranjan, R., Pandey, D., Rai, A. K., Singh, P., Vidyarthi, A., Gupta, D., Kumar, P. R., and Mohanty, S. N. "A Manifold-Level Hybrid Deep Learning Approach for Sentiment Classification Using an Autoregressive Model." *Applied Sciences-BASEL*, 2023, 13 (5): 3091.

Rao, Y. H., Xie, H. R., Li, J., Jin, F. M., Wang, F. L., and Li, Q. "Social Emotion Classification of Short Text Via Topic-Level Maximum Entropy Model." *Information & Management*, 2016, 53 (8): 978-986.

Reddy, M. "Against Constructionist: The Historical Ethnography of Emotions." *Current Anthropology*, 1997, 38: 327-340.

Resseguier, A., and Rodrigues, R. "Al Ethics Should not Remain Toothless! A Call to Bring back the Teeth of Ethics." *Big Data & Society*, 2020, 7 (2).

Richards, B. Emotional Governance: Politics, Media and Terror. London: Palgrave Macmillan, 2007: 10.

Richards, B. "Psychological Underpinnings of Post-Truth Politics." *International Journal of Media & Cultural Politics*, 2018, 14 (3): 401-406.

Rigney, A. "Remembering Hope: Transnational Activism beyond the Traumatic." *Memory Studies*, 2018, 11 (3): 368-380.

Rimé, B. "Emotion Elicits the Social Sharing of Emotion: Theory and Empirical Review." *Emotion Review*, 2009, 1 (1): 60-85.

Robnett, B. *How Long? African-American Women in the Struggle for Civil Rights*. New York: Oxford University Press, 1997: 34.

Rodgers, K. "'Anger Is Why We're all Here': Mobilizing and Managing Emotions in a Professional Activist Organization." *Social Movement Studies*,

2010, 9 (3): 273-291.

Rodrigues, E. A., and Costa, L. F. "Surviving Opinions in Sznajd Models on Complex Net-works." *International Journal of Modern Physics C*, 2005, 16 (11): 1785-1792.

Ross, A. A. G. *Mixed Emotions: Beyond Fear and Hatred in International Conflict*. Chicago, IL: The University of Chicago Press, 2014: 1-26.

Russell, J. A. "Is There Universal Recognition of Emotion from Facial Expression? A Review of the Cross-Cultural Studies." *Psychological Bulletin*, 1994, 115 (1): 102-141.

Sakki, I., and Martikainen, J. "Mobilizing Collective Hatred through Humour: Affective-Discursive Production and Reception of Populist Rhetoric." *British Journal of Social Psychology*, 2021, 60 (2): 610-634.

Santiago, C., and Criss, D. "An Activist, a Little Girl and the Heartbreaking Origin of 'Me too'." https://www. cnn. com/2017/10/17/us/metoo-tarana-burke-origin-trnd/index. html.

Savela, N., Garcia, D., Pellert, M., and Oksanen, A. "Emotional Talk about Robotic Technologies on Reddit: Sentiment Analysis of Life Domains, Motives, and Temporal Themes." *New Media & Society*, 2022, doi: 10. 1177/14614448211067259.

Schweiger-Gallo, I., Keil, A., Blanco Abarca, A., de Miguel, J., Alvaro, J. L., and Garrido, A. "Prospects and Dilemmas in Emotion Psychology." *Psychologia*, 2010, 53 (3): 139-150.

Shank, D. B., Graves, C., Gott, A., Gamez, P., and Rodriguez, S. "Feeling Our Way to Machine Minds: People's Emotions When Perceiving Mind in Artificial Intelligence." *Computers in Human Behavior*, 2019, 98: 256-266.

Shaver, P., and Wu, S. "Affect across the Life Span: The Neural Basis of Age-Related Changes in Affective Experience." *Psychology and Aging*, 1993, 8 (2): 171-182.

Shiota, M. N., Campos, B., Keltner, D., and Hertenstien, M. J. "Positive Emotion and the Regulation of Interpersonal Relationships." pp. 127-

155 in P. Philippot and R. S. Feldman （eds. ）. *The Regulation of Emotion*. Mahwah, NJ: Erlbaum, 2004.

Shiota, M. N. , Keltner, D. , and John, O. P. "Positive Emotion Di-spositions Differentially Associated with Big Five Personality and Attachment Style. " *The Journal of Positive Psychology*, 2006, 1: 61–71.

Si, M. , Marsella, S. C. , and Pynadath, D. V. "Modeling Appraisal in Theory of Mind Reasoning. " *Autonomous Agents and Multi-Agent Systems*, 2010, 20 （1）: 14–31.

Slovic, P. , Fischhoff, B. , and Lichtenstein, S. "Why Study Risk Perception?" *Risk Analysis*, 1982, 2 （2）: 83–93.

Sobkowicz, P. , and Sobkowicz, A. *Two-Year Study of Emotion and Communication Patterns in a Highly Polarized Political Discussion Forum.* Thousand Daks, CA: Sage Publications, Inc. 2012: 85–120.

Sointu, E. "Discourse, Affect and Affliction. " *Sociological Review*, 2016, 64 （2）: 312–328.

Solomon, T. , and Steele, B. "Micro-Moves in International Relations Theory. " *European Journal of International Relations*, 2016, 23 （2）: 267–291.

Solomon, T. " 'I Wasn't Angry, Because I Couldn't Believe It Was Happening': Affect and Discourse in Responses to 9/11. " *Review of International Studies*, 2012, 38: 907–928.

Staw, B. M. , Sutton, R. I. , and Pelled, L. H. "Employee Positive Emotion and Favorable Outcomes at the Workplace. " *Organization Science*, 1994, 5 （1）: 51–71.

Susanto, Y. , Livingstone, A. G. , Ng, B. C. , and Cambria, E. "The Hourglass Model Revisited. " *TEEE Intelligent Systems*, 2020, 35 （5）: 96–102.

Szablewicz, M. "The Losers of China's Internet : Memes as 'Structures of Feeling' for Disillusioned Young Netizens. " *China Information*, 2014, 28 （2）: 259–275.

Tausch, N. , Becker, J. C. , Spears, R. , et al. "Explaining Radical Group

Behavior: Developing Emotion and Efficacy Routes to Normative and Non-normative Collective Action." *Journal of Personality and Social Psychology*, 2011, 101 (1): 129–148.

The Personal Narratives Group. *Interpreting Women's Lives: Feminist Theory and Personal Narratie*. Bloomington: Indiana University Press, 1989: 4.

Thomas, E. F., McGarty, C., and Mavor, K. I. "Transforming 'Apathy into Movement' The Role of Prosocial Emotions in Motivating Action for Social Change." *Personality and Social Psychology Review*, 2009, 13 (4): 310–333.

Tilly, Charles. "Contentious Conversation." *Social Research*, 1998 (3): 491–510.

Todd, R. M., Miskovic, V., Chikazoe, J., and Anderson, A. K. "Emotional Objectivity: Neural Representations of Emotions and Their Interaction with Cognition." *Annual Review of Psychology*, 2020, 71: 25–48.

Turner, J. H. *On the Origins of Human Emotions: A Sociological Inquiry in the Evolution of Human Affect*. Stanford, CA: Stanford: Stanford University Press, 2000: 68–69.

Vaillant, G. E. *Spiritual Evolution: How We Are Wired for Faith, Hope, and Love*. New York, NY: Broadway Books, 2008: 124.

Van Kleef, G. A., and Cote, S. "The Social Effects of Emotions." *Annual Review of Psychology*, 2022, 73: 629–658.

Van Zomeren, M., Kutlaca, M., and Turner-Zwinkels, F. "Integrating Who" We'Are with What 'We' (Will not) Stand for: A Further Extension of the Social Identity Model of Collective Action. "*European Review of Social Psychology*, 2018, 29 (1): 122–160.

Vuoskoski, J. K., and Eerola, T. "Extramusical Information Contributes to Emotions induced by Music." *Psychology of Music*, 2015, 43 (2): 262–274.

Wahl-Jorgensen, K. *Emotions, Media and Politics*. Cambridge: Policy Press, 2019: 11–56.

Walle, E. A., Reschke, P. J., and Knothe, J. M. "Social Referencing:

Defining and Delineating a Basic Process of Emotion." *Emotion Review*, 2017, 9 (3): 245-252.

Wang, D., Cao, D. M., and Kiani, A. "How and When Can Job-Insecure Employees Prevent Psychological Distress against the COVID – 19 Pandemic? The Role of Cognitive Appraisal and Reappraisal." *Current Psychology*, 2023, doi: 10. 1007/512144-023-04331-8.

Wang, X. H., Jia, J., Tang, J., Wu, B. Y., Cai, L. H., and Xie, L. X. "Modeling Emotion Influence in Image Social Networks." *IEEE Transactions on Affective Computing*, 2015, 6 (3): 286-297.

Wang, Z. F., and Wang, J. H. "Analysis of Emotional Education Infiltration in College Physical Education Based on Emotional Feature Clustering." *Wireless Communications &Mobile Computing*, 2022, doi: 10. 1155/2022/7857522.

Weichselbraun, A., Gindl, S., Fischer, F., Vakulenko, S., and Scharl, A. "Aspect-Based Extraction and Analysis of Affective Knowledge from Social Media Streams." *IEEE Intelligent Systems*, 2017, 32 (3): 80-88.

Wentura, D. "Cognition and Emotion: On Paradigms and Metaphors." *Cognition & Emotion*, 2019, 33 (1): 85-93.

Wright, S. C., Taylor, D. M., and Moghaddam, F. M. "Responding to Membership in a Disadvantaged Group: From Acceptance to Collective Protest." *Journal of Personality and Social Psychology*, 1990, 58 (6): 994-1003.

Xu, Xiaoyu, Wang, Luyao, and Zhao, Kai. "Exploring Determinants of Consumers'Platform Usage in 'Double Eleven' Shopping Carnival in China: Cognition and Emotion from an Integrated Perspective." *Sustainability*, 2020, 12: 2790.

Yang, L., Geng, X. Y., and Liao, H. D. "A Web Sentiment Analysis Method on Fuzzy Clustering for Mobile Social Media Users." *Eurasip Journal of Wireless Communications and Networking*, 2016, doi: 10. 1186/13638-016-0626-0.

Yih, J., Uusberg, A., Taxer, J. L., and Gross, J. J. "Better Together:

A Unified Perspective on Appraisal and Emotion Regulation. " *Cognition & Emotion*, 2019, 33 (1): 41–47.

Yu, Han, Zhang, Rong, and Liu, Bin. "Analysis on Consumers'Purchase and Shopping Well-Being in Online Shopping Carnivals with Two Motivational Dimensions. " *Sustainability*, 2018, 10: 4603.

Yu, H., Bae, J., Choi, J., and Kim, H. "LUX: Smart Mirror with Sentiment Analysis for Mental Comfort. " *Sensors*, 2021, 21 (9): 3092.

Zhang, S., Yin, C. Y., and Yin, Z. C. "Multimodal Sentiment Recognition With Multi-Task Learning. " *IEEE Transactions on Emerging Topics in Computational Intelligence*, 2023, 7 (1): 200–209.

Zheng, et al. "Relationship between Internet Use and Negative Affect. " *Applied Research in Quality of Life*, 2023, doi: 10. 1007/s11482 – 023 – 10158–z.

Zhitomirsky-Geffet, M., and Blau, M. "Cross-Generational Analysis of Predictive Factors of Addictive Behavior in Smartphone Usage. " *Computers in Human Behavior*, 2016, 64: 682–693.

Zhou, Pin, Critchley, H., Garfinkel, S., et al. "The Conceptualization of Emotions across Cultures: A Model Based on Interoceptive Neuroscience. " *Neuroscience and Biobehavioral Reviews*, 2021 (125): 314–327.